清末民初文獻叢刊

藝風堂文集

（上册）

［清］繆荃孫 著

朝華出版社
BLOSSOM PRESS

圖書在版編目（CIP）數據

藝風堂文集 ： 全2册 / （清） 繆荃孫著. -- 北京 ：
朝華出版社， 2017.12
（清末民初文獻叢刊）
ISBN 978-7-5054-4127-9

Ⅰ. ①藝… Ⅱ. ①繆… Ⅲ. ①古典詩歌－詩集－中國－清代②古典散文－散文集－中國－清代 Ⅳ. ①I214.92

中國版本圖書館CIP數據核字(2017)第281736號

藝風堂文集（全二册）

作　　者　[清]繆荃孫

選題策劃　楊麗麗　尚論聰
責任編輯　劉小磊
特約編輯　凌永放
責任印制　張文東　陸競贏
封面設計　劉敬偉

出版發行　朝華出版社
社　　址　北京市西城區百萬莊大街24號　**郵政編碼**　100037
訂購電話　（010）68996618　68996050
傳　　真　（010）88415258（發行部）
聯系版權　j-yn@163.com
網　　址　http://zhcb.cipg.org.cn
印　　刷　藝堂印刷（天津）有限公司
經　　銷　全國新華書店
開　　本　880mm×1230mm　1/32　**字　　數**　170千字
印　　張　20.875
版　　次　2017年12月第1版　2017年12月第1次印刷
裝　　別　精
書　　號　ISBN 978-7-5054-4127-9
定　　價　145.00元（全二册）

出版前言

中國自一八四〇年鴉片戰争以來，傳統的農業文明在西方的堅船利炮轟擊之下徹底被顛覆，有擔當的知識分子苦苦追尋，思索社會改革的途徑。從最初的『師夷長技以制夷』到『民主制度，天下之公理』（梁啓超語），他們發現要『强國富民』，首先要『開啓民智』，衹有民衆擁有了獨立思想和批判精神，國家纔能實現真正的强大。在此後一百年的時間裏（一八四〇—一九四九），思想者們從社會變革深入到國民性的改造，用每一部作品見證着中國近代化的遞變歷程。這是一個極其重要的時代，《清末民初文獻叢刊》正是收録了這一時期的作品，大部分書籍都是早期版本，有着極高的文獻研究價值。

清末的中國經歷了『三千年來未有之大變局』（李鴻章語），大清王朝面對西方列强的艦炮，表現得驚慌失措。尤其是鴉片戰争，使『天朝帝國萬世長存的迷信受到了致命的打擊，野蠻的、閉關自守的、與文明世界隔絶的狀態被打破了』（《馬克思恩格斯選集》）。一批士大夫知識分子，尤其是在歐美諸國擔任使臣或者游歷的知識分子最先覺醒，着眼于對西方國家的考察，進而反省本國政治制度的劣勢，可以視作『啓蒙』的端倪。如曾擔任駐英公使（兼任駐法公使）的郭嵩燾在《使西紀程》中以日記的形式記録了自己對歐西諸國的觀感，他在考察了英國的政治制度之後，發現英國政府官員收入超過三百磅者與普通老百姓一樣同等納税，他說：『此法誠善，然非民主之國，則勢有所不行。西洋所以享國長久，君民兼主國政故也。』他明確提出了『民主』，在國家的管理問題上，人民也有參與的權利。他在該書中所披露的西方政治、經濟、文化等領域優于大清帝國這一事實觸動了保守派的神經，立刻遭到保守派群起而攻之，進士何金壽彈劾他『有二心于英國，欲中國臣事之』，他家鄉湖南的民衆對他更是痛加詆毁，以至于滿城揭帖，誣蔑他『溝通洋人』，在這種群情洶洶的情况下，朝廷最後下旨將《使西紀程》毁版，從而使該書成了禁書。然而，書雖被毁版，却不能堵死民衆的傳播與閱讀的途徑，上海的《萬國公報》依舊連載該書，張佩綸曾說：『朝廷禁其書，而新聞紙接續刊刻，中外傳播如故也。』從某種意義上來說，啓蒙是時代的需要，盡管清政府發諭旨禁了該書，民衆乃至一些朝廷大員却依舊在私下閲讀，以便瞭解外部的世界。進步的社會是開放性的，任何企圖『閉關鎖國』的努力都意味着歷史的倒退，祇有開放，與整個世界文明保持同等的步伐，纔能實現真正的强國之夢。當大批知識分子走出閉鎖的國門，親歷了文明的洗禮之後，也就把啓蒙的智識帶回了中華大地。容閎的《西學東漸記》，梁啓超的《新大陸游記》，崔國因的《出使美日秘日記》等一大批作品介紹了海外諸國的政治、經濟、軍事、外交、文化。雖然這些作品在認識上仍然帶有時代的局限性，然而却是那時最爲珍貴的聲音。

另一方面，在學術上，中國文化母體内『經世致用』思想與資産階級思想相結合，也喚起了變革，以康有爲、梁啓超爲首的改良派試圖通過自上而下的革新以實現變革。康有爲的《新學僞經考》《孔子改制考》就是借經學之表論資産階級學説之裏的著作，康有爲的弟子梁啓超更是通過《新民説》一書提出國民性改造。與早期啓蒙者『師夷長技』的器物文明引進不同，梁啓超上升到形而上的精神領域，從文化心理上更加徹底地進行變革。梁氏是清朝末年到民國初年一個橋梁式的人物，被譽爲『輿論之驕子，天縱之文豪』，其影響力不但在學術領域，同時還在文學領域，他所倡導的『詩界革命』得到了譚嗣同、黄遵憲、丘逢甲等人的響應，黄遵憲的《日本雜事詩》，丘逢甲的《嶺雲海日樓詩鈔》都體現了這種主張。這一主張要求反映新的時代和新的思想，用『我手寫我口』（黄遵憲語）的方式直抒胸臆，對長期占詩壇主流的擬古主義、形式主義產生了巨大的衝擊，解放了寫作者的心靈和頭腦。

與社會變革同步的是早期對西方思想著作的翻譯，這裏面影響最大的是嚴復，他翻譯的《天演論》《社會通詮》等書直接孕育了民國一代的知識階層。魯迅、胡適等人在文章中都曾提到《天演論》對他們思想所產生的震撼。與嚴復略有不同的另一位翻譯家是林紓，他的譯作雖然參差不齊，但却在更細膩的心靈層次對讀者產生影響，許壽裳曾回憶，他和魯迅都熱衷于林譯的小説，如《巴黎茶花女遺事》《黑奴籲天録》《迦茵小傳》等作品。

辛亥革命之後，進步社會思潮成爲主流，比之清末思想啓蒙者『求存』的追求，民國以來的知識階層深入到了更加細微的肌理，一方面呼喚社會變革，另一方面進行點滴的建設，革命并不能使所有的一切一蹴而就，在更加深廣的領域，事物的改變是由微觀而宏觀。通俗地説，比之于革命，建設的意義更大。如《中國商業史》《中國教育史》《中國倫理學史》《中國哲學史大綱》《中國小説史略》等一大批作品都是進行系統的梳理與建設的理論作品。其中，以胡適和魯迅二人的影響最大，他們的作品一紙風靡，從而成爲新文化運動的主力人物。

《清末民初文獻叢刊》收録的文獻大致上可以分爲三個階段，其中龔自珍、張之洞、魏源、郭嵩燾、薛福成等人的作品可視爲『早期啓蒙』，康有爲、梁啓超、黄遵憲、嚴復、林紓等人的作品可視爲『中期啓蒙』，胡適、魯迅、蔡元培等人的作品可視爲『晚期啓蒙』。當然，這種劃分并非嚴格意義上的，大部分啓蒙思想者隨着時代的變化，其思想在不斷進步。縱觀整個近現代史，可以發現，要求變革不是在某一個領域，由某一類人發起和完成的，而是全社會的要求。

變革，已經成爲全社會的共識。

從清末民初的文獻中，我們能够發現一種豐富性。這些作品涉及政治、經濟、軍事、教育、外交、宗教、心理、情感等方方面面，從内而外地净化着中國兩千年以來的封建積習。它不衹是對社會的改造，更是對人心靈的重塑；它首重國家社會之建設，同時亦重靈魂心智之唤醒；它是宏大的，也是微觀的；它是嚴肅莊重的，也是活潑靈動的；這些作品結構精巧，思想内容深刻，擁有濃厚的人文主義色彩，對推動社會主義建設，實現中國夢有重大意義，是近現代中國一百年來最宏富的智識與情感的寶藏。因此，整理這些文獻作品，無論是出于資料保存的目的，還是爲圖書館提供資料副本，都有不可估量的意義。

特定時代下的文獻，當它一旦形成（既指草擬，創作的完成，也指其成爲一個載體），就不可再複製了，也就意味着它將面對消亡。對于文獻資料而言，越接近歷史事件發生的時代記録，越具有研究價值。文獻本身具有不可再生性，它衹會消亡，而不會增多。盡管文獻本身的文字可以保留下來，并進行傳播，却失去了當時的時代氣息。當時的作品可能在技巧上，文字的成熟度上不及當代，但它所負載的信息，創作者的情感都反映了當時的歷史，也就是説，它具有不可替代的歷史意義。

影印的版本有三個特點，第一是擁有文獻的『原始性』；第二個特點是『未經改動的』；第三個特點是『歷史的原貌』。所謂『原始性』，也就是説，它是第一手資料，而非轉述的，回憶形成的；『未經改動的』，是指未被篡改、删節、挖補的；『歷史的原貌』是指在影印製作過程中，完全依照文獻的原來模樣……這樣製作出版的作品，無异延續了文獻的壽命。

近現代思想史上的一個最重大的思潮就是『開放』，從林則徐的『開眼看世界』到蔡元培的『兼容并包』，都是在倡導一種開放式的胸襟。而《清末民初文獻叢刊》最有魅力的部分就是『開放』這一主題，祇有融入到世界文明發展的進程中，中華文明纔能歷久彌新。

《清末民初文獻叢刊》編委會

二〇一七年四月十四日

凡例

一、《清末民初文獻叢刊》（以下簡稱『叢刊』）爲影印本，舉凡所用之底本，均爲該書之早期版本。有清末刊本，亦有民國印本。

二、《叢刊》均依底本影印，未予删改；原刊本有誤，不予校改，以保留文獻之原貌。

三、《叢刊》所用之底本，因時日久遠存在漫漶的情況，均進行了修復；底本闕文、印刷不清，均保留原貌。

四、爲讀者閱讀之便，《叢刊》中之舊底本目録未標記頁碼者，編了目次；原底本有頁碼和目録，未予重複編目。

五、爲保持文獻的原始風貌，影印本保留了原書書影（原書爲多册，則保留第一册書影）、扉頁等信息。所用底本無相應信息者，則不予妄添，以免錯訛。

目録

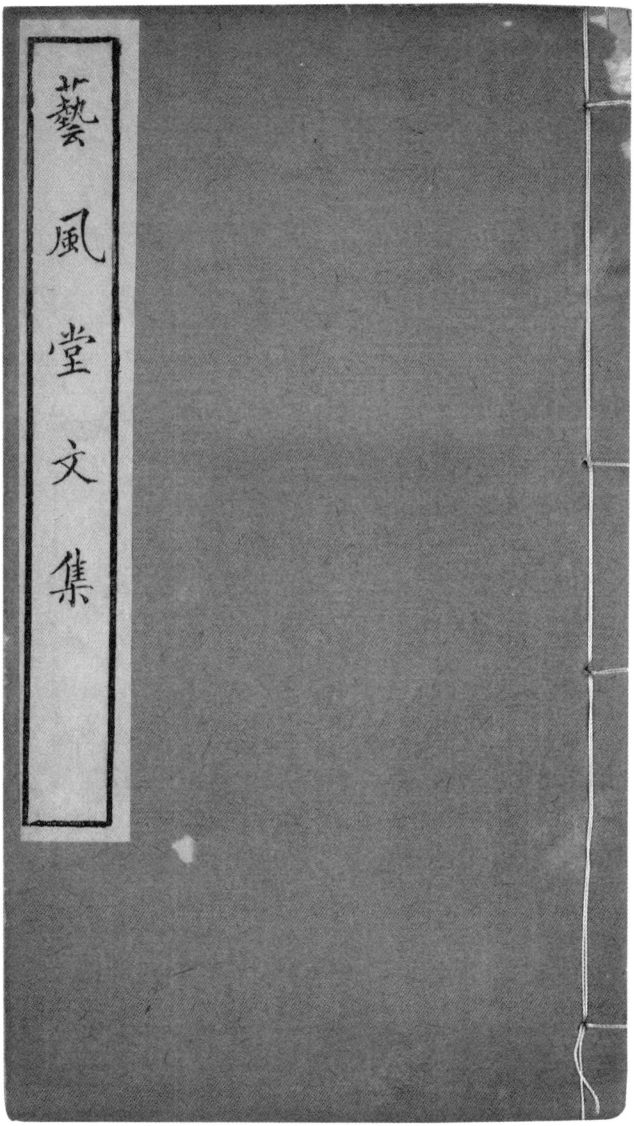
藝風堂文集

藝風所刻書

雲自在龕叢書

第一集

第二集

第三集

第四集

名家詞

第五集

定海遺愛錄一卷

舊德集十四卷 荃孫鈔

藕香零拾三十二冊

節 藏書紀要一卷 孫慶增士禮居本 流通古書約一卷 曹溶知不足齋本

澹生堂藏書約四卷 祁承爜同上

古歡社約一卷 丁雄飛鈔本

讌 唐開成九經碑圖一卷 魏錫曾

游 大唐創業起居注三卷 荃孫校

玩 安祿山事蹟三卷 荃孫校

好 牛羊日麻一卷　東觀奏記三卷　廣陵妖亂志
一卷
諸 十三處戰功錄一卷 大典本　白劄事朕
貴 玉牒初草二卷　僞齊錄一卷
可 宋中興百官題名 何異 大典本
以 河南志三卷 大典本
成 壽昌乘一卷 大典本　瀘州志一卷 大典本
就 棲霞小志一卷 盛時泰　兩京城坊考補一卷 程鴻
詔
古 據鞍錄一卷 楊應琚　游城南記一卷 張禮
人 寓庵集 李庭

與之續命出未經刊布者壽

又

還山遺錄二卷 楊奐

靜軒集 閻復 荃孫輯

清河文集 元明善 荃孫輯

又

菊潭集 孛术魯翀 荃孫輯

蘇潁濱年譜 孫汝聽 大典本

孫淵如年譜

曾公遺錄三卷 曾布 大典本

又

又

梨 澹餘筆記一卷 曹申吉 山房隨筆一卷逸文一
卷 蔣正子校 荃孫輯

栗 東園尺牘一卷 惲格 强蓍圃三書 强望泰 農
丹一卷 張標 河賦注 江藩

始 舊聞證誤五卷 李心傳 荃孫校輯

小 石林燕語校十卷 汪應辰 明鈔本

帙 又

乾 敬齋古今黈十二卷逸文兩卷 李治 明鈔本

鉅 又

編 又

詩品三卷

荀子考异一卷
茅亭客話十卷
南朝史精語十卷札記一卷荃孫校
經義模範一卷
作義矜式一卷
四六金鍼一卷
藝風所著書
四譜
孔北海年譜
魏文靖公年譜
補輯李忠毅公年譜

韓翰林詩譜略

藝風堂文集八卷

藝風堂藏書記八卷

藝風堂讀書記

續碑傳集一百卷

遼文存八卷

常州詞錄三十一卷

藝風堂金石目十八卷

經說以下未刻

五代方鎮表五卷

古近體詩

皇清文匯

國朝紀事本末

分地金石目二十卷

雲自在龕隨筆 國政 書畫 典禮 金石 經籍 雜說

藏書記續

藝風文續

碧香詞一卷

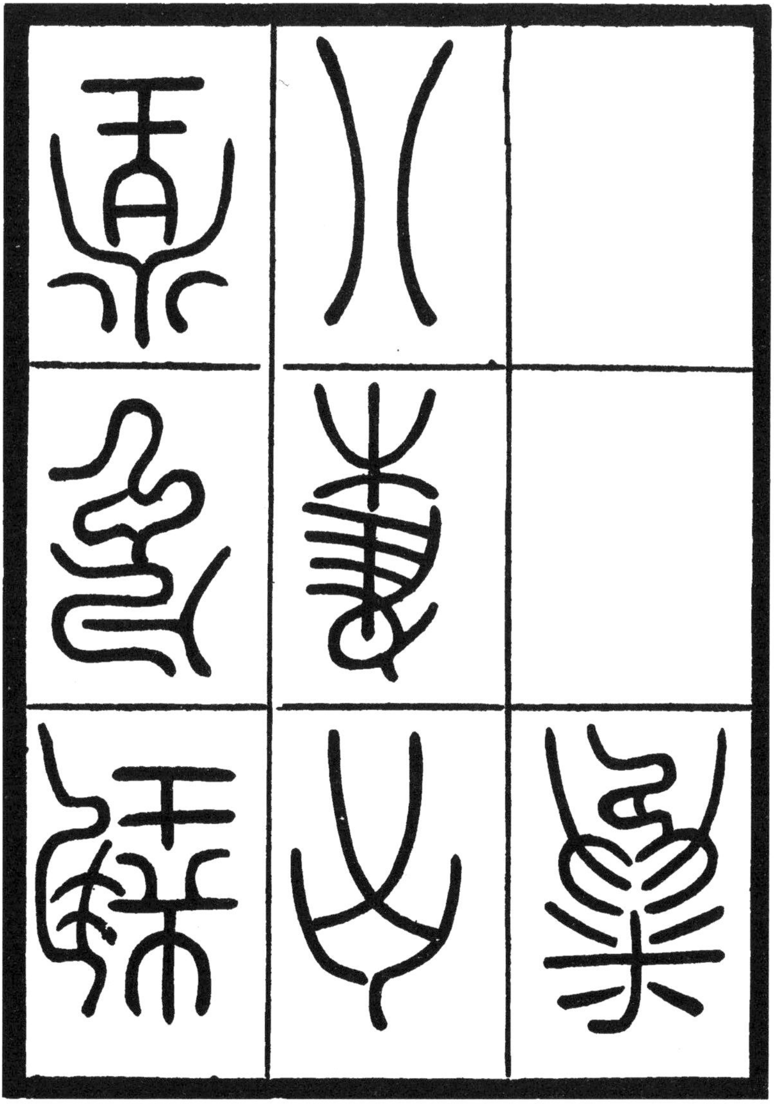

庚子付刻
辛丑印行

藝風堂文集目錄

卷一

卷二

卷三

卷五

卷六

外篇

祭湯母呂恭人文

藝風堂文集卷一

江陰繆荃孫

盛京將軍兼奉天總督旗民地方軍務完顏文勤公神道碑

聖朝發祥東土撫有天下豐鎬舊都最重留守近年祠祀勞臣得三人焉曰文忠文公清愨都公文勤崇公顏之曰三忠祠顧文公經營寰宇功業不專在

盛京都公曾任將軍而戰功卓著於三楚兩江之境惟文勤公綜核名實奠定區宇金湯千里屹然如磐石之安洵爲史冊罕覯者也公諱崇實字樸山完顏氏系出於金源祖鏴山東泰安府知府父麟慶嘉慶己巳進士官至南河河道總督公道光癸卯舉人庚戌進士改庶吉士授編修不一年擢至侍講學士通政使司通政使軍務初興屢上封事受

文宗皇帝特達之知署戶部左侍郎奏罷當千當五百大錢
又奏止克勤郡王捐鑄
命查四川總督裕瑞命案旋
授工部右侍郎因案降補太僕寺少卿升內閣學士充駐藏
大臣再查四川總督曾望顏參案署四川總督時川匪煩肆
蹂躪派提督蔣玉龍知府唐炯勦防人心稍安
朝命湖南巡撫駱文忠公秉章爲
欽差大臣入川督師期年始至卽授總督
簡公成都將軍同辦軍務勦平藍李周郭各股腹地肅清又
禽石達開於盃遠蜀中大定丙寅文忠公患目疾賞假丁卯
蒞於位公兩署總督幷辦文武闈時黔匪未清沿邊千里處

處設防而越嶲夷患亦甚公派候補知府唐炯督軍進勦號
匪派貴州提督周達武督軍進勦夷匪炯軍由遵義克荆竹
園過烏江盪平玉華山尚大坪各老巢生禽逆首劉義順達
武軍由越嶲破普雄西昌冕(寧)各支夷目皆投誠納質內地
既平黔邊亦靖而滿營餉日絀兵日弱又以鈔票四六搭放
爲奏請給發實銀邛州唐旺壩有老林挑選旗丁五百名開
墾種地爲裕旗民生計歲辛未
召來京補鑲白旗蒙古都統壬申署理熱河都統委朝陽縣
知縣陳本植古北口馬隊營官左寶貴同擊馬賊平之甲戌
特簡刑部尚書充甲戌科會試總裁光緒乙亥
命赴奉天吉林一帶查辦事件並署

盛京將軍調陳本植左寶貴等文武各員隨行

盛京爲

國家根本重地左臨渤海有營口牛莊兩通商口岸右帶鴨

渌與朝鮮鄰山川繚繞原隰饒沃若能籌餉練兵俾爲重鎮

可以壯

京師之拱衛杜强鄰之窺伺惟設官有將軍有都統有五部

侍郎有府尹事權不屬盜賊橫行而大東溝大逼溝兩處匪

徒盤踞日久擾及

永陵並陷

興京公飭陳本植色楞額充文武翼長練通省馬步各軍副

將左寶貴練八旗馬隊總兵王佑臣查省城內外知縣朱克

揚等充發審委員設營務處文案清理糧餉稽查軍火旋飭
陳本植左寶貴剿大東溝匪徒平之因清查地畝編連保甲
築城定稅委陳本植督辦請以
盛京將軍兼奉天總督旗民地方軍務管兵刑兩部事務兼
理糧餉另請頒發總督關防府尹加二品銜行巡撫事與將
軍相助爲理永禁旗營各衙門干預銀錢詞訟復奏明不准
地方重征以紓民困奉
旨允行實授盛京將軍兼總督事丙寅左寶貴剿平大通溝
賊又平賓圖王旗枯林地賊首周子玉錦州賊首差總王勳
改昌圖廳爲府添懷德奉化康平三縣以綏艮善定釐稅鎮
強暴奉省乂安九月薨於位年五十有八遺疏上聞

天顔震悼奉
旨入城治喪
諭經過地方官妥為照料
御賜祭葬
予諡文勤典至渥也公性開敏多讀書諳練故事事上以敬
馭下以嚴與僚屬共事則推賢讓功尤為人所不及軍興以
來統兵大帥往往為疆吏所牽掣不得暢行其志駱文忠督
師入境公籌餉運糧先事籌畫文忠大喜過望不及一歲而
大功告成然在當時聲望為文忠所掩及至奉天肩重任申
事權剔鉅寇鼎新革故因時制宜出斯民於水火之中而屹
屹嚴疆從容鎮定數十年來聲望之隆與文忠之在四川相

上下方知才局幹濟未可以軒輊也公負知人鑒而又折節下交陽湖管才叔樂元和顧幼耕復初漢軍徐功可慮善溧水濮青耜文暹上元李仙根光節均入幕中荃孫幼年爲公激賞佛龕燕集久侍吟詠丙子改庶常公子文恪公爲教習師末學菲才受知兩世歲辛卯公之孫志賢蔭生屬荃孫撰次其事立石於神道於是公薨十有六年而文恪公薨亦期年矣公之德善功烈紀諸史冊無俟碑銘然後顯乃讀公奏疏竊恐史氏未載其詳而深心偉略不盡傳於天下不可以不銘也銘曰

天錫智勇金源世胄彈壓山川發揮宇宙文采常楊勳名文富鑠院掄才巖疆禦寇西南萬里井絡天彭撫綏暾鴻抵禦

奔鯨上德不德至名無名襄陽叔子隴右營平翼翼
陪京岐豐舊域獨總大綱以槊羣力縫裾刺姦解綬懲墨混
同安流醫閭生色性功默運元氣潛斟證菩提果參薝蔔林
葆神悟道斂陽育陰神鐘警耳明鏡澄心公負長才
帝畀重鎮胡不期頤俾竭忠藎釐剔幽隱拂拭英俊民氣既
孚
國威斯振昊天不弔恆幹潛摧山頽太岳星坼中台
褒忠綸綍入夢瓊瑰茅檐茹痛蒿里銜哀昔預賓筵敬窺萬
一今刊貞珉謹𠻗行實蔡愧韓諛力鑒前失偉烈豐功百世
有述

布政使銜廣東按察使金公神道碑

光緒甲午湖廣總督張公之洞湖北巡撫譚公繼洵以前布
政使銜廣東按察使江陰金公國琛戰功上於
朝請祔祀湖北胡文忠公林翼祠且宣付史館立傳
詔允之是時金公卒十五年矣公將湘軍從胡文忠公轉戰
湖北最
賞功敘勳久而盍彰典至渥也其年八月公之孫家幹持公
行狀求銘公神道之阡謹案狀公名國琛字逸亭先世由徽
州遷江陰曾祖琨祖煥父安世道光壬辰 恩科舉人大挑
江西知縣俱贈榮祿大夫妣一品夫人公幼隨父任久居江
西咸豐癸丑羅忠節公澤南帶湘勇援江西公入其幕委任
營務每督隊與賊戰部伍嚴整倉卒不亂一軍皆服後李忠

武公續賓接統公仍總理營務連復武昌漢陽黃州府城並
興國州大冶瑞昌等縣并攻克九江府城公功爲多歷保知
縣同知知府道員並
賞戴花翎忠武公覆軍三河各軍皆敗歸路斷公力戰得以
所部突圍赴黃州招集舊部就李勇毅公續宜勇毅公仍以
總理營務任之公勞徠慰撫重申紀律爲陣亡將士請
卹不數月軍勢復振勇毅公請假回湘命公代統其軍己未
夏逆賊石達開圍攻寶慶號百萬援軍數十營與賊壘環峙
相持不下公星夜馳抵寶慶大破石達開於賀家坳斬僞元
帥胡德孝等悍賊數百名合諸軍追賊至粵西界幾獲石逆
名益著旋率援軍回鄂冬逆賊陳玉成以十萬眾圖解太湖

之圍進迫鮑忠壯公超於小池驛官軍失利皖鄂震動胡文忠公檄公急援公夜冒風雪由高橫嶺仰天庵直出賊背質明賊望見山頂旗幟大驚氣奪公乘勢縱兵奮擊一日夜破賊壘七十餘座生禽悍賊酋藍承宣等四百餘名立克太湖縣城潛山之賊亦相繼潰散陳逆遁走我軍東征攻皖之局始定庚申四月江陰陷於賊公母吳太夫人在里公乞假迎母而悍賊四集軍情甚迫胡文忠李勇毅固留之俾遣人間道迎養至黃州允公至黃省覲既而賊分股上竄鄂境李勇毅移軍巴河勢頗亟趣公赴營乃單騎至軍定迎頭截擊之策分兵南岸疾馳武昌迅即北渡擊賊於楊店連復孝感雲夢二城進攻德安府逆賊馬融和率悍黨死鬭卒以長圍克

之九月
特簡安襄鄖荆道仍率湘軍防守襄鄖樊城財賦之區商賈
輻輳公督弁勇建立土城不煩民力屹然重鎮至今賴之同
治壬戌捻匪圍攻河南之南陽勢岌岌公念南陽接壤襄鄖
設有疏虞則唇亡齒寒乃越境往援立解城圍救出難民十
餘萬軍民感泣聲振遠近然功高招忌謗亦自此起矣未幾
巡撫嚴樹森以不遵調度奏劾以同知降補癸亥八月曾文
正公國藩奏調赴皖防剿徽甯一帶皖南肅清開復原官再
簡甘肅鞏秦階道以吳太夫人年高請開缺終養時江陰新
復躬送太夫人歸里湘勇駐皖日久餉糈不繼每有聚衆索
餉者公離營未及三月所部勇弁亦扇動公聞星夜馳至軍

容一肅旋請遣撤秋毫無擾光緒乙亥服闋赴部引見授廣東糧儲道旋擢廣東按察使未幾卒於任年五十有八公少時讀書留心地理兵事補邑庠生再試不售遂棄去將兵十餘年噢咻拊循同甘共苦愛軍士如子弟士卒奉之如父兄堅苦踔厲所向必捷轉戰江西湖北湖南河南安徽五省經大小一百八十餘戰克復省府州縣城二十有四左腹右臂右額均中矛傷左股中鎗子傷昔年軍中衣服猶存穿孔歷歷可數也身歿之後子孫僅足餬口以視身擁厚貲聞警卽潰之統帥何止霄壤哉居鄉賙戚族助友朋刱學舍以教鄉里子弟豐功碩德嘖嘖人口至今不衰荃孫生同里閈而流徙黔蜀迄未能晤至以爲恨得家幹請爰作銘曰

聖清中興羣才弼輔鍾靈衡岳雲龍風虎公以文士而靖賊
氛公以吳人而將湘軍公心馭衆如使手足衆心向公如捍
頭目夜半忽起擐甲一呼馬首欲東萬衆爭趨孰云壘堅孰
云礮利牙旗所指雲散星碎一戰寶慶再戰太湖南陽解圍
南郢就俘功高衆忌遂遭讒口重起復官遄歸將母監司嶺
嶠進職提刑試以吏事猶有典型
帝眷方隆㥛幹旋委魂氣何之應依故壘歲月雖久勳業常
新史傳祠祀
褒以絲綸海飆猶張戰鼓未罷公兮有知悲聲叱咤巍巍貞
石屹峙山阿大書深刻千載不磨
廣東巡撫劉公神道碑

光緒十有八年三月戊辰兵部侍郎廣東巡撫劉公薨於位
遺疏聞
天子震悼
賜祭葬如巡撫例幷
命附祀淮軍昭忠祠葢公安內攘外名滿天下生膺節鉞之
寄歿享俎豆之報固已極儒生之榮遇樹人臣之茂矩矣粤
三年公子世瑋葬公於江鹽之[redacted]鄉因吾友徐君乃昌以
神道之碑來請銘荃孫聞公名在庚辰辛巳間時公在上海
道任二年矣互市禁開華夷雜處飛鉗捭闔擣虛抵隙公於
大局所關輒齗齗不少讓聲名遂洋溢乎宇宙上海通商之
初定議浦江以北爲洋商船步浦江以南爲華商船步而洋

人無厭又欲侵佔浦南公知之創設水利局於東門外使幹
吏常駐局中專司船步無有佤邪離絕以違定章洋人乃噤
不敢言英人赫德爲我總稅司請增中國土產雅片之稅總
署命與公議之公曰是陽爲我計陰爲彼計也稅增則價昂
人食洋煙無食土煙是使我爲彼敺也執不可洋人又以海
口迂曲請於吳淞口起所賫之貨公曰是欲漏我稅也貨不
至關稅於何有執不可洋人租界設立自來水火公司至是
又欲推行城內公曰是涵我也此端一開異時開馬路設巡
捕必相緣而入矣執不可公奉使在俄國也俄人豔我黑龍
江漠河金礦之利願爲我開采公曰此非可空言拒也函告
總署及北洋大臣請先自我開采我既舉行俄不復請其在

英國也英人欲以銳師由印度入藏藏人震驚公力爭於英外部追還印度之師人心大定公事理洞達神志散朗於天下大局無日不思維持匡救恫喝無所懼鉤距無所得以見易隱以往察來逆折其情而復牖之以理俾目駴心說就範而不敢逞事之小者不具論卽此落落數大端業爲天下所倚重而鞠躬盡瘁之忱亦基於此其他愛民勤政折獄除暴歷任名區謳歌如一在他人爲之亦足以卓然自立而非公大節之所在也始公之署兩淮運使也則以振饑一事傳時淮北大饑民就食南來麕聚維揚公於城外築圩數十使按籍而居之生有糜粥之資死有棺櫝葬埋之費每三八日親臨其所宣講

聖諭廣訓以牖其良以馴其悍又駐一軍晝夜巡察防其爲
亂而亦以禁人之掠賣其子女者自冬徂春資之使歸境內
帖然無事此在公當日但以實心行實政耳然無公則吳中
必大驛騷矣公之經濟及物隨地而見也又如此公諱瑞芬
字芝田安徽貴池人曾祖雋夫祖兆考孝櫶三代並以公貴
贈光祿大夫妣贈一品夫人公由邑庠生中書科中書敘軍
功累保至花翎道員分發江蘇光緒三年
簡蘇松太兵備道八年遷江西按察使九年再遷江西布政
使護理江西巡撫十一年
詔以三品京堂充出使英俄諸國大臣旋補太常寺卿轉大
理寺卿十三年改充出使英法義比四國大臣十五年

授廣東巡撫十八年薨於位年六十有六娶姚氏繼娶傅氏皆封一品夫人子五世琪兩淮呂四場大使前卒世瑋光緒戊子舉人候選知府世琛貢生候選主事世瑛縣學生候選員外郎世珩候選中書科中書世瑗幼女子四長適舉人候選知府南陵徐乃昌孫三貽讓貽謙貽訓孫女九銘曰

齊山矗巋貴池渟玦靈氣磅礴篤生賢哲劬書嗜學投筆從軍遭遘時變慼嘅風雲糧儲盈歉惟公繼之器甲刓削惟公備之轉戰萬里供張十年漢何唐晏頡頏前賢

帝知其才監司是擢華夷萬艄經營關榷

帝大其用汝臬汝藩萬里宣威萬口銜恩公善治內尤善治外折衝尊俎盱衡冠帶樓船旌節周歷重洋邦交克洽

國體無傷五羊之城公來開府曾未幾時星隕而雨太常敘
績廟食攸崇公與淮軍實共始終丹旐言旋霜凋風肅鬱鬱
佳城森森喬木功名赫奕無有悆尤子孫繩繩蒙
國之庥

山東曹州鎮總兵趙公神道碑

國朝科目文武並重顧中興以來將帥大臣以折衝禦侮得
名者類皆出於行伍遂疑挽强命中與殺敵致果判爲兩途
甚有欲廢武科而專重行伍者亦知有入掌環衞出膺節鉞
民懷其德寇懾其威如涉縣趙公者亦可爲武科增重矣公
諱鴻舉字雪堂河南涉縣人道光乙巳一甲第三名進士二
等侍衛俸滿分發湖北以游擊補用咸豐二年髮匪自粵竄

入楚疆吏不職蔓延半天下公轉戰湖南湖北安徽河南四省四年克復沔陽州大戰仙桃鎭長江埠殺賊奪隘均以奇謀制勝是爲立功之始嗣克漢川克漢陽進攻安徽克英山霍山兩縣六安一州歷保參將副將總兵提督
賞花翎同治元年督帶楚勇駐歸德時捻匪勢張圩寨林立長淮南北幾無一乾淨土公奉僧忠親王之命解界溝集圍克王廟英廟各寨又攻破閻家團水圩而譚寨等四十餘處亦相繼就撫軍勢稍振陳大喜者踞平輿爲老巢而楊樓張岡爲之羽翼自咸豐十年起事至同治三年無日不與官兵戰寇則愈勦愈眾圩則旋正旋反在豫賊中最爲勁敵公身先士卒盪決無前旌旗所指無不破滅克楊樓張岡並息縣

水陸各圩追斬賊首趙國亘簡世然禽徐心田王延蘭等而
陳大喜棄平輿竄死四年署南陽鎮總兵適張總愚圍攻南
陽黑夜撲壕城幾不守公手然巨礮斃悍匪二百餘人賊始
退逐北七十餘里南陽始安公前後三署南陽鎮總兵旋
簡是缺十餘年中恩威並用外勦內撫悉合機宜維時襄匪
有程岱唐泌之間有花得春皖豫之交有李六裕州有韓潰
昌淅川有王板貨先後戡定以憂去官光緒八年服闋
授山東曹州鎮總兵統帶濟字馬步全軍防河捕盜能盡其
職十五年鄆城鉅野多盜率兵往捕途遇大雪感寒遂不起
年六十有八沒後四年河南巡撫裕寬奏請南陽建立專祠
上允之子壽彭山東候補知縣壽彭夙從余游持公之事實

來請銘墓道之阡迺作銘曰
天狗墮地雲渾淪磨牙吮血聲狺狺長淮千里虛無人手提
雙桴鼓不死刀輪爲風礮爲雨羽林佽非眞壯士大星墮矣
廟貌崇
綸音赫赫褒精忠千秋長此欽英風
湖北鹽法武昌道王文直公神道碑銘代
公諱東槐字蔭之山東滕縣人曾祖恕祖國淑父增韻三世
以公貴贈如其官母黃氏封恭人道光戊戌進士改庶吉士
授檢討補御史轉給事中晉內閣侍讀學士簡湖南衡州府
知府升福建興泉永道調湖北鹽法武昌道殉粵逆難
賜卹如例後以山東巡撫丁寶楨請

追謚文直公生於孤寒讀書尚氣節以澄清天下爲志而行卒能踐其所言在御史時請停捐輸以清吏治禁礦廠以杜利端籌倉儲以培元氣雖有行有不行而力籌全局不爲無益之言爲得古諫臣之誼也在興泉永時英吉利逼商數違約傲領事蘇理文遵舊章無少讓在武昌時粵逆由岳州來犯公輯內應練防兵籌餉糈適聞母黃太恭人訃以兵急不忍去城陷謂其弟曰毋死未葬抱恨九原吾曾任監司誓以身殉弟可乘閒逃出爲我訴靈前魂魄終歸事親也弟不忍比去之遂與繼室蕭恭人均自縊年僅五十有一惜公者每言未竟其才然言人之所不能言行人之所不能行生盡其職死得其所造物於公亦云厚矣又何憾焉公卒後二十八

年嗣子宜劻爲刊墓碑而同年生德化萬青藜銘之曰

桃山瀞水根柢鬱盤瑱邪之王潛德瀰綸實孕我公嶽嶽餟

餟媚學綺齡瓜心火掌名德日彰名德維何善容則徐紘詩

則匡當春而華鉥豔規礬

中禁翺翔讀三館書上三禮賦

賜珍上方

帝曰汝嘉實司彈奏驄馬行行岱山左右探丸竊鈇閭里譸

張

帝乃震怒怒玆疊吏褫其冠裳縲絏雪之府庫發之庶政綱

綱庶政綱綱孰啟其倪維公封章海內知者頫首咋舌曰孤

鳳皇

文宗御宇
詔求直諫固茲苞桑公泣雨下焚香萬言炳炳烺烺曰停捐
輸曰禁礦廠曰備積倉
帝爲動容
手疏姓名置之座旁厥惟衡州地大物庶在衡之陽亦有興
泉商船星流在海之壖弊法惟鹺綰茲鍵籥在鄂武昌公既
涖止梳幽櫛滯罔不庚庚非惟言之又能行之既安既康
盛世銷兵嶺嶠幺麿用敢陸梁一星燎原匽匽虎虎燔燎湖
湘公躍然起則攻其心則斧其吭陳雲壘矣江濤赤矣猰貐
飛揚嚴關宵虹膏鋒飫鍔血浴元黃公乃怡然雲車風馬上
叩九閶願爲大厲砰訇搏擊殄滅凶狂

褒忠曠典
賜蔭
賜謚春烝秋嘗越祀廿八金甌息烽玉弩韜芒大書穹碑褒
功厲節乾坤雷硠後有式者青琳翠琬百世馨香
前
欽差大臣貴州提督兼署貴州巡撫田公祠版文
光緒二十二年正月鎮草田公子應全持其先德前
欽差大臣貴州提督兼署巡撫事田公忠普事略來泣而言
曰先人戰功彪炳寰宇嗣因教案遣戍西域
賜環未幾告終家衖應全甫二齡耳幕府星散無人撰述前
年走貴州遇故部曲今貴州提督羅公孝連爲撰事略因先

人未復官不敢立碑墓道乞吾子次爲文庶事蹟得以傳播
或可少慰先人於地下荃孫昔聞先君子談公遺事有出於
事略之外者其敢以不文辭公諱興恕字忠普湖南鎮筸廳
人祖宗然父慶和皆以公貴贈建威將軍妣皆一品夫人公
性果毅驍勇絕人挑入鎮筸鎮標洪逆秀泉圍長沙公隸鄧
忠武公紹良軍救援省城地雷發鎮筸兵距之不得入公與
有勞賊退屯湘江西岸連營百數巡撫駱文忠公秉章募人
夜驚賊營公應募隻身挾一小舟而去以竹筩注火藥其中
間三四營爇其一以路之遠近燃綫之長短同時並發賊營
大擾公跳歸賊數百追之公覆舟爲障泅水而渡文忠賞其
勇時年甫十六也咸豐五年委充哨官隨湖南候補道王葆

生克郴州六年獨統五百人名虎威軍隨前四川臬司蕭啟江援剿江西克復萬載縣袁州府城七年由上高進攻英岡嶺賊巢石逆達開率匪三十餘萬圍公營公部千二百人日夜鏖戰左手受傷戰馬亦死徒步轉戰奮不顧身賊退十餘里斃賊千數以少擊衆人服其豪四月進攻臨江府城賊死守不出公開掘地道約諸軍會攻地雷發城裂數丈公率親兵先登城賊死拒諸軍徘徊不進公身受重傷隨從兵勇戰歿百數城遂未下八月城賊冒死撲營公亦死戰賊被殲無一脫者自此閉關不敢出九月逆黨合四十萬衆連營數百座來援蕭公畏其衆約公暫退公力主戰慷慨言曰兵在精不在多賊雖多易與耳公力扼城賊輿恕願率所部爲先鋒

公命宣武平江兩軍援之必能爲公破援賊翌日出八成隊
公率壯士卷旗直擣中堅賊張兩翼圍之迨宣武平江兩軍
至公旗已深入賊中圍甚厚見公旗麾東援西賊不能遏因
亦夾擊遂燬賊營數百座餘賊遠竄城賊亦潰臨江復八年
克崇仁樂安宜黃南豐各城四月克撫州府江西一律肅清
敘功洊升副將總兵銜並
賞倘擎勇雙巴圖魯貴州黎平府圍久不解駱文忠公檄公
援勦八月統軍抵黎平屬之潭溪司理料軍事次日卽攻破
北門賊營入城安撫又次日攻破南門賊營又次日攻破西
門賊營經年之圍三日而解闔城文武同聲稱頌謂自被賊
以來未見有用兵如是之神且速者羣慶更生至今猶銜感

不置再克古州永從等處時石逆竄湖南圍寶慶府又檄公
募足四千五百人回援三月進抵寶慶之九拱橋時石逆圍
城號稱百萬並分兵圍公營自四月合圍無日不戰初挖濠
築牆以自固後牆倒濠塡與賊聲息相聞互攻互拒一夕數
起一餐累輟至六月中糧藥將罄公另挑營中敢死士號曰
死勇將決勝負於一戰會前安徽巡撫李勇毅公續宜由鄂
來自外攻入公率死勇由內應之斃賊萬餘人先燬附城賊
營三座東西南之壘亦連日攻下勢如破竹石逆退入廣西
改死勇名曰長勝軍移駐靖州旋
命署貴州提督督辦貴州軍務十年取道銅仁分三路進解
印江思南石阡等城圍並克貓貓山等賊巢兩旬日內復地

數百里四月
授貴州提督十月石逆猝陷荔波獨山定番廣順省城戒嚴
前巡撫劉源灝請保省城公率所部馳抵省垣布置城防卽
親督大軍赴定番迎剿石逆聞公臨陣棄城南竄當公未進
省時僅午未時開放南北兩門出入迨公擊退石逆各門如
常人心大定十二月
授欽差大臣關防十一年兼署貴州巡撫時年二十有四也
時上游狪狆各族下游苗教各匪府無完縣縣無完堡公分
路援剿屢挫賊鋒招撫著名逆首唐天佑賈幅保陳大六柳
天成等克復歸化荔波定番廣順獨山等城疏通省道聲威
大振同治元年西人文乃爾傳教入黔公惡其倔强殺之西

人諱於朝
命褫公職交川督查辦隨帶長勝軍一營出省士庶焚香跪
送不絶於途者數十里公悉慰去之途次遵義屬之旺超値
前雲貴總督勞文毅公崇光爲賊所困勢甚急公聞之驟馬
衝入大呼曰田某在此鼠輩敢爾賊驚潰翼勞公出四年發
往新疆効力行至甘肅前大學士恪靖伯左文襄公宗棠奏
留防秦州甘回不敢犯境十二年釋放回籍鎭篁兵蠢動公
出彈壓立靖光緒三年十月十八日卒於家年四十有一公
將事以敬待人以誠未嘗讀書用兵輒與古人暗合生平戰
績江西湖南爲多而措施之難心力之瘁尤以黔中爲極盭
黔中當承平時常需各省協濟嗣罹大亂公私壁立鄰疆同

禍呼籲無靈公挫狂寇於初來保危城於垂破徵兵籌餉於
萬難措手之中布置秩如又於前政寬弛之後稍稍繩之以
法謗怨沸騰卒不安其位而去羣惜其才而悲其未竟也公
身爲疆臣治軍十餘年家貲不及鉅萬偉矣哉爰次其事而
系之以銘曰
巖巖鎮筸五谿上游土風僄悍爲國好仇公起疏賤束髮授
仗渾珷石峰功立跳盪出援江西突將無前無捷不奇無摧
不堅呂蒙刀盾高昂旗鼓陳如撒星戰如驟雨地險而瘠莫
如黔中苗教狆猓蝨蝨叢叢
詔畀我公總軍開府乂我人民固我疆圉公率萬眾先奠會
城四門洞開民心大𥁕巨竹須解涇薪須束軍衞民生民輸

軍粟方期傳箭大可犂庭盤江洗甲黔靈勒銘譸張祆教猙獰彼族無禮於君鷹鸇同逐（公卹提督謝恩疏有云各篤其主常懷犬馬之誠無禮於君妄疑鷹鸇之逐天下傳誦之）朝旨詰責伏地引愆置對華陽謫戍所連詮返田園重安耕鑿霖雨未施大星遽落聖主知公始終保全公績未竟公名已傳海水西流景風東扇世無壯士誰堪一戰公魄在原公魂在天再生申甫圖象淩煙

蒙城縣訓導金先生墓表

大江以南閥閱相望韋平之族台鼎承家郊祁之倫大科接踵而欲代逼儒術世傳詞藻惠錢而外實罕儔偶況乎下邑

夙稱樸陋若迺人人有集續風雅於一門濟濟羣彥扇芳馨於七葉杜陵詩聖膳部開其先坡老文宗斜川爲之繼發揮前烈騰蹈餘蹤如一士先生者有可述焉先生諱謣字一士江陰人世居西鄉大岸祖鑑明通進士乾隆丙辰薦舉博學鴻詞官刑部主事父捧閶歲貢生候選訓導均名德自耀位祿不副聲華達於

朝宁著述重於藝林先生衾扇婣勞齔鬌廣誦述祖德於傳硯飫庭誥以受經年九齡從父讀書唐氏故園荷衣覓句已翹異於常童松寮弔古輒流連夫勝地老師宿學咸相推許弱冠受知山陰平寬夫學使補縣學生旋因家累俾作客游貧且依人飢來驅我春暉寸寸敢辭負米之勞金綫年年不

少擔簦之困御裝於晥公山下弭檝於明聖湖邊春江波綠鷗夢同圓秋驛塵黃馬蹏欲碎藉江山之勝概寫羈旅之閒情每當歲晚言旋里閈倚閭息望穹窒紓歎團欒鐙火誦征途得意之詩投贈縞紵紀盍友獨行之傳雙親顧而樂之先生亦怡然自得焉嘉慶己卯捷順天鄉闈三試禮部不第大挑二等委署嘉定縣教諭先生以爲儒官雖卑職在教士束躬圭璧潤色詩書問字之酒不論夫厚薄束脩之羊詎計其肥瘠在官一載輿論翕然卽補蒙城縣訓導治之一如嘉定復以爲骨肉之獄戚之以至性則易孚薦舉之牘得之於非分則可恥上台寮屬同聲引重終以偏親暮齒蒙邑長途歸省則職守攸羈迎養則險阻是懼遂句病去諸生追送有泣

者先生亦戀戀不忍別賦詩有我是迂儒今又去諸君休要當官看升沈聚散尋常事此處纔能見性眞之句孝公教授著錄者三千人疏傅去官祖道者數百輩今古一轍識者榮之遂客彭門閒之粱苑重逢舊雨長聚德星珠槃玉敦聯藻盛乎襟裾遲錦淹藕獨秀壓乎壇坫旅游最樂篇積較多迨夫息影舊廬陶情暇日斜陽老圃尋童時釣游之所新月清樽聽野老桑麻之話方謂雅抱庶登大耋昊天不弔兵燹驟經先生覩桑梓之禍竄阜涇之地百憂所萃顑頷告終歿於咸豐庚申九月十二日得年七十有八葬於某鄉某原生平富於詩存三四千首幷文稿俱燬亂後掇拾殘賸刻於長沙曰篤慎堂燼餘稿二卷僅三百餘首附文三篇而已先生之孫

武祥以先生體魄久掩元石未立敬述嘉行遠徵鄙文荃孫竊觀邑中華族品行之敦飭文采之聯翩未有如大岸金氏者先生光前輝後尤平昔所服膺者也嗚呼通德慕鄭公之里清風在茲遺碑式董相之陵高山仰止是爲表

蒲江縣教諭鍾君墓志銘

君諱鴻塤字樹菴先世自粵東遷四川華陽遂爲華陽人曾祖某祖某父某母某氏君幼失恃贈公督學綦嚴每歲入館至家人有不識之者年二十六補縣學附生旋食餼十試鄉闈被放以　恩貢授蒲江縣教諭其讀書也日勤其律己也日刻而其育士也又日恕涵育薰陶循循善誘故秉鐸十餘年而士風日上也家固貧贈公以賈起家後議析產君獨讓

諸昆弟兩兄早卒寡嫂兩姊均資給無使乏妹適蕭氏早寡撫孤甥使成立其克盡倫紀也如此咸豐初閒同學生有匿產欺其叔者以萬金田契假君名書券許以重酬君面斥之有戚置產與君之產相連防他人爭亦請署君名君令自書劵卻其酬且誨之曰是事假名非人必乾沒矣戚且感且愧館簡州時州牧欲轉賣倉穀商之君君以爲不可遂辭去後牧以賣穀事褫職其服君之先見其持正不阿也又如此子桐山同治丁卯副榜湖北候補知縣光緒丁丑迎養至江夏已抱疾十一月初八日病歿距生道光二年某月得年五十六歲戊寅歸葬於華陽某鄉之某原禮也葬有期矣乞文爲銘荃孫與桐山丁卯同歲生且交久謹敘次其大略而銘之

曰
班固文辭賈生禮樂蔚然者華惟君之學御金昺楊題門法
鄭皎然者天惟君之行叔孫習儀仲孫著效穆然者風惟君
之教君之壯歲遇既迫之君之暮年病又厄之誠格金石齊
謝期頤吁嗟昊天云胡不知幽室永扃貞珉生色庶垂裕於
後昆乃報稱夫令德

楊惠甫墓志銘

光緒丁丑荃孫供職詞館與楊戸部調元訂交洎乞假旋蜀
同寓成都借書一瓻時相過從一日出其兄惠甫狀言於荃
孫曰兄諱[redacted]字惠甫天性至孝篤於昆弟幼值父母小病
輒皇皇問於人求所以愈親者比長不衰幼與調元同受學

寢食誦讀頃刻必偕自就外傅以迄應試南北闈往來未嘗
不共離數日輒形寥寐其篤摯如此生平溺苦於學家自先
大父來代有藏書亂後頗有亡佚兄在都復購得萬餘卷以
歸黔中亂宗族物故十二三兄因取宋范文正公義田法及
國朝方望溪所補因地制宜詳爲規畫期異日行之舉於鄉
時同歲生有不能計偕者潛往遺之而告以他姓名竟不知
爲誰所贈也丁丑報罷聞先大夫疾馳歸冒風熱犯瘴癘未
嘗少解九月廿二抵緜竹廿九先大夫棄養而兄亦後三日
逝矣蓋粹於孝而終以毀也嗚呼痛哉君歿於光緒丁丑十
月得年三十一歲同治癸酉舉人子一光祖尚幼荃孫在都
時與君亦時時晤面言論丰采至今猶想見之謹次和甫之

言而系之以銘銘曰

英英楊君生南天皓玉出水光澄鮮簡練洨長十五篇段南桂北爭後先豈風一昔摧華年干將莫邪閟重泉有弟有弟年隨肩完君之志窮雕鐫振綺愛日美弗專壽夭一理齊彭淵惟君令名終古傳

鄭君墓志銘

君諱作相字仲巖山東日照人歲貢生鄭氏自唐居日照最爲舊族曾祖帶祖勗君父僑君五歲就學言動異常童二十一歲入邑庠屢試秋闈不售劬書力學以前賢矩矱律身以先儒語錄設教嗜易闡象數闡義理萃衆說而折其衷附以己意著易說揆方十二卷咸豐辛酉捻匪掠日照君暇與村

農講武紨附近諸村修山寨遷孥實其中因險設隘以距寇寇不敢犯寇退山外室廬燼焉遂移居韓山山陰有十泉結廬第一泉側因號一泉山居幽僻不輟吟謳與人談時事取言之有實用者輯爲第一山房叢說從學者日衆量才授業多所成就修邑志采訪節烈皆君獨任之名譽益盛光緒十年正月二十一日卒年六十二歿後五年門弟子戸部郎中丁麟年持狀索予銘銘曰

南宋變學士氣始衰褒衣博帶無濟於時偉哉鄭君學爲人師妖祲滔天夜燭山眉一簣足障男嗃女嬉時清投戈講藝書帷試之以事無微不治書成滿家名揚九逵勒銘幽宫庶無愧辭

二品頂戴直隸清河道費公墓志銘

公諱學曾姓費氏字繩奮別字劬亭武進人考庚吉福建糧儲道負盛名著錄弟子數百人海內所稱耕亭先生也先生卒於泉州軍次公年十三大母在堂年八十間關歸里支持門戶無異成人迨弱冠以貧入資爲北河州判改知縣補懷來攝宛平敘勞擢天津府知府調保定晉清河道以城守功錫花翎二品銜署按察使事歲庚午引疾去官居吳門養親課子三十年終不出光緒廿四年四月十三日卒年七十公精力絕人聞義必赴長於折獄理財居官行政所至卓絕其嘖嘖人口者尤以通州議和爲最著而公所最自愉快則以橫沙田八千頃舉以畀之南菁精舍爲生平弟一樂事咸豐

庚申西人犯京師
顯廟幸木蘭恭忠親王留守議和約事將變命公馳馬貫敵
陣邀其酋額羅金噶囉定約而歸恭忠親王才之故有越級
之擢南菁精舍者瑞安黃侍郎樹於江陰長沙王祭酒繼之
鼓篋絃誦廩給不敷謀之公公有田曰横沙亙東南海中五
六十里川沙廳屬沃土也歸之南菁爲恆產又躬爲籌畫分
門延師造就甚眾其沖襟遠識竊謂非今之人所有矣荃孫
侍公言論最久又與公子念慈交最善念慈告以十月葬公
於虞山聯珠洞左馳書請銘不敢辭謹書其大者而系之銘
曰
清有通儒潛修治經行爲

國瑋學作士型公也繼起誾誾侃侃銳如干將應機立斷我初上計謁公保州公時治軍談笑戈寻我歸故里謁公吳郡公時養痾殷勤存問雲溪邂逅春日載陽謂公七旬盍舉壽觴公顧而咍嗞晷淪暮易賀爲弔請銘余墓闓坐驚詫謂公戲言曾未三月訃書在門生英死靈前知不爽拈花示寂乘雲獨往鄉里後進頓失觀摩念公知我涕泗滂沱公神愉愉海禺之麓窆石紀勳辭無愧怍

傅君商巖墓志銘

君諱龔梅字商巖浙江德清人曾祖九鼎祖廷琇父同聲邑庠生力學厲俗厚德盛施時方建邑之龍山橋而君適生大木遠至劉亮之橋遂成陰德溥徧定國之門必大君生而穎

異長吏峭直正倫副秀才之實少文好山水之游遂辭咲趨遠客蜀道讀刑法之志通律例之學諳練人事達者稱焉道光乙巳以府經歷候補雲南權臨安昭通兩府經歷戊申補恩安縣知縣緜鞭鐵屑續傳家之治譜渠鑿石脈通富人之水利民情土習鱗薈畢從在臨安時溪處土司趙理誅以旁支趙維藩襲職理子平安扇舊部交訌以螢距之相依作蠻觸之互鬪迫虜君於丹穴識鹽神以青縷民人雷駭羽檄星馳君直入賊壘招致渠魁諭以

天朝恩澤之深詎貪土地忧以置吏兵威之盛宜惜身家掉臂徑赴賢於十萬之眾大義所動銳於兵刃之接堅壁既下民心大安以視虔陀狎蠻啟閤羅之外叛唐蒙矯詔致巴蜀

之憧擾古人有知能無慙悳尋解縣任言旋里門行抵四川
之敘州府而粤逆肆擾道路梗塞君既遠念枌榆復悲深棠
棣百憂所萃大化俄至以咸豐乙卯十一月十五日終於行
館年五十有六嗚呼哀哉配張恭人先君二十四年卒於家
繼配姚恭人後君二十一年卒於四川江北廳子四人均姚
恭人出長雲龍兵部郎中雲萬同治丁卯舉人刑部主事改
官知縣雲夔雲昭女二長適費張恭人出次適吳姚恭人出
雲萬官刑部時遇
覃恩晉階中憲大夫君先葬四川萬縣今以光緒三年某月
某日遷葬於德清縣之倘博村兩恭人祔焉荃孫與萬同舉
於鄉忝屬齊年飫聞懿德景行有素授簡奚辭嗚呼鶉觚遺

澤無慚通德之門馬鬣新阡幸附先人之隴銘曰

我食我衣傅公富我我婦我子傅公父我民謠如此君政可知後有循吏百世師師慨盛德之未彰卜熾昌於後嗣斲元石而銘幽將以風茲叔季

二品廕生唐君墓志銘代況夔生

君姓唐氏名運溥字度周廣西灌陽人曾祖廷植貢生祖懋功舉人父景崧臺灣布政使署巡撫事母余氏君秀氣孤稟馨逸夙成當髫齔之年罹疢疾之厄屬逢里媪有物憑身長陵宛若奉神語於帳中丹陽涓子得遺方於山下藥裹遽投痼疾若失長益脩飭動無譴瑕衞叔寶之神清荀慈明之外朗不慕紈綺獨擁圖史仲宣羸質乃工於文子淵如愚偏溺

於學以監生兩應京兆試不遇得二品　恩廕加光祿寺署正衡君澹於仕進急於孝養依依愛日若將終身會當金甌動地之辰棄之玉斧畫河而外狼燧掩日鯨波滔天君倉猝挈大母之粵復之金陵輾轉兵閒崎嶇海澨百憂所萃七尺遽偃以光緒乙未閏五月廿三日卒於旅邸年二十有五娶於潘無子以弟之子家珍後之存謎學一卷詩數十篇嗚呼隱書十八著中壘之別錄零句三五搜長吉之奚囊遐齡難希臏馥無幾傷已周儀生同州郡目符志趣搤腕悲悼尤倍恆情爰志其事復爲銘曰

華轂雕輦綺繻紈袴游冶之場跅弛罷駑君乃嗜學抗顏揖謝窺園拒春然藜惜夜曳裾公府獻策階墀名利之藪角逐

忘疲君乃娛親溫凊追隨紉芳玉矩挹秀金規夏綠霜凋春
紅雹碎舍兆鵩來庭虛鯉對返骨南管招魂東岱恒幹可埋
幽光長在

書漢陽洪仁夫先生墓銘陰

漢陽洪仁夫先生以道德藁於鄉里負雅望數十年其事親
以誠交友以信任事以勇律身以儉接物以和一時賢士大
夫稱道之弗衰身歿之後監利王子壽比部爲之銘桐城方
存之大令爲之傳江監汪梅村先生爲之表其家世行事備
矣乙未九月其長子彬復以狀匄言於荃孫荃孫後進淺學
何足以傳先生謹援昔賢書銘陰之例而繫之以辭曰
至人粹行得天獨完芳馨播遠託根孤寒曰仁曰恕忠信篤

敬生平志趣仰止古聖大科特薦立辭鶴書盛德不忝盛名
不居鄰邑賢令弔死紓難焚券歸櫬希風東漢效忠有弟
褒贈哲昆貽謀有子克紹清門至堅者金至美者玉君子之
風激揚末俗

涿州知州劉君傳

君諱枝彥字竹坡武進人始祖諱錫朋明正德間避寍王宸
濠之亂自豐城徙武進遂家焉祖茹藻廣西都康州吏目父
本清雲南蒙自縣典史皆累贈中議大夫君沈毅有遠識兒
時附學鄉塾羣兒覘師出嬉戲爲樂而君獨端坐如故吟誦
無少閒咸以偉器目之年十七橐筆北上畱
實錄館效力議敘從九品旋揀發熱河差遣署大名城州判

補葛沽巡檢葛沽去大沽三十里當海衝値英法夷蓄異志
要求百端時見飛艎翔集海際
上命僧忠親王駐防大沽口自咸豐八年至十年夷人勢愈
猖獗或有勸君去者不應問之則曰吾官斯土知守吾土而
已去將何之同治三年保升知縣八年補文安縣未踰月以
憂去十一年服闋補東安縣下車後數月閒清積訟數百或
一車一騎巡行田野問民疾苦改廟田爲義學經費創義學
六所曰興仁曰崇德曰正誼曰廣業曰宏文曰彰化舊學五
并是爲十一光緒三年調署薊州時
惠陵工未竟五年三月辦奉安差州境爲
鑾輿駐蹕之所先事籌畫儲偫無缺吏部主事吳可讀殉節

於薊之馬伸橋付其子書曰州主劉須聲載道恨我不及見之爾諸凡求指示君聞信至其處爲經紀其後事遺搢代申吏部即於馬伸橋畔建立專祠以所賻餘款置守墓之田四十畝並恤其家屬六年調補寶坻寶坻居九河之下衆水所歸迤北泃河東北薊運河西北鮑邱河西南窩頭古渠河其南袖鍼青龍灣等河又毗接武清之筐兒港河皆邑河之尤著者也河之兩岸均恃隄防民田反居其下流河去歸海之處百餘里年久未修淤墊過甚勢成倒漾每於五六月間陰雨連緜山水盛至則掃蕩沖決民受滅頂之凶由來久矣君至即懇請疏濬青龍灣並添築袖鍼河游香涧隄工以殺水勢計袤延百餘里秋鄰境有偏災而寶坻以河隄故得無恙

七年調署大興八年還寶坻任九年六月大雨兼旬諸河同
時暴漲隄岸盡沒於水通邑九百餘村汪洋一片儼成巨浸
爲數十年所未有立請大府發帑急撫自乘舟筏周歷各村
擇其尤貧苦老弱者先爲撫卹躬自按查不遺不濫十年調
武清十二年升涿州涿州距京師咫尺爲一十三行省通衢
承平日久雉堞圮毀君以爲地處衝要貢使絡繹冠蓋商販
所必由之路宵小易於潛匿謀之紳庶集貲修補自此扃鑰
維謹數月之內樓櫓一新前後在涿州任五年吏畏民懷百
廢俱舉十五年四月自昌平讞案歸司閽者以牘進舉筆欲
下忽風疾舉發口不能言手足偏重不舉六月雨十餘日不
止城北拒馬河挾山水暴至聲如牛吼平地陡深數丈田禾

廬舍蕩無一存君雖患病强自起立集紳耆商籌辦之法仍扶疾病出城體驗水勢有以節勞言者則怒曰小民如此豈吾惜力時哉因此病勢益甚七月卸任猶以書院膏火無多交卸之前夕命出二千緡交典庫生息士子尤感之潘文勤公祖蔭 高京兆萬鵬 嘗以政平訟理悃愊無華入告
上諭傳旨嘉奬文勤語屬吏曰州縣官如劉牧可師可法又一日偕查公光泰等進見文勤歎曰諸君皆屏翰才也雖知之深而未克竟其用命也夫光緒十七年五月卒壽六十有一配唐恭人先君二年逝子三長景勳江西縣丞次景熙北河候補縣丞次景焯孫三蓟源兆星兆熊

論曰縣令親民之官自昔以爲難至今日而言縣令尤難之

難者葢每省候缺者多至數百人閒居數年揭債鉅萬始得一署縣事中人以下未有不爲利所搖奪者亦勢迫之也君爲京畿州縣先後二十餘年大災大役適際其艱猶能毅然獨行己志不撓於物嗚呼古之人與

梁曦初先生傳

梁曦初先生名景先陝西三原人道光乙巳進士以主事籤分工部直　軍機處補浙江道御史乞假歸省同治改元粵捻逆合竄入關回匪乘之而起關中大擾陷三原西北關先生家燬於火弟維先緝先禦賊死之而縣城獨存先生襄辦防守籌兵食皆有勞加四品銜兵事大定大吏議與復水利涇陽之龍洞渠卽秦漢之鄭白渠也涇陽三原諸縣均資灌

利而涇陽居上流專利抑閼先生發其弊大吏善諭之兼籌
資修補而三原得灌浸如約水利復興陝俗遭喪率置酒張
樂延客先生痛斥之居喪一循典禮先後主學古宏道書院
講席宏道書院頹敝先生修復之復購隙地雜蒔花竹與友
朋賦詩以爲樂十二年入都補河南道御史光緒二年充
恩科會試同考官四年選福建興化府知府署西偏有古冢
傳爲明殉倭寇難官屬而莫知誰何君據戚少保年譜證之
明史記傳審爲延平同知權府事黃岡奚公世亮又攷莆田
縣志載訓導盧公堯佐與奚公同時殉難請上官聞於
朝祀昭忠祠劖石紀事興化義倉舊有存銀先生以爲存銀
不如存穀補糴以備凶歉嚴束胥役民以不擾規畫井井偶

以疾乞假一月署莆田縣鮑復康倚大府爲同鄉遇事傾軋先生憤懣遽引疾謝事踰年卒於福州年五十有八荃孫丙子會試出先生門下丁丑旋蜀迫自蜀歸先生已將出都門矣受教之日前後無幾時先生志行修潔言語懇至而遇事有守不宜於俗設施未竟中道以歿殊可悲也後數年同門陳侍御琇瑩奏參鮑復康褫職庶可慰先生於九原矣

夏日初先生傳

夏日初先生諱子齡號祝三江蘇江陰人七世祖維新明舉人鼎革闔門殉難惟一幼子以義僕翼之免祖祖甸父翼謀道光乙酉舉人先生幼慧出應童子試爲學使姚文僖公所識拔取古學入邑庠道光甲午舉人丙申會試弟一改主事

籤分禮部在儀制司學習遇事勇決尤以氣節自負一日散衙戶部片查庫丁非賤役應否準其捐考時庫丁張甚侵庫帑當道皆可賄通先生知事遲則有變立作駮議五鼓至朝房呈堂上官以庫丁實賤役應不準捐考而堂上官果有成見游移不決或議調停準捐不準考先生曰國家名器不可濫既準捐卽可考且若輩一入仕途賄賂鑽營何求不得既阻寒士進身之階又啟仕途苞苴之弊力爭不可議遂定卽時至署片覆及退食緩頰者絡繹至已無及矣在禮曹六年以親老改外選直隸深澤縣告近改選河南汲縣涖汲汲治

文宗御極巡撫潘忠毅公特疏明保吏部調取引

見事畢回任復遭母憂服闋坐選深澤未一年調饒陽饒陽

爲畿南大邑土斥鹵民強悍素稱盜藪時髮捻兵事方亟畿輔比年旱蝗盜劫蜂擾先生目擊賊氛所至郡邑防剿無資以致糜爛半天下慨然謂守土者不可無兵不可不知戰發憤治兵家言子弟僕隸皆令習技擊故治饒捕盜捕蝗皆以兵法部勒之擇胥役壯健者教練技勇製造槍礮百人分十隊每夜以一隊輪守倉庫課演拳械優者賞漸增練至二百人咸豐九年英吉利犯天津京師戒嚴冀州王洛悅河間劉四賈瀅等各矗聚千餘人起事先生勸諭村鎮團練鄉丁各境分四正四隅各置練董正副二人號令聽之官復親率城勇分日赴鄉點驗合操聲勢連絡劉四等攔入饒境集鄉團千人自率城勇爲之先擊賊於小隄集西北賊馬步二千餘

人燃礮相拒乃張兩翼臥旗伏地而進賊礮如雨越隊過揣
知槍可及賊旗舉槍發賊陣亂我軍大呼衝擊斬百餘人擒
五十餘人劉四受創遁餘眾大潰是日王洛悅分股擾冀州
聞風亦驚潰劉四逃至青縣被擒伏法畿南平道府以下優
敘數十人先生亦加運同銜以其暇濬老淵河滹沱水患
造橋五十丈民呼曰夏公橋旋擢宛平再擢易州直隸州易
爲
西陵重地以泰寧鎮總兵官兼內務府大臣總其成而祭祀
牛羊芻豆及守陵員役俸餼例由州牧於布政使庫領銀供
給自守
陵各衙門及本署官吏莫不以爲利藪先生睹及積弊滋多

不得行其志力求去任調署保定府清軍同知未逾月長白
衍秀公始莅泰(謚)鎮堅請於大吏飭回任密與議定査程奏
請禁革豆草不得折價積弊一清七年正月西捻張總愚犯
畿輔勤王兵雲集陳國瑞以二等侍衛統軍勦賊夜至易城
外以令箭呼開城拒而不納曉乃縋城下語以
陵寢密邇請嚴軍令勿擾民陳卽日馳去時守
陵大臣已以易州被圍入告
詔發神機營兵七千赴援匪徒乘機縱掠先生率練勇巡防
遇掠者立斬以徇不問所從來合境安堵是夏捻匪肅清敘
功以知府在任候補
賞戴花翎加三品銜米利堅人山家立潛至易私購城內許

氏屋爲耶穌教堂先生廉知之乃責許氏退價山家立堅不
可乃執條約與辨以其未持游歷執照買屋未知照地方官
且易州近
陵寢有關風水不第易州境內不得立教堂所屬淶水廣昌
及
東陵附近之遵化等處皆不得立山家立辭窮卒收價撤契
以去事上制府曾文正公國藩深重之總署文文忠公祥尤
以爲賢州署東偏隙地舊有亭池於其北築臺望西山雜蒔
花木名之曰憩園遂以自號暇則集賓僚觴詠其中人咸以
政簡刑清之樂爲不可及會曾文正公疏薦循良稱先生通
達政體歷官所至皆有循聲

詔特嘉之以年逾六旬宦情愈淡乃請開缺以知府候補去
任數月卒年六十有五易州士民籲請崇祀名宦祠越數年
饒陽亦以崇祀申請先後奏蒙
俞旨報可子三人長詒鈺直隸永年縣知縣次詒綬候選通
判次詒鎬候補吏目女一人適宜興咸豐己未進士通政使
司通政使周公家楣荃孫鄉里後進又娶先生之孫女爲繼
室耳熟懿行爰類次之以爲傳
論曰吾邑首枕大江山清而削水漱而激其人亦磊落英多
可以有爲於世然剛果負氣往往不獲乎上豈地使之然耶
以先生之才之望早遇有大力者拂拭而振拔之其措施豈
止於此晚遇曾文正識之於庸衆之中登之簡牘迫以老病

乞退又慰留再三是時文正所保賢員如任道鎔李文敏等後皆仕至督撫然先生則以老病死矣命也夫

姚文山先生家傳

君姓姚氏諱華國字文山宋統制旹之裔十一世祖冕遷陽湖之豐北鄉遂爲陽湖人祖禹範父志純母氏劉家世耕讀好行陰德君纘述而推廣之生有至性事親能先意承志遇疾病侍湯藥憂懼禱祀父歿盡哀盡禮弟妹幼弱教養備至婚嫁後猶友愛如初幼好學舍南開法寺有靜室讀書其中五年同里李申耆先生名高天下君鄉里後進耳濡目染於書無所不覽遇善本卽購藏之積至五千餘卷手自校勘雖流離顛沛未嘗須臾釋手學者皆向慕之後卽李先生家課

其子弟而與先生考究中外輿地天文算學虛心折衷昕夕靡倦其教人也一藝之長輒稱道不絕口愛惜之成全之汲引裁成無微不至族人無力婚嫁者有佽助貧不能應試者有貲斧每屆歲暮必加意任恤嘗於除夕訪友友遠出未歸債主盈門坐索其家窘甚君卽代償所逋幷爲籌措卒歲之費有急事遠行不名一錢裹瘡走三十里來告者卽倒篋與之不足則典質以應有長親家貧屢貸至八百餘緡並佃田十五畝不取息而代償賦卒以契據還之舊有貨殖款三千餘緡負者類多貧乏卽焚簿還券絕口不言其好施與類如此道光庚辛之交英人搆兵夷艇闖入大江常郡戒嚴官紳照會防堵卽督率鄉人家出一丁舉行團防首清戶口均貧富

練膽識習火器簡約而嚴人心大定英人尋議和君少喜擊劍傳荆川鎗法至是益究心武備方略謂人心浮僞極矣世變多端禍亂之萌未知所止乃力籌救世之策以濟時艱嚴子弟吸鴉片之禁並勸鄉黨併力拒絕食者合方藥與之戒除業此者給資本別爲生計有書吏貪緣作奸業戶田產應完糧兩石者以官印帖戶發一張令自繳帖報稅漏者重罰不滿者差保查擠勒稅之閭閻譁然君約二三紳者責該書貪婪盜印之罪罰錢千緡充書院膏獎收印帖回稅卽停止又擇隙地種桑雇蠶師伺養繅絲俾得仿效已酉大水道殣相望首先倡捐賫粥所居之鄉振款尤多無凍餒者中道光庚子副榜親老家貧應友人聘游西安瀕行賦詩有可憐一

紙閣中聘捧向高堂當檄看之句聞者憐之著有西行雜詠草後入國子監肄業期滿議敘候選訓導而聞母嬰疾星夜馳歸母卒君亦病不可爲矣卒於咸豐元年四月十七日年四十五子六人時熙嶽望嶽嵩嶽恆嶽度嶽峙女一適同邑葉明善

論曰吾鄉自洪北江李養一兩先生後士皆負氣節重然諾有東漢節士風況居李先生之鄉者耶荃孫輩行較後不獲見先生矣近年與先生仲子彥嘉交彥嘉亦急人所急千金不吝彥嘉如此先生之德量可知視世之以畏縮爲馴謹以鹵莽爲果敢者相去可以道里計哉

三品銜安徽候補道張君傳

君名保慈字敬堂江蘇常熟人幼孤母王太恭人撫之成立長負文名由廩生納貲爲通判投效皖營佐前安徽巡撫翁文勤公同書英果敏公翰幕府以明敏見長日屬稿數十紙悉中機要嘗隨軍行泥淖中水及馬腹竟日不得食夜則治軍書達旦敘功補鳳陽府通判駐正陽關地當孔道商船雲集市儈隸名官役注籍至八百餘名肥己淩人閭閻側目君下車卽曉諭歸業留額設數十人以給用民以無擾講求捕務有犯必獲不惜重費至有失主未及報而賊已就網者河南饑災民轟至君募錢粟施振不足則自罄其資稱貸度歲焉光緒元年以道員仍發安徽候補兩署安廬滁和道決疑獄理洋務措之裕如十三年河決鄭州皖北正當下流皖南

亦大水君綜理振捐事設法勸募工振兼籌設當牛局費省
事理災黎賴之每歲杪省城乏食貧民多至萬餘口力籌常
年經費購米以養之平居遇僚友匱乏即非素識者亦竭力
周恤以故家無餘財仕宦數十年仍寒素也光緒十五年三
月七日卒於安慶年六十有三前安徽巡撫陳彝奏請附祀
英果敏公祠奉
旨允准曾祖濬川祖文域父世昌均以君貴贈資政大夫
論曰先君子館常熟時君及門受業書法之美文思之銳先
君子時時稱之同治壬戌荃孫避地淮安與君比鄰過從莫
逆時學作駢體文君每爲之指示派別點定疵纇癸亥別君
赴湖南辛巳又晤君於皖中自此遂不復見悲夫以君之才

與學而不登上第不獲眞除家無中資年未上壽雖循聲洋
溢祠報聿隆亦未足以盡君也悲夫

顧倚山訓導傳

咸豐庚申春荃孫應童子試籍籍聞楊厙顧子田名與昭文
黃琴六太倉季耘菘相埒是年遭亂棄家遠遊未及請益光
緒戊子子田介邑子繆邁仁求爲尊人倚山先生傳荃孫雖
檮昧不敢以不文辭謹按狀先生諱師竹字仲雅世居邑東
之楊厙鎭曾祖汝躬祖文靜父美世有隱德先生資穎異讀
書異常童督學莫侍郎晉 拔入邑庠中嘉慶丁卯舉人五試
禮部不第道光七年大挑二等選授安徽太平縣訓導太平
在萬山中民風樸而厚士習樸而僿先生嚴取與謹步趨以

躬行感發與諸生談藝必舉經史引之彬雅數月丕變邑自宋元以來節烈貞婦旌表闕如因援例建總坊旌表三千餘人三年乞疾歸邑人延主講仙源書院仙源本天都即先生在任手葺者也教諸生以安定胡氏法立經義治事兩齋後有達官及能讀書者邑人至今思之院對黃山最高處陰晴雪月雲海風濤變態萬狀開窗眺望盡收之襟袖間李申耆先生贈以聯云開軒看黃海掃石傾青尊其高致亦可想見截取到班吏部檄令赴選不就歸里後以著述自娛後卒於家年六十九先生在仙源同邑李文敏公芝昌以侍郎督安徽學校士嚴錄取者往往覆黜且拘懲之有自盡者太平有項姓童被斥追文敏按他郡經太邑即館書院項求緩頰先

生辭之文敏適館見過問項某曾肄業否先生曰肄業久文亦佳唯略出入耳無他言文敏卽釋項還褰校夏君伯田同里同歲生也詣院歡晤因陰諷文敏校士過嚴狀文敏迺稍寬後爲先生序課藝盛稱教育之善與士感激之深推服甚至先生箸書遭亂燬於火子田常存隱痛然孫曾林立書香克紹亦可慰先生於地下矣

論曰先生以飽學而未得美仕以薄宦而能立名節皆近今所罕見至文敏之謙先生之介我邑古風洵稱兩美今有人依附煬竈獵取高位卑視里人謂莫己若世風不古至於此極聞文敏與先生其亦可少愧矣乎

高星五傳

勝國之季
王師南下如震雷疾霆砰訇欻忽當之者碎遇之者仆吾邑
地猶彈丸獨鬬螳拒螳守八十一日而後破士民就義者數
十萬人
聖朝雖憫其愚未嘗不哀其志疾風勁草奕世猶生乾隆間
高先生東川輯成忠義錄一冊而後晦者顯散者聚並詳請
建祠歲時祀之振一邑向義之心完百世教忠之典至鉅至
賅也咸豐庚申之亂祠與書版俱燼先生之孫星五復節衣
縮食稱貸典質重刊是錄而建祠力有未逮死猶引以爲己
憾嗚呼此非星五一人之事而獨亟亟爲之不替上則纘祖
考之詒謀下則彰士民之偉烈其風可謂古矣星五秉性樸

治學鈍讀書數十年困於小試獨耐貧乏不取意外之財見饑寒者百計周之嘗誡其子曰人何患貧品非貧不立學非貧不治又曰怨我者謗我求我者譽我謗我而我懼譽我而我益懼懼而自脩則謗我譽我皆益我也其襟懷之達立志之誠又如此古之所謂隱君子者其在斯人乎其在斯人乎星五名沛卒於光緒元年九月年五十三子四人長丙彰四午生均死庚申之難皆附祀忠義祠

繆荃孫曰同治甲戌余自京師旋里星五以忠義錄見貽且述建祠未成事語刺刺不休鄉人多笑之迨光緒丁丑再返里門則忠義祠落成而星五已前歿鄉人又有慨焉慕之者嗚呼笑者其人慕者亦其人三代直道之公不絕於天壤人

亦何憚而不爲善也近年以來以輕薄爲精明以畏葸爲謙退輾轉揣摩風氣頓易若星五者則已古矣嗚呼

節母唐太淑人傳

節母唐太淑人名韞貞字佩蘅武進人姊妹五人行居四穎慧絕倫父早歿事母以孝聞咸豐庚申常州陷於賊避兵江北兵燹中婉愉和順承歡如平時年廿四歸同里贈公董君介貞爲繼室逾年生子康前室子受祺甫數歲保抱鞠育視同己出時舅觀城君舉家在任贈公以慟弟得危疾節母百計醫禱欲以身代衣不解帶者兩月卒不起節母哀毀成疾極中夜起對鏡屢欲自經而康生甫八月受祺亦未成立恐重傷舅姑意不果殉力疾營窀穸祭葬如儀次年始謁舅姑

於觀城朝夕承歡娣姒亦相雍睦舅姑均曰吾失子得賢婦
於心慰矣督受祺兄弟讀書自塾歸必篝鐙讀至夜分始罷
嘗曰汝父績學早世汝兄弟宜闡揚先志虛度光陰不可惜
乎光緒丙子觀城君卸任南歸遂逝世宦橐蕭然有戚某陰
唆娣姒分爨節母謂和氣致祥乖氣致戾先人墓土未乾不
宜骨月參商而戚某唆益急族中之不肖者從而附和之節
母不得已乃收書籍奉栗主移居古村老屋兩椽聊蔽風雨
時受祺從軍遼海康年十七且讀且訓蒙饔飧不足節母刺
繡餬口隆冬酷暑無稍懈迄今寒飆乍起兩手皴裂亦可見
昔年之勤苦也戊子己丑康聯捷成進士受祺亦以己丑
恩榜捷於順天節母始有喜色繼而泣曰吾今庶不負舅姑

重託矣葢舅姑彌留時執手欷歔以舉家相屬故不覺悲從中來也康官刑部迎養至京受祺以內閣中書效力山左河工薦保知府加鹽運使銜節母自居京師猶理家事嚴內外戒逸豫儉約如故暇則手執一編家無擔石晏如也嘗謂康曰昔祖父服官四十餘年不名一錢汝兄弟之得以科名進者皆祖父留貽也汝等亦宜思先人之賜貽之後嗣幸勿噴清白吏家聲康喜購書往往竭俸所入而懼節母訶責匿不以聞節母知之叱曰能讀書乃佳事苟世世子孫能若汝方喜之不暇何匿爲又諭康曰司員位輕責重較州縣尤難秋審爨人生死招冊未必無彌縫汝當倍加詳慎勿以要譽爲也光緒癸巳八月二十六日遘疾終於京邸年五十有一先

是禮部以節請旌門
詔予旌如例
覃恩受太淑人封自幼工長短句有雨窗詞三卷及秋瘦軒
詞選若干卷
論曰吾常世家曰唐曰楊曰董自前明至
國朝代有達人稱爲詩禮望族太淑人楊之自出生於唐歸
於董其謹守禮法垂裕後昆也固宜荃孫庚寅來京師與壽
京訂交飫聞懿範今壽京歸葬有日屬次太淑人行誼爲之
傳以備史氏之采擇云
龐沈二節婦傳
祁氏河南淮寧人年十三鬻於予家爲婢性勤敏工鍼黹烹

飪事無鉅細均能預爲理董先祖母最愛之及祖父任甘肅
先祖母挈之行配家僕龐興正生二女俱殤興正卒氏年二
十餘矢志守節願事先祖母終身興正母老居江陰氏歲寄
貲以供甘旨十數年如一日及祖父罷官旋里氏攜興正柩
從購地葬之時興正母猶在也氏奉之至孝又數年母始卒
氏一手殯葬歲時祭祀無闕興正有姪性嗜酒不治生業氏
愛如己子常周給之寻生時氏年五十餘矣而愛寻特甚幼
則提攜之稍長則教督之寻一日廢學氏則一日不說迨庚
申寇警氏促吾母挈寻渡江而身留守宅翌日寇卽至氏倖
脫隨寻至淮安期年寻侍母入黔氏以老不能行依吳炯堂
表兄之皖乙亥病卒年七十五道光二十四年江蘇學政祁

文端公奏請

旌表如例王氏江陰人隨寻母來寻家事祁氏如母余生司保抱者數年後嫁同縣人沈亮玉爲妻年餘生一子亮玉暴卒氏誓不嫁耕半隴以自給亦時來寻家聞寻讀書則喜祝寻長成而得所依也庚申之變寻北竄後音耗隔絕後聞里人云氏於辛酉春匍匐來寻家見人逸屋燬哀慟至絕偕其子行乞未幾餓死其子亦死不知其何年月日也光緒丙子寻官翰林院庶吉士爲具呈禮部奏請

旌表如例

徐星伯先生事輯

先生姓徐氏名松字星伯行九原籍浙江上虞僑居大

興遂爲大興人嘉慶乙丑進士改庶吉士散館授編修官至陝西榆林府知府卒於道光戊申年六十八先生學識閎通饌箸精博負重望者三十年所居在順治門大街廳事前古櫰一株夭矯空際顏之曰蔭綠軒讀書處曰治樸學齋朝野名流相見恨晚而身後遺書散佚殆盡荃孫修順天府志采訪先生事實求傳志不可得識輔通志所采較詳而抵牾亦不免謹詮次如右以所著書目附焉

乾隆四十六年辛丑先生一歲

五十四年己酉　九歲

應童子試學使者金士松取入邑庠

五十九年甲寅　十三歲
是年夢至一地境極清幽後謫伊犁住亦園與夢境
同
嘉慶五年庚申　二十歲
是年舉行　恩科中舉人房考檢討張問陶考官劉
權之英和陳嗣龍
七年壬戌　二十二歲
充宗學教習　陳安人來歸山東城武丞凱女
十年乙丑　二十五歲
會試中進士房考[redacted]考官朱珪戴衢亨恩普英
和　殿試二甲第一名　朝考一等一名改庶吉士

十三年戊辰　二十八歲
授編修入直　南書房
十四年己巳　二十九歲
派入全唐文館　鈔河南志宋會要中興禮書
十五年庚午　三十歲
充文穎館總纂　成唐兩京城坊考五卷　簡湖南
學政按庚午系更換學政之年清祕述聞續湖南通志同畿輔通志列傳以爲十四年誤
十七年壬申　三十二歲
爲御史趙慎畛所糾謫戍伊犂　出嘉峪關過鎮西
府手搨裴岑紀功碑按此搨本今歸吾友章碩卿
十八年癸酉　三十三歲

到伊犂寓城南宣閭門南墉第三舍署曰老芙蓉庵

戍館　撰新疆賦

十九年甲戌　三十四歲

冬與同戍白泉觀察朱爾賡額射獵於二道河

二十年乙亥　三十五歲

將軍松文清公松筠於嘉慶七年涖任十一年請修通志未允因派知縣汪廷楷編纂事實是爲初稿後又屬郎中祁韻士排纂成書一十二卷名曰伊犂總統事略十四年卸事十九年再任命先生重修因周歷南北二路再加考訂畿輔通志列傳云時奏修通志按松文清十一年請修通志未允因輯總統事略命先生續編龍萬育西域水道記序向云總統事略可證書成繕進　宣宗賜曰

新疆識略並無修通志之事傳誤　八月塔什巴里克莊阿琿孜牙敦作亂殺伊勒百楚卡倫侍衛走出邊將軍督官兵勦辦先生攝幕府旋禽孜牙敦於僞塔克山穴中事平冬自伊犁赴喀什噶爾於沙圖阿璊軍臺度歲

二十一年丙子　三十六歲

正月五日度木素爾嶺由阿克蘇葉爾羌達喀什噶爾假館參贊公所　秋復還伊犁先生攜開方小册置指南鍼記山川道里下馬錄之至郵舍則進僕夫驛卒臺弁通事一一與之講求經年風土備悉　撰西域水道記五卷漢書西域傳補注二卷

二十二年丁丑　三十七歲

與成都龍燮堂萬青訂交

二十四年己卯　三十九歲

秋隨晉齋將軍晉昌校獵北山　在戍六年期滿蒙

恩釋放回籍

二十五年庚辰　四十歲

二月自伊犂歸經庫舍圖嶺手搨唐姜行本紀功碑訪破城見唐金滿縣殘碑造象碣過煥采溝得漢永和沙南侯獲碑過莫高窟得周聖曆李君重修莫高窟佛龕碑元至正造象記於睡佛洞外得唐大曆李府君修功德碑碑陰爲唐乾甯李氏再修功德記

冬十二月總統事略書成繕進

宣宗成皇帝垂覽
御製序文
賜名新疆識略以其書付　武英殿刊行因
召見奏對西陲情形甚悉
賞內閣中書
道光二年壬午　四十二歲
　跋長春眞人西游記
　四年甲申　四十四歲
　刻新疆賦成孫馨祖序彭邦疇作後序
　五年乙酉　四十五歲
　　陳安人卒

九年己丑　四十九歲

刻漢書西域傳補注成張琦序

十五年乙未　五十五歲

泰興陳東之潮烏程沈子敦垚客先生寓東之病歿

醫藥棺槨賻恤有加　子敦旋移館姚總憲元之寓

每出城詣先生爲招平定張石洲穆烹羊炊餅置酒

大嚼劇談西北邊外地理以爲笑樂

十六年丙申　五十六歲

選授禮部主事　作夢游圖記十三齡夢事

十八年戊戌　五十八歲

升鑄印局員外郎　撰唐登科記考三十卷自爲之

序　重九與龔定庵自珍吳虹生葆晉游西山

二十年庚子　六十歲

子敦卒賙恤如東之

二十三年癸卯　六十三歲

授江西道監察御史轉掌江南道

二十四年甲辰　六十四歲

簡陝西榆林府知府　時李文恭公星沅巡撫陝西

與先生不合因乞病旋京

二十六年丙午　六十六歲

病痊坐補榆林府知府有政聲旋護延榆綏道再署

潼商道未幾致仕歸畿輔通志列傳云擢延榆綏兵備道量移潼商按先生赴陝到

榆林府會護延榆綏道復署潼商
卽致仕歸並未擢兵備道傳誤

二十八年戊申　六十八歲

三月初一日先生卒

所著書目

新疆識略十卷殿本　廠肆覆刻本

新疆賦二卷道光四年刻本　元尙居本　上海袖珍本

西域水道記五卷道光三年刻本　畿輔通志列傳云一卷誤

唐兩京城坊考五卷連筠簃本　畿輔叢書本

唐登科記考三十卷此書稿本爲荃孫所得　王一梧師刻入南菁叢書　通志列傳云一卷誤

新斠注地理志集釋十六卷此書稿本爲姚方伯覲元所得章碩卿大令刻之

漢書西域傳補注二卷道光九年刻本　指海本　式訓堂本　通志列傳云後漢書西域傳補

注誤

元史西北地理考見沈垚金山以東地理釋

西夏地理考見沈垚與先生書

宋三司條例考一卷見畿輔通志列傳　按傳云所著尚有長春眞人西游記考按西游記本二卷先生有跋非專書

明氏實錄注一卷會稽趙氏叢書本

輯大典書

宋中興禮書二十四冊此書稿本歸瑞安孫太常衣言

宋會典五百卷此書稿本歸荃孫今歸廣雅書局

河南志三卷此書稿本歸常熟師荃孫錄其副

宋元馬政考一冊此書稿本歸荃孫

書楊爽泉大令逸事

貴筑楊爽泉墱丈權四川夾江縣知縣值咸豐己未庚申之際滇逆藍大順李永和等大小數十股縱橫猖獗環夾江州縣若丹棱若青神諸城皆相繼不守夾江以彈丸地當賊衝賊必欲得之凡大股薄城者三寇掠近村者五游騎蹂踐者不可勝數民習於承平未知兵革心怯甚大令隨方守禦遠間諜清原野偃旗鼓以示不測間出奇直擣往往斬其渠魁賊大窘去又嘗以重兵壓城東門鼓譟逾時大令帥眾於西門備之未幾果潛行而西未至城數十武城上礟石驟發殪賊無算賊技窮始遯僞帥段啟賢段啟智驍將也賊既屢卻於我忿甚決意進取令啟賢等以大眾來攻大令一與戰察

其有降意因單騎入其營宣布
朝廷德意諭以利害啟賢兄弟伏地請死盡降其衆賊益奪
氣頭之令其黨方占奎等以兵三千冒官軍旗幟聲言奉調
將入省經數州縣以抵夾江大令察其僞陽爲置具供張而
陰授段啟智方略盡縛之賓僚咸賀曰大功也卽不肯盡誅
亦必馘六十始合例得優賞大令惻然曰此屬皆脅從也吾
甘不獲賞忍戮無辜以自倖乎僅誅方占奎等四人餘悉遣
散如降衆啟智令積功至提督矣啟賢尋卒大令起自諸生
居家善讀書居官善治民卽其用兵亦豈尋常武人所可幾
及哉

藝風堂文集卷一

藝風堂文集卷二　　江陰繆荃孫

遼故城攷

遼太宗會同元年升幽州爲南京遼史太宗紀又曰燕京遼地理志聖宗開泰元年改幽都府爲析津府遼聖宗紀城方三十六里崇三丈廣一丈五尺敵樓戰櫓具八門東曰安東迎春桉乘軺錄云幽州城周二十五里東南日水窗門疑有誤南曰開陽丹鳳王曾上契丹事云南有啟夏門西曰顯西清音北曰通天拱辰遼地理志桉遼之故城即因唐藩鎮城之舊其地在今城西偏及郊外地今琉璃廠在正陽門外而乾隆間得李內貞墓志稱其地爲燕京東門外之海王村又今黑窯廠在永定門內慈悲庵而今存遼壽昌慈智大師石幢亦稱爲京東北盟彙編郭藥師襲遼由固安渡瀘水奪迎春門陳於憫忠寺前是遼東門在閔忠寺之東慈悲庵之西界址規模略可想見若後人所謂蕭太后城即遼之故城並非別有一城也

金故城攷

金太宗天會三年宗望取燕山府因遼人宮闕於內外城築四城每城各三里前後各一門樓櫓墉塹悉如邊城每城之內立倉廒甲仗庫各穿複道與內城通時陳王兀室及韓常笑其過計忠獻王曰百年間當以吾言爲信（大金國志）及海陵立有志都燕而一時上書者爭言燕京形勝梁漢臣曰燕京自古霸國虎視中原爲萬世之基（日下舊聞攷四引煬王江上錄）何卜年曰燕京地廣土堅人物蕃息乃禮義之所（大金國志十三）天德三年始圖上燕城宮室制度三月命張養浩等增廣燕城城門十三（金圖經作十二少光泰一門）東曰施仁曰宣曜曰陽春南曰景風（金圖經作景豐）曰豐宜曰端禮西曰麗澤曰灝華曰彰儀北曰會城曰通元曰崇智曰光泰（金史地理志）遂以燕爲中都府曰大興定京邑

焉都城之門每一面分三門一正兩偏其正門旁又皆設兩門正門常不開惟車駕出入餘悉由旁兩門焉（日下舊聞攷引金圖經）周圍二十七里樓壁高四十尺樓計九百一十座地塹三重（許元宗奉使行程錄）築城用涿州土人置一筐左右手排立定自涿至燕傳遞空筐出實筐入人止土一畚不日成之（日下舊聞攷三十七引析津志）正隆四年二月丁未修（金海陵紀）至衛紹王時蒙古軍至乃命京城富室遷入東子城百官入南子城宗室保西城戚里保北城各分守兵二萬大興尹烏陵用宣命京畿諸將毁各橋梁瓦石悉運入四城往來以舟渡運不及者投之于水拆近城民屋爲薪納之城中蒙古兵攻城四城兵皆迭自城上擊之蒙古兵凡比歲再攻不能克（大金國志二十二　按金之都城因遼之舊周二十七里）

至天德三年東南二面展築三里與四子城相屬外城包之南廣七十五里在今都城南面元代尚有遺址當時多謂之南城而指新都為北城今就前人志乘文集碑刻所記準以現在地面參稽互審如憫忠寺昊天寺今在宣武門南與廣寧門相近而元人皆稱為南城古蹟又今城外白雲觀西南有廣恩寺即遼金奉福寺距西便門尚遠而金泰和中曹謙碑記謂寺在都城內金天王寺即今天寧寺在廣寧門外稍北而元一統志謂在舊城延慶坊內金圖經載都土地廟在舊城通元門內通元乃金都城北門也而都土地廟在今宣武門外西南土地廟斜街由此攷之則金故都當在今外城迤西以至郊外之地金蓋因遼舊城展拓其東北隅當與今都城西南隅相接元王惲中堂事記云中統元年赴開平三月五日發燕京宿通元北郭六日午憩海店距京城二十里海店即今海淀許元宗奉使行程錄云自良鄉六十里至燕山府燕山府八十里至潞縣以道里核計之則金之都城較今偏西南按蔡珪傳有兩燕王及太子丹之墓珪獨攷其非是乃漢劉建及劉嘉之墓也大定九年詔改葬於城外劉傳南苑有唐碑書貞元十年御史大夫劉怦墓世宗見之曰苑中不宜有墓劉頍家本怦後詔賜怦錢二百貫令頍改葬於城外據此二傳可見海陵築城時於遼故城之東南二面皆大為增廣故兩燕王及劉怦墓舊時皆在城外者悉圍入城中至大定始為遷出明太祖實錄云太祖令指揮葉國珍計

度南城周圍凡五千三百二十有八丈南城故金時舊基也是金故城遺蹟明初尚有存者逮嘉靖時築外羅城而後遼金城址遂茫昧不可復識矣　桉大金國志金圖經皆言京城門十二金史獨於北面多光泰一門攷北平圖經謂奉先坊在舊城通元門內而析津志又謂在南城清怡門內二名錯見疑清怡卽通元之別稱析津志亦作十二門至北曰會城通元崇智改門曰清怡曰光泰明言清怡乃通元所改光泰乃崇智所改也金史修時尤在國志圖經之後所言不足據又桉國志二十二有云大軍至昌平榜諭居民自爲計城內外亂甚老弱奔號少尹張天和奏請京城一十八門隨方便自門以出則是城有十八門不止於各書所載十三門十二門也國志二十三又云十月十八日大軍至城下一屯大安門十一月初一日攻順陽門南順門四會門此四門者他書均不載不知爲各門之別名歟抑各門外另有此數門歟至其子城有四皆在大城內如完顏律明請守大城用宣希古曰大城汗漫凡七十餘里如何去守設或不利必皆走入小城所謂小城卽此四城也觀於大軍攻內城四城兵皆迸至白城上擊之則知此四城原爲護內城之用而金主亮復築外城以包之今外城遺址已失

而四城地界方位更無從辨矣

元故城攷

元太祖十年克燕初爲燕京路總管大興府元史地理志世祖中統二年修燕京舊城元世祖紀至元元年都中都四年始於中都之北建今城而遷都九年改大都元地理志城方六十里二百四十步分十一門陶宗儀輟耕錄正南曰麗正南之右曰順承南之左曰文明北之東曰安貞北之西曰健德正東曰崇仁東之右曰齊化東之左曰光熙正西曰和義西之右曰肅清西之左曰平則元地理志時詔舊城居民之遷京城者以貲高及有官者爲先仍定制以八畝爲一分其或地過八畝及力不能築室者皆不得冒據聽他人營築輟耕錄築城已周乃於文明門外向東五里立葦場收葦以蓑城每歲收百萬以葦排編自下砌上恐致摧塌日下舊聞攷引析津志按析津志所言則元時都城乃用土築迨至明初改築時始加

以氣覽也二十年修大都城二十一年五月丙午以侍衛親軍萬
人修大都城二十九年七月完大都城（元世祖紀）成宗元貞二年
十月修大都城（元成宗紀）英宗至治二年七月修大都城（元英宗紀）順
帝至正十九年冬十月庚申朔詔京師十一門皆築甕城造
弔橋（元順帝紀）　按元之都城視金之舊城拓而東北至明
初改築適縮其東西迤北之半而小之今德勝門外有
故土城闉隆然墳起隱隱曲抱如環不絕傳爲北城遺址而
野獲編謂今之鼓樓正在城北以爲即元之前朝門夫元大
內實在太液池左右其前朝門不當在此日下舊聞攷云元
城京師有司定基正直慶壽寺海雲可庵二師塔敕命遠三
十步許環而築之慶壽寺今爲雙塔寺二塔屹然尙存在西
長安街之北而吳師道戎外紀游詩謂觀象臺泡子河俱在
文明門外則元時南面城根去東西長安街不遠攷明洪武
時經理元故都東西徑一千八百九十丈至永樂時拓南城
二千七百餘丈是由雙塔寺拓至宣武門幾及二里約四百
丈有奇重築南面一千八百丈東西各四百丈與二千七百
餘丈適合是可爲元城在雙塔寺之確證　日下舊聞攷云
元張中丞養浩歸田類藁有登閣忠寺閣詩注北三十里爲

大內與析津志北京志及元李洧孫大都賦所紀皆不合北三十里當是三里之訛耳據唐景福中重藏舍利記燕城東南隅爲憫忠寺又北京志至元四年始定鼎於中都之東北三里大中都本唐舊城遼金展拓不過數里見金蔡珪大覺寺記當時憫忠寺之在城東南如故也元都城周六十里以圜二徑一衡之城中南北相直應二十里加以新舊都城相去三里則憫忠寺距元之安貞門不過二十三里焉有大內遠隔三十里者乎且元大內在太液池東爲金萬寧宮苑地此外更無大內李洧孫賦曰揭五雲於春路迓萬寶於秋方則崇天門外東西坊也曰山萬歲之嶙峋冠廣寒之崢嶸池太液之浩蕩則指瓊花島也曰麗正之所包羅崇仁之所聯絡和義之所綱維安貞健德之所囊括則指都城各門也合城坊門闥以觀則元大內即近液池益信而揆以憫忠閣北三里約略相符矣

明故城攷

洪武初改大都路爲北平府縮其城之北五里廢東西之北光熙肅清二門其九門俱仍舊日下舊聞攷引寰宇通志大將軍徐達命指揮華雲龍經理故元都新築城垣南北取徑直東西長一

千八百九十丈又令指揮張煥計度故元皇城周圍一千二百六丈又令指揮葉國珍計度南城周圍凡五千三百二十八丈南城故金時舊基也改元都安貞門爲安定門健德門爲德勝門日下舊聞引明太祖實錄舊土城周圍六十里克復後以城圍太廣乃減其東西迆北之半創包甎甓周圍四十里其東南西三面各高三丈有餘上闊二丈北面高四丈有奇闊五丈濠池各深闊不等深至一丈有奇闊至十八丈有奇城爲門九南三門正南曰麗正左曰文明右曰順承北二門左曰安定右曰德勝東二門東南曰齊化東北曰崇仁西二門西南曰平則西北曰和義各門仍建月城外門十座日下舊聞攷引洪武北平圖經永樂元年正月禮部尚書李至剛等言自昔帝王或起布

衣平定天下或由外藩入承大統其於肇迹之地皆有升崇竊見北平布政司實皇上承運興王之地宜遵太祖高皇中都之制立爲京都制曰可其以北平爲北京府爲順天府日下舊聞引成祖實錄四年閏七月建北京宮殿修城垣明史地理志十七年十一月拓北京南城計二千七百餘丈實錄日下舊聞攷引成祖按元城京師有司定基直慶壽寺即今雙塔寺在西長安街北距宣武門幾及二里每里通爲二百六十丈約四百丈有奇洪武經理元故都新築城垣南北取徑直東西長一千八百九十丈是明初南城自東至西長一千八百九十丈者也至永樂時拓而南幾及二里不獨南面長一千八百九十丈之城固宜重築而東西並宜各加四百丈有奇統而計之適得二千七百餘丈正統元年十月命太監阮安都督同知沈青少保工部尙書吳中率軍夫數萬人修建京師九門城樓四年四月修造京師門樓城濠橋閘完正陽門正樓一月城中左右樓各一

崇文宣武朝陽阜成東直西直安定德勝八門各正樓一月城樓一各門外立碑樓城四隅立角樓又深其濠兩涯悉甃以甎石九門舊有木橋今悉撤之易以石兩橋之閒各有水閘濠水自城西北隅環城而東歷九橋九閘從城東南隅流出大通橋而去自正統二年正月興工至是始畢（日下舊聞引英宗實錄）更名麗正爲正陽文明爲崇文順承爲宣武齊化爲朝陽平則爲阜成餘四門仍舊城南一面長二千二百九十五丈九尺三寸北二千二百三十二丈四尺五寸東一千七百八十六丈九尺三寸西一千五百六十四丈五尺二寸高三丈五尺五寸垛口五尺八寸基厚六丈二尺頂收五丈（工部志）嘉靖二十一年掌都察院毛伯溫等言宜築外城二十九年命

築正陽崇文宣武三關廂外城既而停止三十二年給事中朱伯辰言城外居民繁夥不宜無以圉之臣嘗履行四郊咸有土城故址環繞如規周可百二十餘里若仍其舊貫增卑補薄培缺續斷可事半而功倍乃命相度興工（明典彙）閏月丙辰兵部尚書聶豹等上言臣等於本月六日會同掌錦衣衛都督陸炳總督京營戎政平江伯陳圭協理戎政侍郎許論督同欽天監監正楊緯等相度京城外四面宜築外城約七十餘里自正陽門外東馬道口起經天壇南牆外及李興王金箔等園地至蔭水菴牆東止約計九里轉北經神木廠獐鹿房小窖口等處斜接土城舊廣禧門基止約計一十八里自廣禧門起轉北而西至土城小西門舊基約計一十九里

自小西門起經三虎橋村東馬家廟等處接土城舊基包過彰儀門至西南直對新堡北牆止約計一十五里自西南舊土城轉東由新堡及黑窰廠經神祇壇南牆外至正陽門外西馬道口止約計九里大約南一面計一十八里東一面計一十七里北一面勢如倚屏計一十八里西一面計一十七里周圍共計七十餘里內有舊址堪因者約二十二里無舊址應新築者約四十八里其規制臣等議得外城牆基應厚二丈收頂一丈二尺高一丈八尺上用甎爲腰垛口五尺共高二丈三尺城外取土築城因以爲濠正陽等九門之外如舊彰儀門大通橋各開門一座共門十一座每門各設門樓五間四角設角樓四座其通惠河兩岸各量留便門不設門

樓城外每面應築敵臺四十四座每座長二丈五尺廣二丈
收頂一丈二尺每臺上蓋鋪房一間以便官軍棲止四面共
計敵臺一百七十六座鋪一百七十六所城內每面應築上
城馬道五路四面共馬道二十路西直門外及通惠河二處
係西湖玉河水出入之處應設大水關二座八里河黑窰廠
等處地勢低窪潦水流聚應設小水關六座城門內兩傍工
完之日擬各蓋造門房二所共二十二所以便守門人員居
處疏入得旨允行乙丑建京師外城興工遣成國公朱希忠
告太廟敕諭陳圭陸炳許論及工部左侍郎陶尙德內官監
右少監郭暉提督工程錦衣衛都指揮使朱希孝指揮僉事
劉鯨監督工程又命吏科左給事中秦粱浙江道御史董威

巡視工程四月上又慮工費重大成功不易以問嵩等嵩等
乃自詣工所視之還言宜先築南面俟財力裕時再因地計
度以成四面之制於是嵩會圭等議覆前此度地畫圖原爲
四周之制所以南面横闊凡二十里今既止築一面第用十
二三里便當收結庶不虛費財力今擬將見築正南一面城
基東折轉北接城東南角西折轉北接城西南角幷力堅築
可以刻期完報其東西北三面俟再計度以聞報允日下舊聞攷引
世宗實錄重城包京城南一面轉抱東西角樓止長二十八里爲
七門南曰永定左安右安東曰廣渠東便西曰廣寧西便城
南一面長二千四百五十四丈四尺七寸東一千八十五丈
一尺西一千九十三丈二尺各高二丈垛口四尺基厚二丈

頂收一文四尺四十二年增修各門甕城工部志四十三年六月丁酉京師重城成日下舊聞引世宗實錄內外兩城計垛口二萬零七百七十二垛下礟眼共一萬二千六百有二孫承澤春明夢餘錄三

張四維京師新建外城記上臨御之三十二年廷臣有請築京師外城者參之僉論靡有異同天子乃命重臣相視原隰量度廣袤計工定賦較程刻日於是京兆授徒司徒計賦司馬獻旅司空鳩役總以勳臣察以臺諫與夫庶司百職罔不祗嚴乃遂畫地分工授規作則制緣舊址土取沃壤僚藩輸鏹以贊工庶民子來而趨事曾未越時而大功告成崇庳有度瘠厚有級繚以深隍覆以甎植門垣矗立樓櫓相望巍乎煥乎帝居之壯觀也夫易垂設險守國之文詩有未雨桑土之訓帝王城郭之制豈以勞民所以固圉宅師以隆王者居重之威以奠下民安土之業以絕奸宄覬覦之念此固乃聖人因時之效不得不然者爾

萬曆三十三年重修京城外城明神宗紀

孫承宗重修都重二城碑記維文皇奠鼎燕畿以建都城拖吭拊背維萬世之安我世宗肅皇帝念生齒滋繁比廬溢郭重慈庚戌之役詔從侍郎臣邦瑞議築外郛於三門凡以固圉宅師尊宸極消姦萌也今皇上甲辰夏恆雨壞民廬舍無算城有圮於

是秋七月朔工部尚書臣某以災異上聞若曰天不忘根本
肆不輯於兩城而釁於雨夫衆心爲城外頹中陷是且有土
崩之象將無彌縫其闕而固吾圉也其何變之能圖蓋時報
圮者方三百丈未甚也又旬日雨溢渠計圮都城且七百七
十七丈有奇重城亦三百三十丈有奇而埤堄亭舍不與於
是臣某再以數上聞若曰災不可玩備不可弛玩災弛備不
可以盜是時皇上方以帑金十萬理民廬舍疏入不即問乃
臣某再以修葺上聞若曰刻期我惟築無盜徇故常而不慮
事以授豈其不秋防是虞若猶是枕纛而不以聞也則少不
遑即剗戶而逸者四走無際乞其誰捍禦之其若掌故何定
鼎來是墉是壑有基勿壞方今千丈之瑕秋防之候即三旬
而成尚虞窺弖況其平版幹稱畚築非卒辦也而繕司囷億
曾餱糧之不具則登登之築無盜泄泄也於是天子下其議
停一切小修若曰上天示儆匪雨壞垣尚亟修之固我保障
無怠無荒乃以繕部郎中臣某同員外郎臣某實專料理而
科臣某臺臣某實專巡察時以行築者飭其不勉者釐以八
月趨事明年某月告成功日發丁男若干金錢若干天子重
念勞人升賞各有差且詔臣某爲之記臣以爲城以盛民也
我皇上先民居而後兩城其以鞏皇圖綏蒸民意深遠矣然
威靈遐暨夷裔率服方且極覆爲城極載爲池豈其介在藩
離是豐芑之謀不籍爲大耳不然百家之聚尚勤藩垣豈其
根本天下而不以備然臣竊有警也昔我肅皇帝建永定外

郛而難其守臣謂守在城郭者危守在四夷者安守在民力者疏守在民心者密今天下浚膏實之而罷力築之則民不堪嘆溢災之而築鑿苦之則天且若甚忍於民夫民不堪將生心而天不忍或其未忘也我皇上惕於生心而幸是未忘必且以祖宗之德澤維法度而上爲百姓守法下且爲朝廷守國頊所爲愼重而不輕用民意在斯乎夫愼重而不輕用民先王之所以爲天下也臣謹稽首頓首而爲之言銘曰皇明御宇奄有萬方燕畿奠鼎拊背扼吭文經武緯細大畢張是憑是式繫於苞桑泰有茹彙城有復隍天子曰吁其固我防乃度廣袤乃察相翔司徒計賦乃劉乃粻司馬獻旅乃穀乃揚司空鳩役乃飭乃奬萬亟雷奮萬雉雲長説以忘勞迄可人康天子曰都惟爾衆襄詞臣載筆俊績用章小臣稽首曰惟帝光匪城不易惟守未遑過城則傾恃城則亡於鑠天帝賁比於金湯惟帝念功無怠無荒億萬斯年民説無疆

啟元年十月給事中魏大中報京城濬濠工竣東便門迤北員外郎何玉成監濬一百四十丈張時俊監濬一百五十三丈主事劉鱗長監濬一百六十一丈主事張杰監濬一百五十五丈主事張泰階監濬一百四十五丈朝陽門迤北主事

吳時亮監濬五百九十四丈東直門迆北轉西主事陸之祺
監濬五百九十六丈安定門主事曾櫻監濬門東四百三十
丈門西一百六十丈安定門迆西主事劉麟長監濬二百六
十丈主事韋國賢監濬一百七十丈員外郎陸光熙監濬二
百三十九丈德勝門迆西主事劉存慧監濬六百十九丈西
北角樓迆南員外郎趙贊化監濬一百七十七丈西直門迆
南主事張時俊監濬一百九十三丈主事楊師孔監濬四百
六丈八尺阜成門迆南主事張杰監濬三百丈主事張泰階
監濬二百八十丈員外郎趙贊化監濬二百五十三丈西便
門至正陽門主事李養德監濬一千一百二十丈八尺一寸
正陽門至崇文門郎中吳叔度監濬四百九十五丈崇文門

至東便門郎中吳叔度監濬四百九十二丈重城員外郎林
宗監濬五千一百五十丈藏密齋集崇禎己卯二月內監曹化淳
議京城外開河以通漕糧自是年三月十九日起至辛巳六
月所開河自土城廣渠門起至大通橋運糧河北岸挑河長
三千八百六十二丈又東直門外關帝廟挑月河長二百七
十丈關虎營至關帝廟大石橋挑河長三千一百五十一丈
命內監于躍爲河工總理而以兵部司官輪督班軍共用班
軍二十三萬二千餘名五城兩縣募夫二萬九百餘名兵部
侍郎吳甡視工以爲勞費無益且傷地脈抗疏止之夢餘錄按唐
之幽州其址半在今城之西金展其南元拓其東北明縮其
北而復營其南於是昊天憫忠延壽竹林仙露諸寺向之限
於城外者今悉圍入城中自梁園以東至於神木廠
舊所稱爲郊外地者今並郊壇而悉爲城內地矣

遼故宮攷

遼會同初受石晉獻幽州始至自南京備法駕入拱辰門御元和殿行入閤禮又御昭慶殿宴南京羣臣遼史太宗紀　按石晉纔以地獻太宗駕至即有元和昭慶等名則猶非遼所建之宮殿也蓋幽州自安史叛亂已稱大燕唐末劉仁恭復僭大號當時創建必久有宮殿名遼特仍其舊耳大內在西南隅皇城內有景宗聖宗御容殿殿東曰宣和南曰大內內門曰宣教外三門曰南端左掖右掖門有樓閣毬場在其南東爲永平館皇城西門曰顯西設而不開北曰子北西城巔有涼殿東北隅有燕角樓遼地理志會同三年十二月丁巳詔燕京皇城西南堞建涼殿遼太宗紀和二十四年八月丙戌改南京宮宣教門爲元和左掖門爲萬春右掖門爲千秋遼聖宗紀　按紀云外三門爲南端亦似改名檢地理志惟云外三門曰南端

左掖右掖改左掖曰萬春右掖爲千秋是
左掖右掖與元和同改惟南端仍舊耳　重熙五年壬戌詔
修南京宮闕府署遼興宗紀大內壯麗遼史拾遺十四累代各有增飾宮
凡十各有門戶出兵馬阿保機曰洪按兵衛志作宏義宮德光曰永按禁扁作彰愍
興宮兀欲曰積慶宮述律曰延昌宮明記曰章敏宮
突欲曰長寍宮燕燕曰崇德宮隆緒曰興聖宮隆慶曰敦睦
宮隆運曰文忠王府契丹國志二十三又有嘉寍殿遼道宗紀清寍五年十月朔幸
南京祭興宗於嘉寍殿　仁政殿金世宗紀世宗嘗謂宰臣曰宮殿制度苟務華飾不必堅固今仁政殿遼時所
建全無華飾但見他處歲歲修完惟此殿如舊　洪武殿日下舊聞攷二十九孫承澤云遼之正殿曰洪武後之年
號先見於此　大安殿日下舊聞攷二十九朱昆田曰遼以大安名殿而金以之紀年亦兆之先見者　清涼
殿王士點禁扁　長春宮遼聖宗紀統和十二年三月戊午幸南京壬申如長春宮　按北平古今記云遼有
二京壬申如長春宮在長春州十二年三月入長春宮非南
京之長春宮攷史戊午幸南京壬申如長春宮戊午距壬申

僅十五日不應卽至上京之長春宮似應仍指南京而言永昌宮太和宮遼兵衛志延慶宮延和宮禁扁五鳳樓遼景宗紀保寧五年春正月御五鳳樓觀鐙迎月樓遼天祚帝紀乾統四年冬十月御迎月樓賜貧民錢五花樓禁扁天膳堂乾文閣鳳凰門禁扁果園遼聖宗紀開泰五年駐蹕南京幸內果園若夫梳妝一臺世豔稱之至指白塔寺爲其故址梭野獲編云大內北苑中有廣寒殿者舊聞爲耶律后梳妝樓成祖命畱之爲後世鑒戒宣宗曾爲之記西河詩話云遼后梳妝臺址在太液池東小山上一名瓊華島卽今白塔址是也皆世俗傳聞未可爲據也

金故宮攷

金太祖至燕京入內見大殿動搖出於城東柴村建寨遼史拾遺十二未嘗營立宮室也熙宗時始詔盧彥倫營造燕京宮室金史盧彥倫傳海陵欲遷都於燕迺先遣畫工寫汴京宮室制度至於

闊狹脩短曲盡其數（北盟會編二百四十四引張棣金虜圖經）有司以圖上爰以
梁漢臣充脩燕京大內正使孔彥舟爲副使梲圖營之運一
木之費至二十萬舉一車之力至五百人（續通鑑綱目）自天德四
年起至貞元元年畢工凡役民八十萬兵夫四十萬作治數
年死者不可勝計宮殿皆飾以黃金五采其屏扆牕牖亦皆
由破汴都輦致於此（攬轡錄汴中宮匠有名燕用者制作精巧凡所造下刻其名及用之於燕而名以兆先）
恢麗閎侈勞費以億萬計貞元四年金主亮率文武百
官籞始幸焉其皇城周九里三十步自龍津橋之北（攬轡錄過石玉
橋燕石色如玉上分三道皆以欄楯隔之彫刻極工中爲御路亦闌以杈子兩傍有小亭中有碑曰龍津橋）曰宣
陽門（梲大金國志三十三云宣陽門內城之南門也）門上金書兩頭頭有小四角亭
卽登門路也門分爲三中門爲御路常闔皆畫龍兩傍門通

行皆畫鳳用金釘釘之大金國志三十三上有重樓制度宏大三門並立中門惟車駕出入乃開
兩偏分雙隻日開一門過門有樓二一曰文樓一曰武樓文樓轉而東
曰來盍館武樓轉而西曰會同館北盟會編二百四十四云館皆爲本朝使人設也
正北曰千步廊廊東西相對各二百餘間分爲三節節爲一
門第一門通街市第二門通毬場第三門通太廟詳見下將至
宮城東西轉亦各有廊百許間馳道兩傍植柳廊脊覆碧瓦
宮闕殿門皆覆以碧瓦金地理志端門十一楹曰應天之門攬轡錄金
地理志應天門舊名通天門大定五年更內城之正南門也門兩夾有樓如左右
昇龍之制東西兩角樓每樓次第攢三檐與夾樓接極工巧
北盟會編二百四十五樓高八丈四角皆垛樓瓦皆琉璃金釘朱戶五
門列焉常扃惟大禮祫享則由之東西相去一里許又各設

一門左曰左掖右曰右掖各有武夫守衛大金國志門內有左右
翔龍門及日華月華門前曰大安殿金地理志枑大安殿金受朝賀於此趙秉文
甲子元日大安早朝詩云闕角蒼龍建斗杓衣冠萬國大安
朝使臣未入分班立殿陛先升按笏招彩仗中開瞻北極丹
墀側畔聽簫韶太初甲子天元朔萬歲常瞻玉燭調金臺集
大安殿基今爲酒家壽安樓日下舊聞攷引析津志壽安樓
在燕京皇城內東華門之西西街東左右掖門內殿東廊曰敷德門金地理志北盟會
編二百四十四使人入左掖門直北循大安殿東廊後壁行入敷德門正北列三門中曰粹英
爲壽康宮母后所居也金地理志金海陵紀貞元三年十月丙子皇太后至中都居壽康宮
西曰會通門門北曰承明門又北昭慶門東曰集禧門尚書
省在其外其東西門左右嘉會門也門有二樓大安殿後門
之後也其北曰宣明門則常朝後殿門也金地理志北轅錄由會同門承明
門入左嘉會門趨而南至幕次少頃鳴鐘鐘罷衛士山呼百
官裏見有曳玉帶者五人先出後知爲東宮親王丕亶令公

也頃之入宣明門次仁政門於隔門上面序立三節自東入
拜於大氈上上有一品至七品黑漆黃字牌子蓋其朝序也
一氈可容數百人徧地制成龍鳳殿九楹前設露臺柱以文
繡兩廊各三十間中有鐘鼓樓廊外垂金漆簾額飾以繡廊
之西馬有鞲紅繡鞍者數匹乃高麗所進殿門外衛士二三
百人分兩傍立盡戴金花帽錦袍宣明門外直至外廊外甲
士青紹甲居左旗執黃龍紅紹甲居右旗執紅龍外廊皆銀
槍左掖門入皆金槍人依一柱以立凡門屋下皆青隊執弓
矢人數各有差北曰仁政門傍爲朵殿朵殿上爲兩高樓曰東西上
閤門內有仁政殿常朝之所也金地理志按仁政殿遼時所建見遼故宮考金章宗紀明昌四年八月國史進世宗實錄上朝服袍帶御仁政殿降座受之金宣宗紀云至寧元年九月御仁政殿視朝
內城之正東門曰宣華大金國志金海陵紀正隆元年二月御宣華門觀迎佛正西門
曰玉華拱辰乃內城之正北門也大金國志金衛紹王紀崇慶元年七月有風自東來吹帛一段墜於拱辰門後朝門制度守衛一與宣華玉華等金碧翬飛
規模閎麗大金國志殿九重凡三十有六樓閣倍之正中位曰皇

帝正位後曰皇后正位位之東曰內省西曰十六位妃嬪居之大金國志　金圖經天德三年張養浩等取眞定府潭園材木建宮室及涼位十六又有常武殿金熙宗紀貞元九月己未常武殿擊鞠貞元殿金世宗紀大定元年十二月己未御貞元殿受羣臣朝北平古今記云自此以後卽無貞元之稱以海陵年號爲嫌而改之也或泰和殿金世宗紀大定二年正月辛未御泰和殿宴百官宗戚命婦泰和二年更名慶(諱)殿紫極殿大金國志十六大定六年正月己酉朔大會羣臣于紫極殿垂拱殿金世宗紀大定十四年四月乙亥上御垂拱殿神龍殿金世宗紀大定二十八年三月丁酉受羣臣朝復宴於神龍殿福安殿金世宗紀大定二十九年正月癸未上崩於福安殿慶和殿金顯宗紀大定二十五年冬十月庚戌朔宰相以下朝見於慶和殿金章宗紀大定二十九年十一月詔立皇太孫稱謝於慶和殿樞光殿金章宗紀明昌五年六月丙戌以天壽節宴樞光殿紫宸殿金章宗紀承安二年秋七月戊辰天壽節御紫宸殿受朝睿思殿金章宗紀承安二年八月詔對睿思殿臨武殿金章宗紀泰和元年五月甲寅擊毬於臨武殿泰和八年十一月癸卯朔御臨武殿試護衛魚藻殿金章宗紀泰和三年五月壬申以重

五拜天射柳四品以上官侍宴魚藻殿
廣仁殿金章宗紀泰和七年正月壬午詔百官同對於廣仁殿
薰風殿大金國志正隆三年五月上坐薰風殿命吏部尚書李通翰林直學士蕭廉召對
集賢殿金顯宗紀每三日一次於集賢殿受尚書省啟事
清輝殿金太祖諸子傳世宗召皇太子諸王侍食於清輝殿
慶春殿金史完顏守道傳守道懇求致仕時賜宴於慶春殿
天香殿金史完顏匡傳完顏匡朝京師賜宴於天香殿
絳霄殿翠霄殿大金國志二十五崇慶元年十一月大軍百計攻城不能克獨柴薪之拆絳霄殿翠霄殿瓊華閣分給四城
正隆殿北平古今記大安十六年春正月國主御正隆殿受印寶一日承天休延萬億永無極二日受命於天既壽永昌三日天子之寶四日天子行寶五日天子信寶六日皇帝之寶七日天子神寶八日御書之寶九日皇帝恭膺天命之寶十日天下同文之寶置符寶郎隸門下省大朝會則陳之
璿光殿金章宗紀承安二年六月詔罷瑤光殿工作
廣武殿金地理志有廣武殿爲擊毬習射之所
崇慶殿金地理志又有崇慶殿
厚德殿金五行志大定二年閏月神龍殿十六位焚延及泰和厚德殿
元和殿金禮志受尊號儀帝服袞冕御元和殿按此即遼之元和殿非魚藻池之元和殿也
熙春殿金顯宗紀顯宗臨殯於熙春殿

芳殿安仁殿隆德殿金地理志景明宮金章宗紀明昌五年四月乙卯幸景明宮永安宮金世宗紀大定二十六年四月己未幸永安宮按永安宮名禁扁諸書未載芳華閣大金國志妃嘗與主同輦過御龍橋見石如白雪歸而愛之自國主於蘇山輦至築巖洞于芳華閣原廟建於天德四年其宮曰衍慶殿曰聖武門曰崇聖金禮志日下舊聞攷引金圖經注金本無宗廟不修祭祀自平遼後所用執政大臣多漢人往往說天子之孝在尊祖尊祖在建宗廟金主方開悟遂築室於內之東南隅廟貌雖具制極簡略迨亮徙燕乃築巨闕於南城之南千步廊之東東曰太廟標名曰衍慶之宮西神御殿金禮志志又云大定十七年正月詔於衍慶宮聖武殿西建世祖神御殿東建太宗睿宗神御殿丕承殿天慶殿金禮志志又云大定十七年導太宗御容於聖武殿行禮畢以次奉安於丕承殿睿宗御容奉安於天慶殿崇聖閣燕昌閣金禮志志又云大定二十一年閏月昭祖景祖奉安燕昌閣上肅宗穆宗康宗奉安閣下明肅皇帝奉安崇聖閣下大安殿之北爲東宮宮有承華殿金世宗紀大定二十九年正月名太后宮曰仁壽二月更名隆慶至章宗明昌五年禮官言直易隆慶宮爲東宮慈訓殿爲承華殿從之西

至玉華門曰同樂園瑤池蓬瀛柳莊杏村盡在于是大金國志師拓同樂園詩晴日明華構繁英蕩綠波蓬邱滄海近春色上林多流水時雖逝遷鶯暖自歌可憐歡樂地鉦鼓散雲和

瓊林苑有橫翠殿寍德宮金地理志有瑤光臺瑤光樓城北離宮

有大寍宮桉大寍宮大定十九年建後更爲壽寍宮又更爲壽安宮明昌二年更爲萬寍宮宮有瓊華島金地理志高士奇金鼇退食筆記六瓊華島或本宋艮嶽之石金人載此石自汴至燕每石一准糧若干俗呼爲折糧石上爲廣寒殿元遺山集云瓊島在太液池中皆疊石爲之其巔古殿結構翔起周迴綺牖玉檻重階而上榜曰廣寒之殿相傳遼太后梳妝臺金鼇退食筆記云今殘石壞礎猶刻雲物及廣寒殿字妝臺在焉桉葛邏祿迺賢金臺集有妝臺詩云廢苑鶯花盡荒臺燕麥生部華如逝水粉黛憶傾城野菊金鈿小秋潭玉鏡清誰憐舊時月曾向日邊明自注云妝臺李妃所築今在昭明觀後妃嘗與宣宗露坐上曰二人土上坐妃應曰一月日邊明上大說堯山堂外紀云宣宗爲李宸妃建梳妝臺於都城東北隅今禁中瓊華島妝臺本金故物也目爲遼蕭后梳妝樓誤析津志云妝臺在金故宮之西壽安酒樓之北蓬萊

院 大金國志承安三年春國主幸蓬萊院陳玉器及諸玩好視其款識多宣和物惻然動色宸妃進曰作者未必用用者未必作宣和作此以為陛下用耳

香閣 金章宗紀承安四年三月戶部尚書孫鐸郎中李仲略國子監祭酒趙帆始轉對香閣

瑞雲樓 金楊伯雄傳海陵登瑞雲樓命伯雄賦詩

瑞光樓 按中州集道陵中秋賞月瑞光樓召趙渢文孺對賦詩詩以清字為韻渢詩云秋氣平分月正明蘂珠宮闕對蓬瀛已驅急雨銷殘暑不遣微雲點太清簾外輕風飄桂子夜深涼露滴金莖聖朝不奏霓裳曲四海歌謳即樂聲道陵讀至落句大加賞異手酌金鍾以賜且字之曰文孺以此鍾賜汝作酒直士林榮之

宣和門 金禮志受尊號儀恭謝祖廟還御宣和門

寶昌門 金海陵紀貞元三年登寶昌門觀角牴

廣陽門 金衛紹王紀至寧元年八月呼沙呼殺知大興府圖克坦南平刑部侍郎圖克坦穆延于廣陽門西

西橫門 金章宗紀承安二年閏月出西橫門觀稼

後園 金章宗紀明昌六年十二月幸後園閱軍器

東園 金章宗紀泰和七年五月幸東園射柳

南園 金章宗紀顯宗殯於南園熙春殿世宗至自上京未入國門先至熙春殿致奠

西園 金章宗紀承安二年三月幸西園閱軍器

熙春園 金章宗紀明昌三年幸熙春園

廣樂園 金世宗紀大定三年五月以重五幸廣樂園射柳

東明園 大金國志

承安三年賞菊於東明園見屏間畫宣和艮嶽問內侍余琬對曰宣和帝運東南花石築艮嶽以亡其國先帝圖之以爲戒宸妃怒曰宣和之亡不緣此石乃用童貫梁師成故爾諡議琬也宸妃鄭氏南宋華原郡王居中之曾孫 南苑 金史劉頍傳南苑有舊唐碑書貞元十年御史大夫劉怦墓上見之曰苑中不宜有墓以劉頍家本怦後詔賜頍錢二百貫改葬之 西苑 金章宗紀明昌元年三月擊毬於西苑五月拜天於西苑射柳擊毬於 北苑 金章宗紀明昌五年四月朔幸北苑 芳苑 金章宗紀泰和二年正月幸芳苑觀鐙 環秀亭 金章宗紀承安元年六月幸環秀亭觀稼 城南行宮有建春宮 金地理志　金章宗紀承安元年二月幸南都行宮春水三年正月如城南春水名行宮曰建春日下舊聞攷云明昌五年正月幸城南別宮所謂別宮者即承安時之建春宮也明昌在承安改元之前是時尚有建春之名故或稱別宮或稱行宮無定名焉 燕京宮闕雄麗爲古今冠 大金國志二十五 貞祐初爲亂兵所焚月餘不絕 使蒙日錄 以地理揆之金大內當在今廣寍右安門外云 日下舊聞攷　桉禁扁所載名目與汴京並稱無所分別故不備錄

元故宮攷

至元十一年始大城京師於大興故城之北中爲天子之宮宮城周回九里三十步東西四百八十步南北六百十五步崇三十有五尺輟耕錄二十一南臨麗正門麗正門內曰千步廊可七百步建靈星門門外蕭牆周迴可二十里許大都宮殿考蕭洵元故宮遺錄俗呼紅門闌馬牆門內有河河上建白石橋二座名周橋大都宮殿考析津志周橋義或本於造舟爲梁故曰周橋皆琢龍鳳祥雲明瑩如玉橋下有四白石龍擎戴水中繞橋盡高柳鬱鬱萬株遠與內城西宮海子相望度橋可二百步爲崇天門故宮遺錄元祭祀志車駕出宮凡祭祀前一日所司備儀從內外仗侍祠官兩行序立于崇天門外朱袈崇天門唱名詩云三月吉日當十三紫霧氤氳閶闔南天子龍飛坐霄漢儒生鵷立耀冠簪黃麾仗內清風細丹鳳樓頭曉日酣猶愛玉階階下草解將袍色染成藍薩都拉丁卯及第謝

恩崇天門詩云禁柳青青白玉橋無端春色上宮袍䲔雲五色中天見聖澤千年此日逷虎榜姓名書敕旨羽林冠帶豎旌旄承恩朝罷頻回首午漏花深紫殿高據此元旦放榜謝恩亦於崇天門外云門分爲五東西一百八十尺深五十五尺崇八十五尺左右趓樓二趓樓登門兩斜廡十門闕上兩觀皆三趓樓連趓樓東西廡各五間輟耕錄故宮遺錄門分爲五總建闕樓其上翼爲回廊低連兩觀榜出爲十字角樓高下三級兩旁各去午門百餘步有掖門皆崇高閣內城廣可六七里方布四隅隅上皆建十字角樓其十字角樓卽趓樓也西趓樓之西有塗金銅幡竿附宮城南面有宿衛直廬輟耕錄元世祖紀至元二十八年二月建宮城南面周廬以居宿衛之士凡諸宮門皆朱戶丹楹藻繪彤壁琉璃瓦飾檐脊崇天之左曰星拱三間一門東西五十五尺深四十五尺崇五十尺崇天之右曰雲從制如星拱東曰東華輟耕錄元世祖紀至元十九年五月乙西宮城初建東西華左右掖門七間三門東西一百十尺深

四十五尺崇八十尺西曰西華制如東華北曰厚載五間一
門東西八十七尺深高如西華角樓四據宮城之西隅皆三
趓樓琉璃瓦飾檐脊星拱南有御膳亭亭東有拱辰堂輟耕錄
元順帝紀至正元年賜文臣宴於拱辰堂卽此蓋百官聚會之所東南角樓東北
有生料庫庫東爲柴場夾垣東北隅有羊圈西南角樓南紅
門外留守司在焉輟耕錄按留守司在宮城西南角樓之南專掌宮禁工役者西華門南
有儀鸞局輟耕錄元世祖紀至元十一年二月初立儀鸞局掌宮門管鑰供帳燈燭西有鷹房
輟耕錄元武宗紀至大元年二月立鷹坊爲仁虞院仁宗
紀至大四年二月罷仁虞院改置鷹坊總管府柯九思宮詞
云元戎承命獵郊坰敕賜新羅白海靑得雋歸來如奏凱天
鶩馳道入宮庭葢元制冬春之交天子或親幸近郊縱鷹隼
搏擊以爲游豫之度曰飛放又設獵戶俾致鮮食以薦宗廟
供天庖故置鷹坊以統之所管有鷹人蒙古語謂之錫寶齋
厚載門北爲御苑外周垣紅門十有五內苑紅門五御苑紅

門四此兩垣之內也大明門在崇天門內大明殿之正門也七間三門東西一百二十尺深四十四尺重檐輟耕錄元禮樂志上尊號受朝賀前期二日儀鸞司設大次於大明門外傍建掖門大都宮殿攷左曰日精右曰月華皆三間一門輟耕錄元禮樂志元正受朝尚引引殿前班皆公服分左右入日精月華門就起居位繞爲長廡中抱丹墀之半右爲文武樓與廡相連中爲大明殿故宮遺錄乃登極正旦壽節會朝之正衙也輟耕錄元世祖紀至元十八年二月發侍衛軍四千完正殿二十一年正月帝御大明殿右丞相和爾果斯率百官奉玉册玉寶上尊號殿十一間東西二百尺深一百二十尺高九十尺柱廊七間深二百四十尺廣四十四尺崇五十尺寢室五間東西夾六間後連香閣三間東西一百四十尺深五十尺崇七十尺青石花礎白玉石圓碣文石甃地上藉重茵丹楹金飾龍繞其上四

面朱瑣窗藻井間金繪飾燕石重陛朱闌塗金銅飛雕冒中
設七寶雲龍御榻白蓋金縷褥 輟耕錄 故宮遺錄殿基高
可十尺前爲殿陛納爲三級
繞直龍鳳白石闌闌下每楯壓以鼇頭虛出闌外四繞於殿
殿楹四向皆方柱大可五六尺飾以起花金龍雲楹下皆白
石龍雲花頂高可四尺楹上分間仰爲鹿頂斗拱攢頂中盤
黃金雙龍四面皆緣金紅瑣窗間貼金鋪中設山字玲瓏金
紅屏臺臺上置金龍牀兩旁有二毛皮伏虎機動如生
并設后位 輟耕錄 按朱彝尊云前代未有帝后並
臨朝者惟元則然故大明殿亦設后位焉
諸王百僚怯薛官侍宴坐牀重列左右
前置鐙漏貯水運機小偶人當時刻捧牌而出 輟耕錄 元文類郭公守
敬于世祖朝進七寶鐙漏 按元史志大明殿鐙漏之制高
丈有七尺架以金爲之其曲梁之上中設雲珠左日右月雲
珠之下復懸一珠梁之兩端飾以龍首張吻轉目可以審平
水之緩急中梁之上有戲珠龍二隨珠俯仰又可察準水之
均調鐙毬雜以金寶爲之內分四層上環布四神旋當日月
參辰之所在左轉日一週次爲龍虎烏龜之象各居其方依
刻跳躍鐃鳴以應于內又次週分百刻上列十二辰各執時
牌至其時四門通報又一人當門內常以手指其刻數下四

隅鐘鼓鉦鐃各一人一刻鳴鐘二刻鼓三鉦四鐃初正皆如是其機發隱於櫃中以水激之木質銀裏漆
瓮一金雲龍蜿蜒繞之高一丈七尺貯酒可五十餘石雕象
酒卓一長八尺闊七尺二寸玉瓮一玉編磬一興隆笙一輟耕錄　按興隆笙在大明殿下其制植象管於柔葦以象大匏土鼓二韋囊按其管則簧鳴簨首爲二孔雀笙鳴機動則應而舞凡燕會之日此笙一鳴衆樂皆作笙止樂亦止前懸繡緣朱簾至冬月大殿則黃
貓皮壁幛黑貂褥輟耕錄大明殿後連爲柱廊十二楹四周金
紅瑣窗連建後宮廣三十步深入半之後有寢宮俗呼爲拏
頭殿東西相向至冬則自殿外一周皆龍護皮帳夏則黃油
絹幕內寢屏幛重複帷幄而後裹以銀鼠席地皆編細簟上
加深厚紅氈後露茸單宮後連抱長廡以通前門以貯妃嬪
而每院間必建三楹東西相向爲繡榻廡後橫亙道以入延

春宮丹墀皆植青松卽萬年枝也置金酒海前後列紅蓮牀其上爲延春閣大都宮殿考文思殿在大明寢殿東三間前後軒東西三十五尺紫檀殿在大明寢殿西制如文思輟耕錄日下舊聞攷文思紫檀二殿輟耕錄謂在大明寢殿之東西昭儉錄所載與輟耕錄同惟蕭洵故宮遺錄謂在延春閣後與二書不合攷禁扁注大明西曰紫檀東曰文思北曰寶雲此四殿爲大內前位則當以輟耕錄爲是大都宮殿攷則沿故宮遺錄之誤也葢輟耕錄載延春門在寶雲殿後爲延春閣之正門寶雲殿南卽大明殿東西卽文思紫檀二殿四殿相去不遠長廊複道本自相通故宮遺錄以爲在延春宮後與輟耕錄所載其詞雖殊推其方位自合皆以紫檀香木爲之縷花龍涎香閒白玉飾壁草色髹緣其皮爲地衣輟耕錄元世祖紀至元二十八年三月發侍衛兵營紫檀殿元英宗紀至治二年閏月作紫檀殿寶雲殿在寢殿後五間東西五十六尺深六十三尺崇三十尺鳳儀門在東廡中三間一門東西一百尺深六十尺高如之門外有

庖人室稍南有酒人室麟瑞門在西廡中制如鳳儀門外有藏庫二十所鐘樓又名文樓在鳳儀南鼓樓又名武樓在麟瑞南皆五間崇七十五尺嘉慶門在後廡寶雲殿東景福門在後廡寶雲殿西皆三間一門周廡一百二十間崇三十五尺四隅角樓四間凡諸宮周廡並丹楹彤壁藻繪琉璃瓦飾檐脊延春門在寶雲殿後延春閣之正門也五間三門東西七十七尺重檐懿範門在延春左嘉則門在延春右皆三間一門延春閣輟耕錄昭儉錄在興聖宮後九間東西一百五十尺深九十尺崇一百尺三檐重屋柱廊七間廣四十五尺深一百四十尺崇五十尺輟耕錄禁扁延春閣後曰咸寧堂之扁曰芳潤曰拱辰亭之扁曰碧芳寢殿七間東西夾四間輟耕錄元英宗紀延祐七年十二月作延春閣後殿故宮遺錄延春閣梯級由東隅而升長短凡三折而後登

（雖至幽暗闌楯皆塗黃金龍雲冒以丹青絹素上仰亦皆拱為鹿頂中盤金龍四周皆繞金珠瑣窗窗外繞護金紅闌干凭望至為雄傑宮後仍為主廊后宮寢宮大略如前）後香閣一間東西一百四十尺深七十五尺高亦如之重檐文石甃地藉花毯裀檐帷咸備白玉石重陛朱闌銅冒楯塗金雕翔其上閣上御榻二柱廊中設小山屏牀皆楠木為之而飾以金寢殿楠木御榻東夾紫檀御榻壁皆張素畫飛龍舞鳳西夾事佛像慈福殿又名東媛殿在寢殿東三間前後軒東西三十五尺深七十二尺（輟耕錄　元史王結傳元統二年王結召拜翰林學士中宮僧尼于慈福殿作佛事已而殿災結言僧尼褻瀆當坐罪）明仁殿又名西媛殿在寢殿東制如慈福（輟耕錄　元許有壬傳至正初許有壬進講明仁殿）景耀門在左廡中三間一門高三十尺清灝門在右廡中制如景耀鐘樓在景耀南鼓樓在清灝南各高七十五尺

周廡一百七十二間四隅角樓四間玉德殿在清灝外七間東西一百尺深四十九尺崇四十尺飾以白玉甃以文石中設佛像（輟耕錄　元英宗紀延祐七年十二月鑄銅爲佛像置玉德殿）東香殿在玉德殿東西香殿在玉德殿西宸慶殿在玉德殿後（輟耕錄　禁扁清灝門西曰玉德後曰宸慶二殿大內後位也）九間東西一百三十尺深四十尺高亦如之中設御榻簾帷裀褥咸備前列朱闌左右闢二紅門後山字門三間東更衣殿在宸慶殿東五間高三十尺西更衣殿在宸慶殿西制如東殿（輟耕錄）延春宮後有清寧宮（輟耕錄　元順帝紀皇太子常坐清寧殿分布長席列坐西番高麗諸僧）宮制略如前宮式後引抱長廡外護金紅闌檻各植花卉異石皆以處嬖幸之屬又後爲厚載門上建高閣（故宮遺錄　析津志厚載門禁中之苑囿也內有水碾引水自元武池灌溉種花木自有熟地八頃八頃）

內有小殿五所上嘗執耒耜以耕擬於籍田也環以飛橋舞臺於前回闌引翼每幸閣上天魔歌舞於臺繁吹導之自飛橋西升市人聞之如在霄漢臺東百步許又有觀星臺臺旁雪柳萬株掩映左右臺西爲內浴室前有小殿由浴室而出內城臨海子廣可五六里駕飛橋於海中西起瀛州圓殿由瀛洲殿後北引長橋上萬歲山故宮遺錄隆福殿在大內之西興聖宮前輟耕錄禁扁興聖宮正曰興聖西曰寶慈東曰嘉德隆福宮正曰光天東曰壽昌西曰嘉禧西位曰大德東位曰睿安日下舊聞攷引昭儉錄儀天殿西爲木橋長百七十尺通興聖宮之夾垣亦名曰隆福宮左右後三向皆爲寢殿殿東有沈香殿長廡環抱大都宮殿攷元成帝紀至元三十一年五月改皇太后所居舊太子府爲隆福宮前南紅門三東西紅門宮各一繚以甎垣南紅門一東紅門一後紅門一光天門光天殿正門也五閒三門崇

三十二尺重檐崇華門在光天門左膺福門在光天門右各三間一門光天殿七間東西九十八尺深五十七尺崇七十尺輟耕錄　元英宗紀延祐七年十一月丁亥作佛事於光天殿柱廊七間深九十八尺崇五十尺寢殿五間兩夾四間東西一百三十尺崇五十八尺五寸重檐藻井瑣窗文石甃地藉花毳裀縣朱簾重陛朱闌塗金雕冒楯正殿縷金雲龍樟木御榻從臣坐牀重列前兩旁寢殿亦設御榻裀褥咸備青陽門在左廡中明暉門在右廡中各三間一門輟耕錄　按楊仲宏集謂皇太后命改隆福宮趙孟頫擬光天二字似光天殿舊爲隆福宮然攷禁扁隆福宮光天等殿皆在興聖之前輟耕錄亦曰隆福殿在興聖前則隆福宮之卽爲隆福殿無疑特宮殿皆可通稱耳且元史言隆福宮爲皇太后所居舊太子府所改則隆福宮與光天殿固一名也今從禁扁輟耕錄元史爲正翥鳳樓在青陽南三間崇四十五尺驂龍樓在明暉南制

如翥鳳後有牧人宿衛之室壽昌殿亦曰東煖殿在寢殿東

三閒前後軒重檐輟耕錄元泰定紀泰定元年三月癸亥修佛事於壽昌殿嘉禧殿亦

名西煖殿輟耕錄趙孟頫宮詞殿西小殿號嘉禧玉座中央靜不移讀罷經書香一炷太平天子政無爲

中位佛像傍設御榻鍼綫殿在寢殿後周廡一百七十二閒

四隅角樓四閒侍女直廬五所在鍼綫殿後又有侍女室七

十二閒在直廬後及左右浴室一區在宮垣東北隅文德殿

在明暉外以楠木爲之亦曰楠木殿三閒前後軒一閒輟耕錄

元泰定紀泰定元年七月作楠木殿東爲睿安殿與文德殿相對鹿頂五閒在

睿安殿西北而光天殿西北角樓西後亦有鹿頂小殿輟耕錄

桉禁扁注光天殿西位爲文德東位爲睿安攷諸書祇詳文德而睿安缺載今據禁扁補錄桉鹿頂之制三椽其頂若笥

之平故名盝東西二鹿頂也日下舊聞攷元仁宗紀延祐五年二月建鹿頂殿於文德殿後桉昭

儉錄光天殿之周廡四隅皆有角樓四開而其西廡中爲明
暉門門外即文德殿其所載西北角樓西後有鹿頂小殿盝
即延祚所建其地正當西位文德殿
之後與東位睿安殿後五間相配也香殿在宮垣西北隅三
間前軒一間前寢殿三間柱廊三間後寢殿三間東西夾各
二間輟耕錄元武宗紀至大元年八月李邦寧以建香殿賜金五十銀四百九十兩文宸庫在宮
垣西南隅酒房在宮垣東南隅內庖在酒房之北興聖宮在
大內之西北萬壽山之正西輟耕錄元武宗紀至大元年二月建興聖宮爲皇太后所居
丹墀內多桃李析津志建小直殿引邃河分流其下甃以白石
翼爲仙橋四起瑣窗而抱綵樓樓後東西日月殿大都宮殿攷按禁
扁興聖宮西日寶慈東日嘉德興聖殿後日徽儀其北日延
華其東西日月殿或即寶慈嘉德而其後徽儀延華二殿輟
耕錄大都宮殿攷故宮遺錄皆不及載後又有禮天臺高跨殿上稍東有流杯
亭宮四隅繚以周垣南闢紅門三東西紅門各一北紅門一

南紅門外兩傍附垣有宿衞直廬凡四十間東西門外各三間南門外夾垣內有省院臺百司官侍直板屋北門外有窨花室五間東夾垣外有宦人之室十七間凌室六間酒房六間南北西門外棊置衞士之舍二十一所所爲一間外夾垣東紅門三直儀天殿弔橋西紅門一達徽政院門內廸北有鹿頂房二各二間又北有屋二所各三間廸南有庫一所及屋三間北紅門外有臨行門一所三間此夾垣之北門也興聖門興聖殿之北門也五間三門重檐東西七十四尺明華門在興聖門左肅章門在興聖門右各三間一門興聖殿七間東西一百尺深九十七尺柱廊六間深九十四尺寢殿五間兩夾各三間後香閣三間深七十七尺正殿四面朱懸瑣

窗中設扆屏榻張白㲲簾帷皆錦繡爲之其柱廊寢殿亦各設御榻白玉石重陛朱闌塗金冒楯覆以白瓷瓦碧琉璃飾其檐脊（輟耕錄　按禁扁云興聖宮正曰興聖則興聖殿乃興聖宮之一殿也）宏慶門在東廡中宣則門在西廡中各三間一門（輟耕錄　禁扁宣則北門曰奎章門之扁）凝暉樓在宏慶樓北五間東西六十七尺延顥樓在宣則南制如凝暉嘉德殿在寢殿東三間前後軒各三間重檐寶慈殿在寢殿西制如嘉德（輟耕錄　元文宗紀天曆元年十一月命高昌僧作佛事於寶慈殿）山字門在興聖宮後延華閣之正門也正一間兩夾各一間重檐一門置金寶瓶又獨腳門二周角以紅版垣延華閣五間方七十九尺二寸重阿十字脊白琉璃瓦覆青琉璃瓦飾其檐脊立金寶瓶單陛御榻從臣坐牀咸具東西殿在延華閣西左

右各五間前軒一間圓亭在延華閣後傍有芳碧亭圓亭東三間重檐十字脊覆以青琉璃瓦飾以綠琉璃瓦脊置金寶瓶徽青亭在圓亭西制如芳碧輟耕錄　按日下舊聞攷云徽清亭據禁扁注在延華閣昭儉錄延華閣在興聖宮後徽清亭在延華閣後圓亭之東與芳碧亭相對析津志繡女房牆外南牆內是圓殿一直板房前即延華閣西有婆羅樹徽清亭惟輟耕錄作徽青徽異塑佛像元泰定紀至治三年十二月塑瑪哈噶拉佛像於延春閣之徽清亭延春當作延華泰定紀誤浴室在延華閣東南隅東殿後傍有鹿頂井亭二間又有鹿頂房三間畏吾兒殿在延華閣右六間傍有窨花半屋八間木香亭在畏吾兒殿後東鹿頂殿在延華閣東版垣外正殿五間前軒三間東西六十五尺深九十九尺柱廊二間深二十六尺寢殿三間東西四十八尺前苑轉置花朱闌八十五扇殿之傍有鹿頂房三間庖室二

間面陽鹿頂房三間妃嬪庫房一間縫紝女庫房三間紅門一面鹿頂殿在延華閣西版垣之外制同東殿東殿之傍有庖室三間好事房二各三間獨腳門二紅門一妃嬪院四二在東鹿頂殿後二在西鹿頂殿後各正室三間東西夾四間前軒三間後有三椽半屋二間侍女室八十三間半在東妃嬪院左西向半在西妃嬪院右東向室後各有三椽半屋二十五間東鹿頂殿紅門外有屋三間鹿頂軒一間後鹿頂房一間庖室一間在凝暉樓後正室五間前軒一間後披屋三間又有鹿頂房一間鹿頂井亭一間周以土垣前闢紅門酒房在宮垣東南隅庖室南正室五間前鹿頂軒三間南北房各三間西北隅鹿頂房三間紅門一土垣四周之學士院在

奎章閣後四鹿頂殿門外之西偏三間輟耕錄 昭儉錄奎章閣在興聖殿西廡宣則門北天曆初建奎章閣於西宮興聖殿之西廊爲屋三間以藏物中間諸官入直所北間南向設御座左右列珍玩命羣玉內司掌之閣官署銜初名奎章閣隸東宮屬官後文宗復位乃升爲奎章閣學士院輟耕錄．虞集奎章閣記天曆二年三月作奎章之閣備閒燕之居將以輯熙典學乃置學士俾頌祖宗之成訓毋忘創業之艱難而守成之不易也又俾陳夫內聖外王之道興亡得失之故而以自儆焉其爲閣也因便殿之西廡擇高明而有容不加飾乎采斲不重勞於土木不過啟戶牖以順涼燠樹庋閣以棲圖書而已至於器玩之陳非古制作法度者不得在列其爲處也跬步戶庭之閒而清嚴邃密非有朝會祀享時巡之事幾無一日而不御於斯於是宰輔有所奏請宥密有所圖維爭臣有所繩糾侍臣有所獻替以次入對從容密勿蓋終日焉而聲色狗馬不軌不物者無因而至前矣後改爲宣文閣大都宮殿攷 元史周伯琦傳至正元年改奎章閣爲宣文閣生料庫在學士院南又南爲鞍轡庫又南爲軍器庫又南爲庖人牧人宿衛之室藏珍庫在宮垣西南隅制如酒室惟多鹿頂半屋三間庖室三間輟耕錄萬歲山在大內西北太液池之陽金人名瓊華島至元八年改今名輟耕錄元世祖紀中統四年春三月庚子伊克德勒丹請修瓊華島不從至元元年春二月壬子修瓊華島明王直紀略山皆奇石壘成相傳金人取宋艮嶽石爲之至元增飾加結構焉瓊島春陰爲燕京八景之一其山皆壘玲瓏石爲之峰巒隱映松檜隆鬱秀若天成引金水河至其後轉機運㪺汲水至山頂出石龍口注方池伏流至仁智殿後有石刻蟠龍昂首噴水仰出然後由東西流入於太液池山前有白玉石橋長二百餘尺直儀天殿後橋之北有玲瓏石擁木門五門皆爲石色內有隙地對立日月石西有石棋枰輟耕錄故宮遺錄由三門分道東西而升下有金主圍棋石臺盤又有石坐牀左右皆有登山

之徑縈行萬石中洞府出入宛轉相迷至一殿一亭各擅一景之妙山之東有石橋長七十六尺闊四十一尺半爲石渠以載金水西流於山後以汲於山頂也又東爲靈囿奇獸珍禽在焉又有廣寒殿在山頂七間東西一百二十尺深六十二尺崇五十尺 輟耕錄 元文宗紀天曆二年冬十月戊申作佛事於廣寒殿又按元好問遺山集瓊華島絕頂有廣寒殿近爲黃冠輩所毀萬曆七年廣寒殿傾頹其脊多至元錢是金末已毀元時重建也 李賢賜游西苑記其頂有殿當中棟宇宏偉檐楹翬飛高插於層霄之上殿內清虛寒氣逼人雖盛夏亭午暑氣不到殊覺曠蕩瀟爽與人境異日廣寒 重阿藻井文石甃地四面瑣窗板嵌其裏徧綴紅雲而蟠龍矯蹇於丹楹之上 輟耕錄 韓文賜游西苑記廣寒殿高廣明靚四壁雕彩雲累萬結砌而成 輟耕錄 故宮遺錄廣寒殿皆幾金朱瑣窗綴以金鋪內外有一十二楹皆繞刻龍雲塗以黃金左右後三面則用香木鑿金爲祥雲數千萬片擁結於頂仍盤金龍 中有小玉殿 輟耕錄 元世祖紀至元四年作玉

殿於廣寒殿中內設金嵌玉龍御榻 輟耕錄 元世祖紀至元三年四月五山珍御榻成置瓊華島廣寒殿

左右列從臣坐牀前架黑玉酒瓮一玉有白章隨其形刻爲魚獸出沒於波濤之狀其大可貯酒三十餘石 輟耕錄 元世祖紀至元二年十二月瀆山大玉海成敕置廣寒殿

又有玉假山一峰玉響鐵一懸殿之後有小石笋二內出石龍首以噀所引金水西北有廁堂一間仁智殿在山之半三門崇三十尺 輟耕錄 元文宗紀至順元年夏四月命西番僧作佛事於仁智殿

金露亭在廣寒殿東其制圓頂尖上置琉璃珠崇二十四尺亭後有銅幡竿一 輟耕錄 故宮遺錄方壺殿左爲呂公洞右爲幽邃洞上數十步爲金露殿

玉虹亭在廣寒殿西制度同金露 輟耕錄 故宮遺錄金露殿由東而上爲玉虹殿殿前有石巖如屋每設宴必溫酒其中更衣

方壺亭在荷葉殿後崇三十尺重屋八面無梯自金露前複道登焉 輟耕錄 桉故宮遺錄云山半有方壺殿

四通左右之路幽芳翠草紛紛與松檜茂樹蔭映上下隱然仙島此作方壺亭徵異瀛洲亭在溫石浴室後制同方壺玉虹亭前仍有登重屋複道亦曰綫珠亭荷葉殿在方壺亭前仁智殿西北三間崇二十三尺方頂中置塗金寶瓶圜亭凡八面又曰臙粉亭在荷葉亭稍西蓋后妃添妝之所也介福殿在仁智東差北東西四十一尺崇五十二尺延和殿在仁智西北制如介福渾室在介福殿前牧人之室在延和殿前三間庖室在馬湩前東浴室更衣殿在山東平地三間兩夾輟耕錄　元世祖紀至元二十一年七月壬申造溫石浴室及更衣殿　按故宮遺錄山左數十步萬柳中有浴室前有小殿由殿後左右而入爲室凡九皆極明透交爲窟穴至迷所出路中穴有盤龍左底仰首而吐吞一丸於上注以溫泉九室交涌香霧從龍口中出奇巧莫辨小殿疑即更衣殿也　太液池在大內西周回若干里中植芙蓉輟耕錄　元掖庭記己酉仲秋之夜武宗與諸嬪妃泛月

於禁苑太液池中月色射波池光映天緑荷含香魚鳥羣集
於是畫鷁中流蓮舟夾持往來便捷帝乃開宴張樂令宮女
披羅曳縠前爲八展舞歌賀新涼一曲 池中有萬安宮 桜日下舊聞攷云元世祖嘗命邱處機居太液池之萬安宮今據補 儀天殿在池中圓坻上當萬壽山十一楹崇三十
五尺圍七十尺重檐圓頂臺址甃以文石藉以花茵中設御
榻周闢瑣窗東西門各一間西北廁室一間臺西向列甃甎
龕以居宿衛之士東爲木橋長一百二十尺闊二十二尺通
大內之夾垣西爲木吊橋長四百七十尺闊如東橋中闕之
立柱架梁於二舟以當其空至車駕行幸上都留守官則移
舟斷橋以禁往來是橋通興聖宮前之夾垣後有白石橋乃
萬壽山之道也 輟耕錄 析津志元儀天殿西木吊橋在萬壽山之南興聖宮之東瓊華島之北 犀
山臺在儀天殿前水中上植木芍藥御苑在隆福宮西后妃

多居焉香殿在石假山上輟耕錄韓雍賜游西苑記稱賚蓬萊三間兩夾二間柱廊三間龜頭屋三間丹楹瑣窗間金藻繪玉石礎琉璃瓦殿後有石臺山後闢紅門門外有侍女室二所皆南向並列又後直紅門三三門之外有太子鄂爾多荷葉殿二在香殿左右各三間圓殿在山前圓頂上置金寶瓶重檐後有流杯池池東西流水圓亭二輟耕錄故宮遺錄少東有流杯亭中有白石牀如玉臨流小座散列數多刻石爲水獸潛躍其旁塗以黃金又皆制水鳥浮杯機動流轉而行勸罰必盡歡洽宛然尙在目中圓殿有廡以連之歇山殿在圓殿前五間柱廊二各三間東西殿二在歇山後左右十字脊東西水心亭在歇山殿池中直東西亭之南九柱重檐亭之後各有侍女房三所爲三間東房西向西房南向前闢紅門三內立石以屏內外外築四垣以

周之池引金水注焉棕毛殿在假山東偏三間後輟耕錄　元泰定帝紀泰定元年十二月新作棕殿成　鹿頂殿三間前啟紅門立垣以區分之少西出掖門爲慈仁殿大都宮殿考　圭齋集至正二年七月丁亥帝御慈仁殿拂菻國進天馬　日下舊聞考云龍光殿輟耕錄不載見王氏禁扁又有慈仁慈德二殿注云三殿並巴延鄂爾多考元史太祖后妃有四鄂爾多四十餘人世祖鄂爾多四武宗鄂爾多一蓋后妃分居之地也　又後苑中有金殿四外盡植牡丹百餘本高可五尺故宮遺錄　輟耕錄殿楹窗扇皆裹以黃金故以名之　苑西有翠殿又有花亭毬閣殿前有野果名紅姑娘外垂絳囊中空有桃子如丹珠味甜酸可食盈盈繞砌苑外重繞長廡廡後出內牆外連海子以接厚載門大都宮殿考　如金脊殿元泰定紀泰定元年五月庚午作中宮金脊殿　水精殿元泰定紀三年秋七月皇后受雅滿達噶戒於水精殿　欽明殿元泰定紀四年八月庚辰作欽明殿成　宸德殿元順帝紀至正八年四月皇太子徙居宸德殿命有司修

葺之龍光殿（續文獻通攷至正八年承（盃）禪師入覲說法於龍光殿）七寶殿瑤光殿通雲殿凝翠殿紅鸞殿入霄殿五華殿德壽宮翠華宮擇勝宮連天樓又有迎涼之所曰清林閣旁上二亭東曰松聲西曰竹風又有溫室曰春熙堂曰九引臺者七夕乞巧之所也曰刺繡亭緝衮堂者冬至候日之所也九龍墀延香亭春時宮女傳杯於此拱璧亭又名夜光亭探芳徑旁為逍遙市又有集賢臺集寶臺眺遠閣留連館萬年宮並在禁苑（元掖庭記）

明故宮攷

明成祖初封於燕其邸即元故宮（夢餘錄六）其制社稷山川二壇在王城門之右王城四門東曰體仁西曰遵義南曰端禮北曰廣智門樓廊廡二百七十二間中曰承運殿十一間後為

圓殿次曰存心殿各九間承運殿之兩廡爲左右二殿自存
心承運周圍兩廡至承運門爲屋百三十八間殿之後爲前
中後三宮各九間宮門兩廂等室九十九間王城之外周垣
四門其南曰靈星餘三門同王城門名周垣之內堂庫等室
一百三十八間凡爲宮殿室屋八百一十一間日下舊聞攷三十三引明
太祖實錄太宗登極後卽故宮建奉天三殿以備巡幸受朝永樂
十五年始改建皇城於東去舊宮里許悉如金陵之制夢餘錄
明鑑永樂四年閏七月營北京宮殿以泰寧侯陳珪董其役
宥雜犯死罪以下令輸作　明史太宗紀永樂四年分遣大
臣采木於四川江西湖廣浙江山西所遣往四川之尚書宋
禮言有數大木一夕自浮大谷達於江天子以爲神名其山
曰神木山遣官祠祭　內閣書目永樂十五年鼎建北京宮
殿有瑞靄浮空金水橋河冰凝結浮圖諸象又慶雲呈采園
圖如日正當御座中宣現五色天花於是大
小臣工咸爲歌頌有聖德瑞應詩二十卷其皇城外圍牆

三千二百二十五丈九尺四寸夢餘錄向南者曰大明門與正陽門永定門直對舊聞攷 長安客話凡國家有大典則啟大明門出不則常扃不開 明倫大典聖母將至禮部議由東安門入再議由大明左門入張璁曰天子必有母也焉可由旁門入乎聖母至由大明中門入稍北過公生左門而向東者曰長安左門再東過玉河橋自十王府西夾道往北向東者曰東安門劉若愚酌中志 舊聞攷引成祖實錄東安門外建十王邸通爲屋八千三百五十楹轉而過天師菴草場轉西向北曰北安門卽俗稱厚載門是也轉而過太平倉迆南向西曰西安門再南過靈濟宮灰廠曰長安右門酌中志 長安客話每日百官奏進俱從二長安門入守者常十數百人皆禁軍也 翰林記有外朝房在長安右門外以待漏此外圍之六門也牆角環紅鋪七十二處紅柵之內門之北則登聞鼓院在焉其紫禁城外向南第一重曰承天門酌中志 長安客話進大明門次爲承天之門天街

橫亙承天門之前　明憲宗實錄成化元年三月命工部尚
書白圭董造承天門　明宮史每年霜降後吏部等衙門朝
審刑部重囚在門前中甬　門內東太廟西太社太稷二重曰
道之西東西甬道之南
端門三重曰午門酌中志　翰林記本院朝房在午門外右
第六區每候朝則殿閣大學士本院學士
講讀官皆在焉詹事府朝　魏闕西分曰左掖門曰右掖門轉
房在午門外右第十八區
而向東曰東華門酌中志　湧幢小品新宮既遷舊內東華
門之外逼近民居喧囂之聲至徹禁籞宜
德七年始加恢擴移東華門於玉　向西曰西華門向北曰元
河之東遷民居於灰廠西之隙地
武門酌中志　此內圍之八門也牆外環紅鋪三十六處酌中志
明宮
史每晚有勛臣一員　每更官軍提銅鈴巡之而護城之河繞
在門左門內直宿
焉午門之內曰皇極門夢餘錄　按皇極門舊名奉天門夢
餘錄云嘉靖三十六年奉天等殿門
災明史輿服志云帝以殿名奉天非題扁所宜用宜更定以
明年重建奉天門更名曰大朝門夢餘錄又云四十
一年三殿成改奉天殿曰皇極殿門曰皇極門據此是奉天
門曾經改爲大朝門甫經一年又改爲皇極門也　明宮史

俗所謂羅兒天銅壺滴漏在此又舊聞攷引愨書云皇極門外兩廡四十八間除曠八間實四十間東二十間爲實錄玉牒起居諸館及東閣會坐公揖在焉西二十間上十間爲諸王館下十間則會典諸館也

左曰弘政門

夢餘錄　明宮史弘政門即東角門也嘉靖四十一年改東角門曰弘政攷選通政司參議及鴻臚寺官在此

右曰宣治門

夢餘錄　明宮史宣治門即西角門也嘉靖四十一年改西角門爲宣治

居西向東曰歸極門

夢餘錄　明宮史即右順門　夢餘錄嘉靖四十一年改右順門曰歸極　明神宗實錄萬曆二十五年六月戊寅歸極門火延燒皇極等殿文昭武成二閣迴廊皆燼攷天啟七年修建極等殿成蓋歸極門當亦於此時竣工云

居東向西曰會極門

夢餘錄　明宮史即左順門　夢餘錄嘉靖四十一年改左順門曰會極門　桉玉光劍氣集云會極門凡京官上下接本俱於此處

皇極門內居中向南者曰皇極殿

燕史　桉皇極殿舊名奉天殿明典彙奉天殿永樂十五年十一月建夢餘錄嘉靖三十六年奉天等殿災四十一年三殿成改奉天殿曰皇極殿　舊聞攷引明神宗實錄萬曆四十三年八月庚戌重建三殿　熹宗實錄天啟五年八月戊戌皇極殿豎金柱九月甲寅門工成七年八月乙未中極殿建極殿插劍懸牌三殿開工自天啟五年二月二十三日起至七年八

月初二日報竣殿兩傍左向西者曰文昭閣酌中志　明世宗實錄嘉靖四十一年文樓更文昭閣　三朝野史崇禎十五年八月上御朝畢登文昭閣閣在皇極殿東上步下閣御德政殿召五閣臣言文昭閣兩傍可建直房朕不時召對及講讀有疑問先生往來亦便翼日遂於閣左右各設直房右向東者曰武成閣酌中志　明世宗實錄嘉靖四十一年武樓更武成閣南北連屬穹空上有滲金圓頂者曰中極殿酌中志　明世宗實錄四十一年九月三殿成改華蓋殿為中極謹身殿為建極詔曰人君建中建極乃敘疇錫福之基臣民會極歸極實欽若從乂之道特崇表正用迪訓行　野獲編四太祖初定大朝會正殿曰奉天殿門名亦如之其後文皇營北京遂仍其名世宗更其名曰皇極而華蓋殿則曰中極謹身殿則曰建極蓋取洪範之義若皇極建極本屬一義而中極尤為無出殿之兩傍東曰中左門酌中志　舊聞攷引懿書中左門之左有小廂房有扁曰德政殿崇禎十五年五月召諸臣入對於此西曰中右門再北曰建極殿殿居中向後高距三纏白玉石闌干三上者雲臺門也與乾清門相對兩傍向後者東曰後左門西曰後右

門卽雲臺左右門亦名平臺酌中志　明宮史凡召對閣臣等官或於平臺卽後左門也又召對記崇禎丙子八月十六日上御平臺召諸臣入對又東曰景運門西則隆宗門門西向南者曰仁德門中則乾清門門外左右金獅各一門內丹陛數重酌中志　天啟宮詞注乾清宮丹陛下有老虎洞洞中甃石成壁可通往來其居中南嚮者爲乾清宮大殿夢餘錄　明武宗實錄正德九年正月乾清宮火至十一年十一月乾清宮成萬曆二十四年乾清宮又災至二十五年二月又建　按明宮史云大扁曰敬天法祖崇禎元年八月初四日懸挂係司禮監掌印高太監時明筆以正殿扁額令宦侍書之明之失紀卽此可見殿左曰日精門右曰月華門左小門曰龍光右小門曰鳳彩殿之東西有斜廊廊之後左曰昭仁殿酌中志　明史輿服志明初東爲弘德西爲肅雝至萬曆十一年更名東暖閣曰昭仁西暖閣曰弘德右曰弘德殿皆南嚮又小殿二左曰端凝殿酌中志[redacted]端凝殿尙冠等近侍所司御服袞冕玉帶等錢糧貯此右曰懋勤殿酌中志　明典彙嘉靖十四年秋乾清宮

左右小殿成上命禮部尚書夏言擬額殿東貯冕弁西藏書史言擬左曰端凝右曰懋勤上悅曰卿所擬取端冕凝旒懋學勤政義甚善遺中使賜言金幣殿東西各有角門宮後披檐東曰思政軒西曰養德齋酌中志 明宮殿額名思政軒養德齋崇禎五年四月添額 按𥳑載云暖閣在乾清宮之後凡九閒有上有下上下共置牀二十七張天子隨時居寢制度殊異再北則穿堂居中圓殿曰交泰殿滲金圓頂如中極殿制再北曰坤寧宮皇后所居也有中門向後閉而不開燕史 明宮殿額名坤寧宮嘉靖十四年七月添額宮左曰永祥門宮右曰增瑞門夢餘錄 明宮史俱萬曆二十五年二月十一日添額宮之東披檐曰清暇居北圍廊曰游藝齋夢餘錄 明宮殿額名俱崇禎五年十月添額宮之後左曰景和門右曰龍福門再北右曰端則門左曰基化門正中爲坤寧門夢餘錄 明宮史坤寧宮有門原曰廣運門嘉靖十四年七月改曰坤寧門乾清宮後過日精門之東曰崇仁門原名迎祥門稍南曰內東裕庫酌中

志　夢餘錄崇仁門稍南曰奉慈殿萬曆中改東裕庫曰弘孝殿酌中志　明穆宗實錄隆慶元年三月更名景雲殿曰弘孝殿曰神霄殿酌中志　夢餘錄萬曆中改崇光殿爲神霄殿　明史禮志明世宗孝烈后隆慶時祀弘孝殿穆宗母孝恪皇太后隆慶初祀神霄殿萬曆三年俱遷祔奉先殿二殿遂罷由日精門而北爲東一長街曰順德左門夢餘錄　明宮史日精門往北向南曰景和門今曰順德左門係嘉靖十四年更額再北向西與龍光門斜對者曰咸和左門原名百福門向南者曰景仁宮夢餘錄　明宮殿額名景仁宮初名長寧宮有惟和從善二亭　夢餘錄嘉靖十四年五月更名景仁宮其東則東二長街南首曰麟趾門原名壽春門北首曰千嬰門原名慶安門麟趾門之東曰延祺宮酌中志　明宮殿額名延祺宮初名長壽宮有集瑞亭曰怡神殿酌中志　夢餘錄怡神殿萬曆三十九年四月十九日被燬萬曆四十三年五月二日拆西城清虛殿添蓋連房再東曰嘉德左門又東曰蒼震門酌中志　明大內規制記略此門恆閉遇掃雪修造則開咸和左門之北向西與景和門相對者曰

廣和左門向南者曰承乾宮夢餘錄　明宮史承乾宮東宮娘娘所居　明宮殿額名永寧宮崇禎五年八月更承乾宮東配殿曰貞順齋西配殿曰明德堂俱崇禎七年八月添額東二長街之東曰永和宮酌中志　明宮殿額名永和宮初名永安宮隆慶五年十一月更前殿爲興龍殿後殿爲聖哲殿後有小院名隆德齋嘉靖十四年五月更名廣和左門之北向西與基北門相對者曰大成左門酌中志　明宮殿額名嘉靖十四年長慶門更大成左門向南者曰鍾粹宮酌中志　夢餘錄咸陽宮更鍾粹宮酌中志又云鍾粹宮皇太子所居更興龍宮又東二長街之東曰景陽宮酌中志　明宮殿額名景陽宮更長陽宮嘉靖十四年五月更名孝靖皇后曾居此千嬰門之北並列者則乾東之房五所夢餘錄　明宮史千嬰門之北並列者則乾清宮東之五所房其東後小門每月初四十四二十四日打掃凡有事則開又宮正司六尚局酌中志　蕪史六尚局曰尚衣曰尚食曰尚功曰尚服曰尚寢曰尚宮皆在乾清宮以東酌中志乾清宮後過月華門之西曰膳廚門卽遵義門向南者曰養心殿前東

配殿曰履仁齋西配殿曰一德軒後殿曰涵春室東曰隆禧
館西曰臻祥館殿門南爲司禮監太監秉筆直房其後有房
數間倚隆道閣後爲宮中膳房酌中志蕪史魏忠賢移膳房於怡神殿將此房亦改爲秉筆直房養心殿之西南曰祥寍宮宮前向北者曰無梁殿酌中志蕪史世廟烹煉丹藥之處其制一木不有皆瓴石砌成者月華門之西南巍然者曰隆道
閣原名皇極閣後更道心閣至隆慶四年更此名酌中志明穆宗實錄隆慶四年二月命工部於道心閣精一堂臨保室舊址重建閣曰隆道堂曰仁德室曰忠義左曰仁蕩門
右曰義平門酌中志夢餘錄嘉靖四十一年以會極門更仁蕩門歸極門更義平門閣之下曰
仁德堂酌中志明宮史舊名精一堂隆慶四年春更今名前曰仁德門酌中志明宮史萬曆二十四年兩宮災後開此門出入至神廟晚年移居乾清宮始閉不恆開閣之東曰忠義室酌中志明宮史馮太監保李太監壽魏太監坤曾以室中小屋爲直房至李永貞則據忠義室而居之室三間黃琉璃瓦龜背腰

檣其藻井梭葉皆龍鳳文閣之西南過義平門則慈(寧)宮也酌中志　明世宗紀嘉靖十七年七月癸巳慈(寧)宮成慈(寧)宮花園有亭曰咸若亭又有橋橋南有亭曰臨溪亭夢餘錄由月華門而北爲西一長街曰順德右門再北向東與鳳彩門斜對者曰咸和右門原名廣安門向南者曰毓德宮酌中志　明宮殿額名長樂宮更名毓德宮萬(曆)四十四年十一月又更永壽宮　明宮史神廟自兩宮災後先移居於毓德宮其西則西二長街南首曰螽斯門北首曰百子門西曰啟祥宮酌中志　明宮史原名未央宮世廟入繼大統至十四年夏特更名曰啟祥嘉隆聞見錄嘉靖十四年五月建啟祥宮侍講學士廖道南作頌以獻上優詔答之宮爲獻皇帝誕降之地　蕪史啟祥宮神廟自兩宮災後遂居於此再西則嘉德右門舊名景福門南爲隆德殿夢餘錄明宮史其兩廡杅插雲向南而建者隆德殿也舊名元極宮隆慶元年夏更曰隆德殿供安元教三清上帝諸尊神萬(曆)四十四年十一月初二日燬天啟七年三月初二日重修崇禎遺錄崇禎六年乾清宮隆德殿所供神佛像盡移於朝

天宮大隆善寺左曰有容軒右曰無逸齋東配殿曰春仁西配殿曰
秋義再西北曰英華殿供安西番佛菩薩像殿前有菩提樹
二株婆娑可愛結子可作念珠又有古松翠竹幽靜猶山林
焉酌中志　明宮殿額名英華殿先名隆禧殿隆慶元年更名崇禎五年撤額　天啟宮詞注英華殿前菩提樹兩株
爲李太后所植太后上賓神廟上尊號曰九蓮菩薩祀慈容於樹北之別殿自嘉德右門之西向
南曰二南門門之北則八角井夢餘錄　按明宮史云不堪汲天啟六年亦曾修改而味
竟不堪其廢井也再北曰四德門再西曰咸安宮夢餘錄　明宮史天啟年間客氏曾
移任此咸和門之北向東與隆福門相對者曰廣和右門向南
者曰翊坤宮酌中志　明宮殿額名嘉靖十四年五月更萬安宮曰翊坤宮西二長街之西
曰永寧宮酌中志　明宮殿額名嘉靖十四年五月更長春宮曰永寧宮萬曆四十三年六月復更永寧宮曰
長春宮廣和右門之北向東與端則門相對者曰大成殿右門

向南者曰儲秀宮酌中志十四年更壽昌宮曰儲秀宮明宮殿額名嘉靖又西二長街之西曰咸福宮酌中志十四年更壽安宮曰咸福宮明宮殿額名嘉靖百子門之東並列者則乾西之房五所夢餘錄事則開如東後小門總乾清門官經明宮史其西後小門凡有管啟閉東西二小門之外皆有惜薪司貯柴炭備宮中進取皆在乾清宮以西坤寧宮之後則宮後苑也欽安殿在焉供安玄天上帝夢餘錄明宮史殿之東南有足跡二傳云世廟時兩宮回祿之變玄帝曾立此默爲救火崇禎五年秋隆德英華殿諸像俱送朝天等宮大隆善等寺安藏惟此殿聖像獨存有門曰天一之門嘉靖十四年添額又有門曰承光門曰集福門曰延和門門以內爲御苑苑內曰萬春亭曰千秋亭酌中志嘉靖十五年添額按二亭曰對育軒酌中志十四年更玉芳軒按嘉靖曰清望閣曰金香亭曰玉翠亭曰樂志齋曰曲流館九年燬皆萬曆十曰四神祠曰觀花殿酌中志有觀花殿萬曆十一年毀之明宮殿額名四神祠殿毀壘石爲山

山中作石門扁曰堆秀山上有亭曰御景亭東西魚池各一池上有亭東曰浮碧亭西曰澄瑞亭酌中志桉俱萬曆十一年添建東南曰瓊苑東門西南曰瓊苑西門卽東一長街西一長街之北首也其南首則東西夾牆也後曰後貞門此外則玄武門矣酌中志燕史欽安殿後曰順貞門其宮牆外則玄武門每夜更鼓在焉乾清宮門圍牆之內左右廊房之嚮南半開者曰東夾牆曰西夾牆自嘉德右門之西曰太安門其外向西曰長庚門酌中志志又云凡放夫匠淘溝及修造或年老有勞宮人病故皆奏開此門以便出入自玄武門迤西可九間自北而南過長橋御酒房後牆曰長連凡三十九間再前層曰短連凡三間並玄武門東通計之凡五十四間總曰廊下家燕史廊下家明宮史俱答應長隨所住各有佛堂以供香火所栽棗樹其實甜脆異常衆長隨各以造麪做酒貨賣爲生都人所謂廊下內酒是也凡

文書房並司禮監監官與鬬俗所謂宿直房皆在玄武門以內其坤寧門宮牆外近玄武門之東有更鼓房在焉則紫禁城之艮隅也景運門南嚮西者都知監直房隆宗門外嚮東者曰司禮監經廠直房慈寧宮外向東小門之南曰北司房酌中志云卽文書房又再南曰司禮監管賞處酌中志又云卽兩班四撥寫字所居再南曰外膳房再南曰南司房卽監宮典簿直房隆宗門外嚮西者亦監官之直房也有井存焉再南爲寶寧門門外迆西有大殿曰仁智殿酌中志　明大內規制記略仁智殿在武英殿後俗所謂白虎殿是也　凡大行皇帝梓宮停於此　四友齋叢說仁智殿以處畫士　明良紀孝宗嘗至仁智殿觀鍾欽禮作畫其西南曰御酒房西北曰馬監酌中志　志又云馬監典簿奉旨問刑拷打內犯之所門外有二大椿俗云裏馬房也東南曰思善門酌中志門外弘文館一名弘文閣舊聞攷　明仁宗紀洪熙元年正月建弘文閣橋西

有殿曰武英殿酌中志夢餘錄武英殿在右順門之西凡齋居及召見大臣於其中後以文華殿近盝宮故歷朝多居之而武英殿遂不復御明大內規制記略命婦朝賀中宮於此再西曰太庖廚曰尚膳監酌中志志又云總管及管理僉書掌司所居武英殿之西南曰御用裏監酌中志志又云把總等官所居再東曰南薰殿蕪史明宮史凡遇徽號冊封大典閣臣率領中書官篆寫金寶金冊在此其由殿徑直而東則歸極門也有逍遙城在六科廊後酌中志志又云此門西南殭磔之下漢王高煦置銅缸中炙死於此由歸極門裏向西南入曰六科廊酌中志志又云東南兩房掌司所居精徽科及章疏在焉又由會極門裏向東南入曰內閣酌中志志又云輔臣票本清禁處出會極門循東階下有殿曰佑國殿酌中志志又云殿供元帝聖像籤最靈佑國殿之東則內承運庫蕪史明宮史銀兩表裏等錢糧藏貯之所兩庫之間有槐一株自徽音門南望枝幹扶疏茂翠可愛有井甘冽可用又東過一小石橋曰香庫蕪史明宮史乃內府供用庫答應錢糧之所又稍

北有石碑曰古今通集庫酌中志燕史以貯古今君臣畫像符典籍歲六月六日曝之再
北而南嚮曰東華門門內有橋橋北有樹二曰馬纓樹再北
曰馬神廟燕史明宮史御馬監該班官及良馬十餘匹在此又會極門迤東南嚮者
曰文華殿夢餘錄水南翰記文華殿在奉天之東比諸殿制稍減而特精雅用綠色琉璃瓦左右爲兩春坊
上之便殿所常御者也今用爲經筵之所殿之側有九五齋臨保室精一堂恭默
室夢餘錄夏言恭默室頌維皇作室九五之側皇錫之名是曰恭默恭默伊何曰惟思道無臭無聲至德之妙河有
龍馬洛有神龜鳳凰鳴矣雝雝喈喈萋茲三圖聖王之瑞以
開人文以來帝賚大哉聖心惟恭惟默與天同游懋建皇極
殿之後曰玉食館曰端敬殿夢餘錄明神宗實錄萬曆二十七年四月建端敬殿曰
理辦房過小門西北曰省愆居燕史明宮史省愆居其制度用木爲通透之基高三尺
餘下不令牆壁至地四圍亦不與別處接連凡遇天變災眚聖駕居此以示修省之意殿之東曰神廚
廚內有井燕史明宮史每祭司井之神卽於此井具儀祭之殿之西曰崇本門殿之

後曰刻漏房夢餘錄明宮史銅壺滴漏在此又殿之東門向後者曰聖濟

殿夢餘錄明大內規制記略聖濟殿供三皇歷代名醫御服藥餌之處其前爲徵音門左右

爲關雎門酌中志蕓書以慈慶宮爲皇考舊居其後勸勤宮卽上舊居也因以居東宮奉遷懿安皇后於仁壽殿前門徵音改前星門關雎左右門改爲麟祥燕翼再入一重爲麟趾門又一重爲

慈慶門蕪史蕓書第二門麟趾改爲重暉第三門慈慶改爲端本桉夢餘錄云徵音門亦曰麟趾門據舊聞攷所引蕓書云徵音改前星門第二重門改麟趾爲重暉門與蕪史合今從之左右爲純禧門酌中志

蕓書純禧左右門後改爲養正體元其內則慈慶宮後改爲端本宮酌中志蕓書端本宮在東華門內卽端敬殿之東前庭甚曠長數十丈左爲東華門右爲文華門光宗皇帝青宮時所居也天啟末懿安張皇后移居於此名慈慶宮壬午八月懿安移居仁壽殿因改爲端本宮中設皇太子座畫屏金碧座左右二大鏡屏高五尺餘左右各有連房七間門上各堆紗畫忠孝廉節故事左七間卽寢宮內有二雕牀右七間有瑚紅寶座及奧室

宮內有弘仁殿規制曲折蕪史桉宮游錄云宮制如常但連房曲室多耳又後爲

穿殿兩廡翼然有清正二軒又後則凝謚門 原名聚謚門 又後爲龍圖門門內爲奉宸宮又有迎禧宮後有承華門左爲助勤宮右爲昭儉官又後爲麗園門麟趾門之東爲掌印秉筆太監直房 蕪史明大內規制記略所謂黎園者此也 麟趾門之西轉角西嚮者曰元輝殿再北曰御馬監直房 酌中志明宮史每日伺候御乘良馬十餘匹在此神廟時有進到大黑牛二隻無角亦餵養於此 再北曰御用等監庫再北而嚮南者曰寶善門 蕪史明宮史門之西舊有核桃棗樹數株乃二百餘年所培植者魏忠賢因天啟二年風變除去 門內迆東即慈慶宮後門門之外有井一味極甘冽 酌中志明宮史神廟末年鑿 北曰奉先殿即內太廟也街東曰隆祀門其內則外東裕庫街西再北即蒼震門又街東西並列二門嚮西者曰履順曰蹈和則一號殿仁壽宮之門 夢餘錄黃忠端說略楊大洪首倡移宮李選侍出居一

號殿又有噦鸞宮喈鳳宮夢餘錄　明宮史凡先朝有名封之妃嬪無名封之宮眷所居養老處

其居中之門則蓮華門也自寶善至蓮華門有巷皆可通武門云蕪史　俗名此巷爲狗兒灣

紫禁城之外自北安門裏街東曰黃瓦東門街南曰尚衣監夢餘錄　明宮史掌造御用冠冕袍服履舃靴之事又名曰西直房街北曰司設監夢餘錄　明宮史所職掌者鹵簿儀仗圍幙褥墊各宮冬夏簾涼蓆帳幔雨被子雨頂子大傘之類再東曰酒醋麪局夢餘錄　明宮史即兵仗局之軍器庫曰內織染局曰皮房紙房曰鍼工局曰巾帽局曰火藥局再東稍南曰供用庫曰番經廠曰司苑局曰鐘鼓司夢餘錄　明宮史掌管出朝鐘鼓凡聖駕朝聖母回及萬壽聖節冬至年節升殿回宮在駕前作樂迎導宮中升座承應凡每年九月登高聖駕幸萬歲山端午鬭龍舟插柳歲暮宮中驅儺以及日月蝕救護打鼓皆本司職掌再南曰新房曰都知監曰司禮監夢餘錄　明宮史每日奏文書自御書親批數

本外皆衆太監分批遵照閣中票來字樣曰御馬監再南曰杅子房曰北膳房曰南膳房曰暖閣廠曰明器廠曰混堂司夢餘錄明宮史職司沐浴堂子曰尙膳監曰百花房曰印綬監曰中書房曰䟡圓亭曰內承運庫夢餘錄舊聞攷內承運庫在東下馬門其職掌庫藏在宮內者謂之裏庫其會極門寶善門迆東一帶及南城甆器等庫謂之外庫總名之曰東河邊過東上北門之東曰彈子房曰學醫讀書處曰光祿寺街南曰篦頭房夢餘錄其東則東安門也酌中志自東上南門之東曰重華宮制度如乾清宮有中路有兩長街中路曰永昭門曰昭祥門曰端拱門曰昭德門曰重華門曰廣愛門曰咸熙門曰肅雝門曰康和門曰麗春門殿曰重華圓殿曰清和閣曰迎春館東長街曰廣順門曰中和門曰景華門曰宣明門曰景明門曰洪慶門殿曰洪慶殿

夢餘錄明大內規制記略供番佛之所西長街曰興善門曰麗京門曰長春門曰清華門曰高明門曰寍福宮嘉福宮明德宮永春宮永寍宮延禧宮延春宮宜春宮夢餘錄明宮史凡妃嬪皇子皇女之喪皆於此停靈旁有膳房又有門曰景和門又東則內承運庫自東上南門迆南街東曰永泰門門之內街北則重華宮之前門也其東有一小臺臺上有小亭一再東南則崇質宮俗云黑瓦殿是也酌中志舊聞攷明英宗北還居崇質宮謂之小南城其南街之東則皇史宬酌中志夢餘錄皇史宬在重華殿西建於嘉靖十三年門額以史爲㝍以成爲宬按宬與盛同義莊子以匡宬矢說文曰宬屋所容受也明大內規制記略云史宬珍藏大祖以來御筆實錄典籍石室金匱史書今攷史宬之制四周上下俱用石甃舊藏永樂大典於此有左右二門曰[illegible]歷夢餘錄以龍爲[illegible]皆世宗自製字而手書也再東則追先閣有明世宗紀祖德詩碑又東爲欽天閣有世宗御製欽

天須碑再南則御前作也 夢餘錄　舊聞攷去舊蒲河牛郎橋不遠臨河有地名大院子應卽御作也

由皇史宬之西過觀心殿射箭處稍南有門曰蒼龍門其南則昭明門其西南則嘉樂館也其北曰丹鳳門門列金獅二內有正殿曰龍德 酌中志　明英宗實錄初上在南內悅其幽靜既復位因增置殿宇其正殿曰龍德　吳伯與內南城紀略自東華門進至麗春門凡里許經弘慶廠歷皇史宬門至龍德殿隙地皆種瓜蔬注水負甕宛若村舍 左殿曰崇仁右殿曰廣智正殿後爲飛虹橋 夢餘錄　明宮史橋以白石爲之鑿獅龍鼉鼈魚蝦海獸水波洶湧活躍如生云是三寶太監鄭和自西洋得之非中國石工所能製者橋之南右邊一塊缺損云是中國補造屢易屢泐 橋之南北有飛虹戴鼇兩坊東西有天光雲影二亭又北壘石爲山山下有洞曰秀巖山上有圓殿曰乾運 酌中志　燕都游覽志有洞嵌石壁壁上刻秀巖二字石磴數十級有方邱焉最上爲乾運殿古松大柏覆之 其左右二亭曰淩虛曰御風山後有佳麗門又後爲

永明殿最後爲圓殿引流水繞之曰環碧夢餘錄　眉公見聞錄嘉靖辛卯上游幸南城演馬召諸輔臣環碧殿賜宴卽此再東曰玉芝宮夢餘錄　明典彙嘉靖四十四年六月作玉芝宮　野獲編初世宗之建世廟也先名世室以奉皇考獻皇之祀既以世字礙後世稱宗改建獻皇帝廟至嘉靖四十四年舊廟柱產芝上大悅更名玉芝宮後殿曰大德殿又有殿曰景神殿曰永孝殿外券門曰寶慶門其前曰芝祥門其東牆外則觀心殿也夢餘錄　按明英宗實錄所載南城尚有靜芳門瑞光門昭融門他書未見自皇史宬東南有門通河夢餘錄　明宮史是河從北安門外文昌宮迆東步糧橋入徑皮房內織染局巾帽局御馬監之東東安門橋下至長安左門外迆東之玉河橋出焉河上有閣曰湧福閣酌中志　夢餘錄澄煇閣萬曆三十年四月二十九日更湧福閣沿河稍北則呂梁洪東安橋再北有亭居橋上曰涵碧酌中志　舊聞攷東安橋北又有橋橋上遺石礎二相傳有樓騎河又北則回龍觀在焉其殿曰崇德者是也酌中志　夢餘錄崇德殿卽回龍觀萬曆二十八年六月拆去

葢造觀心殿修補乾運殿 燕都游覽志回龍觀多海棠旁有六角亭每歲花開時上臨幸焉 野獲編南城宮殿初制亦有首門二門以及兩掖門二門內亦有前後兩殿其他離宮以及圓殿石橋皆復辟後所增飾 湧幢小品其中翔鳳等石闌干景帝方建隆福寺內官悉取去又伐四圍樹木英皇甚不樂既復辟下內官陳謹等於獄尋增置各殿爲離宮者五大門西向中門及殿南向每宮殿後一小池跨以橋池之前後爲石檀者四植以栝松最後一殿供佛甚奇古左右回廊與後殿相接葢仿大內爲之 明英宗實錄天順三年十一月工成雜植四方所貢奇花異木於中每春暖花開命中貴陪內閣儒臣宴賞 皆在河以東河東又有玩芳亭有桂香館有翠玉館有浮金館有擷秀館有聚景亭有含和殿有秋香館有左右漾金亭葢皆爲南城離宮云 舊聞攷 北安門內街東曰安樂堂 酌中志 夢餘錄 內官有疾者移此 再南黃瓦西門之裏則內官監也 夢餘錄 明史職官志掌木石瓦土塔材東行西行油漆婚禮火藥十作及米鹽庫營造庫皇壇庫凡國家營造宮室陵墓幷銅錫妝奩器用暨冰窨諸事 過北中門迆西則白石橋萬德寶殿 明世宗實錄嘉

靖四十四年十二月定新建萬德寶殿名中曰壽憩左曰福
舍右曰祿舍明宮殿額名云萬德寶殿萬曆二十九年添
蕊佛殿三十年額曰祖師殿大高元殿夢餘錄野獲編
桉酌中志夢餘錄均作萬福殿西苑齋宮獨大高
元殿以有三清像至今崇奉尊嚴內官炅音眞閣枂音靈軒
宮婢習道教者俱於其中演唱科儀陽陰
象一宮皆供奉釋道處又有始陽齋無上閣舊聞攷桂洲
集始陽齋在無上閣左象一宮在無上閣右殿門前有二亭制極巧中官呼爲九梁十八
柱舊聞攷其殿之北則裏冰窨也過北中門之南曰壽皇殿左
曰毓秀館右曰育芳亭後曰萬福閣其上曰臻福堂明宮殿額名作
臻祿堂曰永禧閣明宮殿額名作康永閣其下曰聚仙室曰延寍閣曰集
仙室均萬曆十三年建曰北果園酌中志西元集萬歲山下有亭林木陰翳周回多
植奇果名百果園殿之西門內有樹一株挂鐵雲板年久樹長銜雲
板於樹幹中露十之三殿東曰永壽殿酌中志懿書永壽殿在觀德東南內多

牡丹芍藥旁有石壁立色甚古曰觀花殿酌中志　夢餘錄觀花殿萬曆三十年閏二月添蓋植牡丹芍藥甚

多曰集芳亭曰會景亭曰玩春樓酌中志　夢餘錄興慶閣萬曆四十一年四月二十

八日更玩春樓其下曰壽安堂曰觀德殿觀德殿亦射箭處也酌中志

夢餘錄觀德殿萬曆二十八年五月添蓋　慈書山左寬曠爲射箭所故名觀德崇禎癸未九月召對萬歲山觀德殿出

東華門入東上北門繞禁城行夾道皆槐樹十步一株折而西則萬歲山在望矣復折而北入山左裏門上御觀德殿皇

太子侍立諸臣趨過永壽殿至觀德殿階下上御坐張金字屏書一小賦門外張黃幔對畢賜茶餅有頃駕興入玄武門

諸臣仍出山與御馬監西門相對皆在萬福閣東萬福閣西曰永

安亭曰永安門乾祐閣下曰嘉禾館曰乾祐門興慶閣下曰

景明館外爲山左裏門山右裏門酌中志　明宮殿額名山左門山右門於萬曆十八

年八月添牌正中而巍然聳峙者爲萬歲山酌中志　燕史土渣堆築而成人或指爲

有煤誤矣　明宮殿額名崇禎七年九月量萬歲山自山頂至山根斜量二十一丈折高一十四丈七尺山上樹

木鬱蔥鶴鹿成羣有亭五曰毓秀亭夢餘錄桉明宮殿額名云玩芳亭萬曆二十八年更玩景亭二十九年再更毓秀亭據此則玩芳玩景毓秀本爲一亭夢餘錄誤分爲二合計此山有五亭曰壽春亭曰集芳亭酌中志　夢餘錄壽春亭集芳亭萬曆三十一年二月添蓋曰長春亭曰會景亭亭下有洞曰壽明洞山之前曰萬歲門再南曰北上門左曰北上東門右曰北上西門西可望乾明門東可望御馬監也再南過北上門則紫禁城之玄武門矣

自西北上門過西上南門向東曰御用監夢餘錄　明宮史御用監有象房掌房等官有母象九隻各居一房缺則奏於外象房請補　又南向西曰銀作局再南過橋曰靈臺酌中志　郭守敬行狀大德二年起靈臺水運渾天漏大小機輪凡二十有五　明宮史亦有觀象臺銅鑄渾天儀以測星度觀靈氣焉沿河西岸而南曰寶鈔司酌中志　燕史其署在臨河後倚河有泡稻草池池中石灰鑪渣積成卧象形因名曰象山　自西中門之西曰尚寶監曰鷹

坊司再西出西苑門池南東嚮曰灰池曰樂成殿有泉碓水
磨夢餘錄　西元集樂成殿左右楹各設龍牀殿後小室亦
設龍榻皆　宣皇游歷處殿右有屋設石磨二石碓二下激
湍水自動田穀成於此舂治故曰樂成明
宮殿額名樂成殿萬曆三十一年七月添扁河之西土坡之
上曰昭和殿酌中志　西元集從樂成殿渡橋轉南一徑過
小紅亭二百餘步林木深茂內有殿曰昭和皆
黃屋旁有水田村屋先朝嘗於此閱稼焉　李賢賜游西苑
記南臺林木陰森過橋而南有殿面水曰昭和門外有亭臨
岸沙鷗水禽
如在鏡中曰擁翠宮酌中志
棱擁翠宮疑即擁翠亭
李賢賜游西苑記亭臨水曰擁翠又
作湧翠　燕都游覽志其北瀕池
一亭額曰湧翠則御駕登龍舟處曰趯臺陂酌中志金鼇
退食筆記瀛臺
舊爲南臺一曰趯臺陂　燕都游覽志南臺在太液池之南
踞地頗高頫眺橋南一帶景物其門外一亭不止八角柱栱
攢合極其精麗北懸一額直書趯臺陂三字
降臺而下左右廡宇各數十楹不施窗牖曰澄淵亭酌中
志
明典禮志嘉靖十三年九月西苑河東又北曰紫光閣夢餘
亭榭成上親定額昭和殿曰澄淵亭錄
金鼇退食筆記紫光閣由液池西南隄循池而北舊有臺
高數丈中作圓頂小殿用黃瓦左右各四楹接棟稍下瓦皆

碧南北垂接斜廊懸級而升面若城壁下臨射苑皆設門牖有馳道可走馬明武宗築以閱射看名曰平臺後廢臺改爲紫光閣向北門外卽金龍坊明時五日幸西苑閱龍舟於紫光閣前看御馬勇士馳驟往來走解蹦柳再西曰萬壽宮曰壽源宮夢餘錄野獲編上既遷西苑號永壽宮不復視朝惟日夕事齋醮辛酉永壽火復暫徙玉熙殿又徙元都殿俱湫隘不能容萬乘時分宜首揆請移駐南城上以當時遜位受錮之所意甚惡之然是時方興三殿大工縣官匱乏無暇他營華亭爲次揆郎對云今徵到建殿餘材尚多頃刻可辦且薦司空雷禮材諝足任此役上大悅立命華亭子璠以尚寶司丞兼營繕主事督其役不三月工成上大悅卽日徙居賜名曰萬壽後堂曰壽源宮夢餘錄萬壽宮嘉靖四十二年九月更恩壽宮曰五福殿曰承祐殿左祐祥殿右祐寍殿曰龍吉齋酌中志夢餘錄龍禧殿嘉靖四十二年二月更龍煌齋四十四年更龍吉齋曰鳳祥館酌中志夢餘錄鳳祺館嘉靖四十二年二月更鳳禧館四十四年二月更鳳祥館曰昭祥閣酌中志夢餘錄福祥閣嘉靖四十二年二月更昭祥閣曰朗瑞居酌中志夢餘錄祿康寓更朗瑞居曰曜曦門酌中志夢餘錄曦福門嘉靖四十四年三月更曜曦門曰耀朗門酌中志夢餘錄朗祿門嘉靖

四十四年三月更耀朗門曰含祥門曰成瑞門曰永和門曰永順門曰永綏門曰永祉門曰納康門曰長㊣門曰凝一殿其東曰萬春宮曰含春殿酌中志　按吉和稿云四十年已建萬春宮至是三宮欽定萬和萬華萬㊣而不言含春殿曰萬和宮曰萬㊣宮曰萬華宮曰御饌庖曰體仁門曰履康門曰啟泰門曰納福門曰安泰門其西曰仙禧宮酌中志　夢餘錄仙禧宮更千秋宮曰仙樂宮酌中志　夢餘錄仙樂宮更千樂宮曰仙安宮酌中志　夢餘錄仙安宮更千景宮曰仙明宮酌中志　夢餘錄仙明宮更千安宮以上四宮嘉靖四十二年九月更名其朝東南起有十九門曰常長一作㊣門酌中志　夢餘錄嘉靖四十四年三月更長㊣門曰常和門曰常善門曰常耀門曰金㊣門卽授衣酌中志　夢餘錄嘉靖三十七年二月授衣門更金㊣門曰攸順門曰攸利門曰金靜門曰金瑞門曰宣惠門曰靜安門曰壽康門卽灌木酌中志　夢餘錄嘉靖三十七年灌木門

更壽康門曰常靜門酌中志夢餘錄嘉靖三十七年二月釐斯門更常靜門曰壽安門酌中志夢餘錄嘉靖三十三年正月添造曰廣成門酌中志夢餘錄嘉靖二十一年八月添造曰東和門其南曰陽德門曰永光門曰嘉安門其東曰柏木殿曰旋坡臺蕪史作旋磨臺即兔兒山顯揚殿也酌中志緣隄稍南李默游西內記樹益密林端望見昭光殿常侍曰此兔兒山也椶昭光殿宮史作顯揚殿微異金鰲退食筆記兔兒山在瀛臺之西由大光明殿南行疊石爲山穴山爲洞東西分徑紆折至頂殿曰清虛俯瞰都城歷歷可見砌下暗設銅甕灌水注池池前玉盆內作盤龍昂首而起激水從盆底一竅轉出龍吻分入小洞復由殿側九曲注池中喬松數株參立古籐縈繞懸蘿下垂池邊多立奇石一名小山子又小蓬萊其前爲曲流觀甃石引水作九曲流觴皆雕琢奇異布置神巧明嘉靖時復葺鑒戒亭取殷鑒之義又南爲瑤景翠林二亭古木延翳奇石錯立架石梁通東西兩池南北二梁之間曰旋磨臺螺盤而上其巔有甃皆陶埏雲龍之象相傳世宗禮斗於此臺下周以深塹梁上玉石欄柱御道鑿圖龍至今堅完如故老監云明時重九或幸萬歲山或幸兔兒山清虛殿登高宮眷內臣皆著重陽景菊花補服喫迎霜兔菊花酒西河詩話曾見山東徐登

瀛一詩其頷句云結客暫回梁父轍求仙不上埵兒山人不
識埵兒所出後余入都相傳舊西內有大光明殿前有假山
㠁嵷名兔兒山集頁石堆垛成洞壑偏插峰嶂頂搆廠亭而
加以重屋即世宗焚籙瞻斗之地則意兔兒者埵兒之訛山
前有旋磨臺如礬帶圍繞由庫而登逐步漸登恍履平地舊
時高晝處猶蕉心中凸聳以重臺今亦亡矣老宮監住此者
云客魏時宮人忤意者安置此地死相枕籍洞中骨髮穢積
此又在酌中志之外者第締構過整洞必雙穿峰不單峙則
宮殿規制與外稍殊耳臺上七層有牌額曰玉光曰光華曰華輝曰輝
眞曰眞境曰境仙曰仙臺有迎仙亭酌中志夢餘錄旋坡臺萬曆九年七月內添
四柱方亭一座萬曆四十年九月添迎仙亭牌牌坊二南曰福巒北曰祿渚曰朝元
館酌中志明宮殿額名朝元館嘉靖四十五年五月建曰景德殿酌中志夢餘錄萬曆二十八年十
月添造曰大光明殿酌中志金鼇退食筆記大光明殿在西安門內萬壽宮遺址之西地極敞豁門曰
登豐前爲圓殿高數十尺制如圓邱題曰大光明殿西河詩話舊西內有大光明殿亦名圓殿是明世宗鍊眞處殿
前門曰登豐曰廣福曰廣和曰廣(缺)二重門曰玉宮曰昭祥

曰凝瑞左曰太始殿右曰太初殿殿前有亭曰宣恩亭曰饗社亭曰一陽亭曰萬仙亭亭後有門曰永吉門曰左安門曰右安門曰太極殿酌中志　野獲編嘉靖四十四年謝天賜丸藥於太極殿曰統宗殿曰總道殿曰天元閣酌中志　金鼇退食筆記大光明殿中爲太極殿後有香閣九間題曰天元閣高深弘麗半倍於圓殿皆覆黃瓦甃以青琉璃下列文石花礎作龍尾道丹楹金飾龍繞其上四面瑣窗藻井以金繪之白石陛三重中設七寶雲龍神牌位以祀上帝相傳明世宗與陶眞人講內丹於此閣下曰闡元保祚酌中志　明宮殿額名其帝師堂積德殿壽聖居福眞憩祿仙室五所毀於萬曆三十年東㵎外有二門曰天平曰豐和曰無逸殿酌中志　野獲編嘉靖時建無逸殿於西苑翼以豳風亭蓋取詩書義以重農務而時率大臣游宴其中又命閣臣李時翟鑾輩坐講豳風七月之詩賞賚加等添設戶部堂官專領穡事其後日事玄修飭於其地營永壽宮雖設官如故而主上所創春祈秋報大典悉遣官代行撰青詞諸臣雖傒直於無逸殿之旁廬而屬車則絕跡不復至其殿惟內直工匠寓居彩畫神像並裝潢渲染諸猥事而已至甲辰年翟鑾坐二子中式被議

鑾辨疏以日直無逸爲辭時上奉道已虔惟稱上(玄)高(玄)及
(玄)威(玄)功而鑾椎樸尚舉故事上大怒褫逐之其後並殿亭
舊名無齒及者矣世宗上賓未期月西苑宮殿悉毀惟無逸
至今存至尊於西成時閒亦御幸內臣各率其曹作打稻之
戲凡播種收穫以及野饁農歌徵糧諸事無不入御覽益較
上耕耤田時尤詳云今上甲申乙酉閒無逸燼於火輔臣申
吳縣等奏皇祖作此殿欲後世知稼穡艱難其慮甚遠
非他游觀比宜以時修復上深然之今輪奐尚如新也曰豳
風亭酌中志御對錄豳風亭正面用甎寫刻大字題豳風
詩一首東西兩邊作沙壁寫七月詩肅皇外史嘉靖
二十一年上元上御豳風亭曰落成殿酌中志明世廟聖
賜朱希忠等五臣宴觀鐙政紀要嘉靖十年八
月帝御無逸殿之東室曰西苑舊宮是朕文祖所御近修葺
告成欲於殿中設皇祖位祭告之祭畢宜以宴落成之落成
之名想取諸此蓋是殿
當卽無逸殿之東室也其在河之西岸金石橋之北向南曰
玉熙宮酌中志金鼇玉蝀橋之西明世宗嘉靖四十年十一月辛亥
金鼇退食筆記玉熙宮在西安門裏街北
萬壽宮災甓御玉熙宮神宗時選近侍三百餘名於玉熙宮
學習官戲歲時升座則承應之各有院本如盛世新聲雍熙
樂府詞林摘豔等詞又有玉娥兒詞京師人尚能歌之名御
製四景他如過錦之戲約有百回每回十餘人不拘濃淡相

閒雅俗並陳又如雜劇古事之類各有引旗一對鼓吹送上所扮備極世間騙局俗態幷拙婦騃男及市井商賈刁賴詞訟雜耍諸項蓋欲深宮九重之中廣識見博聰明順天時恤民隱也水嬉之製用輕木雕成海外諸國及先賢文武男女之像約高二尺彩畫如生有臀無足而底平下安卯榫用竹板承之設方木池貯水令滿取魚蝦萍藻實其中隔以紗障運機之人皆在障內游移轉動一人鳴金宣白題目代爲問答惟暑天白晝作之以銷長夏明愍帝每宴玉熙殿作過錦水嬉之戲一日宴次報至汴梁失守親藩被害遂大慟而罷自是不復幸玉熙宮矣

曰承華殿卽迎翠殿 酌中志 明英宗實錄天順四年九月新作西苑殿宇軒館成苑中舊有太液池池上有蓬萊山上命卽太液池東西作行殿二池西向東對蓬萊山者曰迎翠

有亭三曰澄波亭 酌中志 金鼇退食筆記迎翠殿在池西東向臨水有亭曰澄波嘉靖時更建浮香寶月二亭東望萬歲山倒蘸於太液波光之中黛色嵐光可掬可挹今惟短垣而已

曰寶月亭 酌中志 夢餘錄寶月亭嘉靖十一年三月建

曰芙蓉亭 酌中志 夢餘錄浮香亭嘉靖十三年建三十年六月更名芙蓉亭

曰清馥殿 酌中志 金鼇退食筆記清馥殿度金鼇玉蝀橋轉北明世宗所建常奉興獻太后來游前有翠芬錦芳二亭荷花盛開紅衣翠蓋澄漪倒水恍如蓬壺

殿外有門

曰仙芳門曰丹馨門酌中志棪明宮史作丹馨殿據野獲編凝道雷軒無跡可問惟清馥殿則整麗如故外門曰仙芳曰丹馨內亭曰錦芳曰翠芬流泉石梁頗甚幽致則丹馨乃門名非殿名也有亭二曰錦芳曰翠芬酌中志嘉隆聞見紀嘉靖十二年四月上幸西苑召張孚敬等同游御清馥殿翠芬亭賜茗酒錦囊詩扇紅藥花製古樂府五七言絕句各一首命和又有門曰長春門曰昭馨門曰瑞芳門曰馥景門曰仙芳門曰馥東門曰馥西門又有亭曰映輝亭酌中志明宮殿額名映輝亭嘉靖二十二年四月更騰波亭三十五年五月更滋祥亭萬曆三十年七月更香津亭曰澄碧亭酌中志明宮殿額名澄碧亭嘉靖二十三年六月更飛靄亭三十年五月更湧福亭據此澄碧飛靄本自一亭明宮史作二亭誤又有殿曰騰禧殿卽黑老婆殿酌中志夢餘錄天鵞殿嘉靖二十五年七月拆蓋騰禧殿牌金鼇退食筆記騰禧殿在旃檀寺西覆以黑琉璃瓦明武宗西幸宣府說晉王樂妓劉良女姿容婉麗善謳遂載以歸居騰禧殿俗呼爲黑老婆殿傍有古井曰王媽媽井河之上游有倒影入水如城闕龍宮者曰乾德殿卽俗

稱北臺是也高出雲表下瞰衢陌建自萬曆年間天啟時毀之即其處爲嘉樂殿 酌中志 明神宗實錄萬曆二十九年六月新築大內乾德殿御史林道楠董其工至三十年四月道楠上言三殿兩宮高不過一十二丈今臺高八丈一尺加以殿宇又復數丈其勢反出宮殿之上禁中豈宜有此 閣史綴遺乾祐閣宮中謂之北臺高八丈餘廣一十七丈磴道三分三合而上俯臨閭井繁猥畢見欽天監言風水不利議毀之天啟元年十一月十三日工部疏請得旨時高工部道素初授虞衡司主事於次日始督拆北臺 明宮殿額名萬曆三十三年八月更乾德殿爲乾德閣天啟元年八月毀之四年五月添建嘉豫殿 按嘉豫殿當即嘉樂殿也 其門爲延景門牌坊二南曰福渚北曰壽岳又有殿曰壽源即太素殿 明宮史 太液池作 明英宗實錄天順四年上命即行殿三池西南向者以草繕之而飾以堊曰太素 明宮殿額名太素殿嘉靖四十三年七月更殿名爲壽源 前有溥恩門又有門二曰素左門曰素右門 明宮史 二門天啟六年塞之 明宮殿額名 旁有正心齋持敬齋後有歲寒亭 明宮史 金鼇退食筆記五龍亭舊爲太素殿創於明天順年在太液池西南

向後有草亭畫松竹梅於上曰歲寒亭門左有軒曰臨水軒有亭曰會景亭後改建亭五中曰龍澤亭左曰澄祥亭曰滋香亭右曰湧瑞亭曰浮翠亭卽今河中之五龍亭也酌中志　金鼇退食筆記五龍亭朱簾畫棟照耀漣漪從玉蝀行者遥望水次丹碧輝映疑是仙山樓閣又有洞三上洞曰龍壽中洞曰玉華下洞曰游仙以上俱萬曆三十年秋添建再西則內教場也曰振武殿酌中志　夢餘錄振武殿萬曆二十九年四月添造曰恆裕倉曰省斂亭稍南臨河有坊曰引祥橋蕪史作彙祥橋彙音引其東則北閘口也酌中志　金鼇退食筆記禁城內西海子古燕京積水潭也源出西山神山一畝馬眼諸泉繞出甕山匯爲七里濼入都城由北安門外藥王廟西橋下入皇城自北閘口延亙大內出大通河轉漕亦賴其利閘口有亭曰湧玉亭酌中志　明宮殿額名北閘口亭嘉靖十三年更湧玉亭有殿曰洪應殿酌中志　明世宗實錄嘉靖二十二年四月新作雷霆洪應殿成曰壇城曰轟雷軒曰嘯風室曰嘘雪室

曰靈雨室曰耀電室曰清一齋曰寶淵門曰靈安堂曰精馨堂曰馭仙次曰輔國堂曰演妙堂曰入聖居自北閘口迤南東岸曰船屋乃冬日藏龍舟之所亦名藏舟浦酌中志金鼇退食筆記藏舟浦自瓊華島東麓過石橋由陟山門折而北循岸數百步有水殿二共十六閒一藏龍舟一藏鳳舸舟首尾刻龍形上結樓臺以金塗之備極華麗又浦繫五六小舟岸際有叢竹蔭屋浦外一亭今皆荒廢水部備考方船制長十丈九尺闊二丈九尺五寸爲方形嘉靖十七年於禁苑成造以備御用置鴟居之龍鳳船肖龍鳳形飾以五彩置鴟二處居之采蓮船係司苑局於采鮮所用者有弘濟神祠酌中志明典彙嘉靖十五年建金海神祠於大內西苑湯泉亭以祀宣靈弘濟之神水府之神司舟之神二十二年改名弘濟橋之南亦有船屋焉再南曰元熙殿舊爲凝和殿酌中志明英宗實錄上命即太液池東西作行殿三池東向西者日凝和夢餘錄凝和殿嘉靖二十三年更惠熙殿四十三年三月更元熙殿有亭二左曰擁翠亭右曰飛香亭酌中志夢餘錄飛香亭萬曆三十年更元潤亭再南曰陟山門逼裏

氷窨者也又西馬頭曰龍淵亭酌中志明宮殿額名嘉靖二十二年更匯玉渚西龍淵
亭曰念善館又有(玄)雷居舊爲遠趣軒酌中志夢餘錄遠趣軒更神應軒又更
(玄)雷居又有亭曰龍湫亭又再南巋然若山者曰廣寒殿即俗
云蕭后梳妝臺也酌中志野獲編大內北苑中有廣寒殿者舊聞爲耶律后梳妝樓今上己卯歲端
午前一日遺材盡倒梁上得金錢百二十文蓋厭勝之物其
文曰至元寶號此號爲元世祖紀元可見非契丹所建明甚
四隅各有亭左曰玉虹曰方壺右曰金露曰瀛洲山半有三
殿中曰仁智東曰介福西曰延和下臨大液池夢餘錄韓雍賜游西苑
記又北行至圓殿歷階而登殿之基與睥睨平古松數株其
高參天其西以舟作浮橋橫亙池面北則萬歲山在焉北度
石橋登山山在池之中壘石爲之山之麓以石爲門門內稍
高有小殿琴臺棋局石牀翠屏分布森列峰有最奇者名翠
雲上刻御製詩沿西坡北上有虎洞呂公洞仙人菴又上有
延和有瀛洲有金露皆殿名瀛洲之西湯池之後有萬丈井
深不可測由金露折而東上絕頂則廣寒殿也下至玉虹又
下而南至方壺至介福皆與延和諸殿相對峙而方壺瀛洲

則左右廣寒而奇特者也池有橋曰太液橋其牌坊曰堆雲曰積翠燕史燕都游覽志太液池在子城西乾明門外周遭凡數里其源自玉泉山合西北諸水流入都城德勝門滙爲積水潭名海子至北安門水關流入西苑人呼西海子金鼇退食筆記有亭八面內外皆水曰臨漪亭其北別駕一梁自承光殿達瓊華島制差小南北亦峙華表曰積翠曰堆雲又再南曰圓殿卽承光殿也甎砌如城牆亦有雉堞以磴道分上之上有樓閣古松松乃數百年物霜蓋虬枝式如偃蓋凡枝之垂者皆以杉木撐拄之明宮史金鼇退食筆記承光殿在金鼇玉蝀之東圍以圓城設以睥睨自西掖洞門而升中搆金殿穹窿如蓋華榱綺牖旋轉迴映俗曰圓殿外周以廊向北金鼇垂出垣堞閒甚麗昔有古松三株枝幹槎枒形狀偃蹇如龍奮爪拏空突兀天表金元舊物也此乾明門之西也其石梁如虹直跨金海通東西之往來者曰玉河橋有坊曰金鼇曰玉蝀酌中志金鼇退食筆記太液池周凡數里上跨石梁約廣二尋修數百步兩崖甃甃出水中鯨獸楯欄皆白石鐫鏤如玉中流駕木貫鐵緯丹檻掣之可通巨舟東西峙

華表東曰玉蝀西曰金鼇池西南又有一山與萬歲山差埒最高處爲鏡

殿皆金元時所造再南曰五雷殿卽椒園也亦名蕉園酌中志甫田集芭蕉園在太液池東崇臺複殿古木珍石參錯其中又有小山曲水實錄成於此焚稿松檜交翳中

有一殿曰崇智殿酌中志金鼇退食筆記芭蕉園自太液池行半里許蒲葦盈水榆柳被岸松檜蒼翠果樹分羅中崇閣廣砌一殿穹窿以黃金雙龍作頂纓絡懸綴雕櫳綺窗朱楹玉檻窒而敞豁舊曰崇智殿殿後欒欄花圖有牡丹數十株左曰迎祥館右曰集瑞館又有太玄亭問法所殿

後迆西有亭面水曰臨漪亭又一小石梁出水中向西一亭

在水際曰水雲榭再南則至西苑門矣由玉河橋循玉熙宮

而西曰櫺星門迆北曰羊房夾道曰牲口房曰虎城酌中志燕都游覽志虎城西北隅有豹房明武宗實錄正德二年八月葢造豹房公廨上朝夕處此不復入大內曰內安

樂堂酌中志金鼇退食筆記內安樂堂凡宮人有病及年老或有罪先發此處待年久再發外之浣衣局又

西苑東北隅有蠶壇東南爲親蠶殿又有具服殿齋宮及蠶室繭館皆近仁壽宮明世宗所始建者也明史 明宮史櫺星門迆西曰西酒房曰西花房曰大藏經廠夢餘錄 金鼇退食筆記 大藏經廠即司禮監之經廠也貯經書典籍及釋藏諸經曰太極殿又西曰洗白廠曰果園廠夢餘錄 金鼇退食筆記果園廠在櫺星門之西明永樂年製漆器以金銀錫木爲胎有剔紅填漆二種剔紅合有蔗段蒸餅河西三撞兩撞等式蔗段人物爲上蒸餅草花爲次盤有圓方八角縧環四角牡丹瓣等式匣有長方二撞三撞四式其法朱漆三十六次鏤以細錦底漆黑光針刻大明永樂年製比元時張成楊茂劍環香草之式似爲過之填漆刻成花鳥填彩稠漆磨平如畫久而愈新其合製貴小深者五色靈芝之邊淺者回文戧金邊價數倍於剔紅二種皆廠製也曰十庫曰司鑰庫夢餘錄 明史職官志十庫甲字掌貯銀朱黃丹烏梅藤黃水銀諸物乙字掌貯奏本等紙及各省所解胖襖丙字掌貯絲緜布匹丁字掌貯生漆桐油等物戊字掌貯弓箭盔甲等物承運掌貯黃白生絹廣盈掌貯紗羅諸帛匹廣惠掌造貯巾帕梳籠刷抿錢貫鈔錠之類贓罰掌沒入官物已上各掌庫一員貼庫簽書無定員明會典廣積

庫收礅硝硫黃等物　桉今西安門內街北十庫前有天王殿殿前有修庫題名碑所記十庫與燕史合而冠以司鑰庫之名其修廟碑記則云禁城西北隅有司鑰庫而天財庫亦屬焉是司鑰庫乃十庫總理天財庫其附焉者也再攷明職官志所記十庫止詳九庫職事獨闕廣積一庫今依明會典增入又桉贓罰庫乃十庫之一十庫周牆尚存今廟擅寺西北衚衕猶有贓罰庫之名則贓罰庫在十庫極北

曰惜薪司　夢餘錄　明職官志惜薪司掌印太監一員總理簽書掌道掌司寫字監工及外廠北廠南廠新南廠新西廠各設簽書監工俱無定員掌所用薪炭之事

曰鴿子庫正西則西安門也　夢餘錄　桉明宮室紀載較多惟呂毖宮史劉若愚酌中志最詳亦少有參差蓋二人身處宮廷皆所親歷較外間傳聞者不同今多據之又宮史五卷皆在酌中志之中初疑毖竊若愚書然取以相較偶有異同亦有毖是而若愚非者疑此五卷爲明內臣紀載之書若愚竊取之所以此五卷外均紀萬曆天啟時事無關掌故矣

藝風堂文集卷二

藝風堂文集卷三

江陰繆荃孫

繆氏得姓考

繆氏出自魯繆公之後以謚爲氏史記孟子書穆通作繆謚法攷布德執義曰穆申情見貌曰穆音木美謚也今通書作繆謚法攷名與實乖曰繆其行謚與魯繆公未合元戴彥肅題吾宗譜端辨有云秦穆公書錄秦誓蒙穀傳不應罪其殺三良棄百里奚魯穆姜書於春秋列女傳不宜譏其性慧行亂而皆改從繆戾之謚秦魯臣子亦不應以惡謚加其所尊謂宜於譜直書穆氏爲合於古然姓纂宋穆公之後以謚爲氏胡三省云楚子重子辛出于穆王楚人謂之二穆故楚有穆姓路史云穆炎帝後魏官氏志云後魏丘穆陵氏改爲穆

氏若徑改還作穆不與諸穆氏無別乎有謂出自秦繆公者
林寶鄧名世從之然瑯琊蘭陵東海三望皆在於魯其爲魯
後無疑張澍姓氏尋源早斥林說爲不確矣繆氏之著名舊
史者自史漢儒林傳蘭陵繆生始楚元王交傳作穆生至魏
有尚書光祿勳襲字熙伯東海人鄧名世云繆生之後襲父
斐以孝稱見宋躬孝子傳子悅事晉位光祿大夫悅子中書
令播散騎常侍太僕(肖)夾輔王室爲國盡忠見害東海朝野
憤惋若祕書監徵博士蔚通論語者協音禮記者炳麐彬風
雅輝映一時自是厥後吾宗衰矣魏時有儼與彭城劉氏才
望略等弟子襄賁子承先承先子伏波將軍羽林監彥植恭
愼長厚爲時所稱有唐一代絕無聞人惟師愈以善書名見

歐陽修集古錄寶刻類編浙江山陰有開成五年往生碑碑陰繆姓者五人皆細民嗣後北方不數數見而南省漸有聞人自北而南其隋唐之際與閩書福安繆家埔山有繆氏子六歲能文開元中以神童召試有掘其山者流出淡血人遂不顯并名字亦翳加至宋長溪一族登進士者三人特奏名七人四明一族鄉舉者二人文子承象山之傳主一衍西山之緒潛心著述身隱名高元時信州一族聚居上饒靈山之陽謂之繆源沿江機宜君珤最有名君珤族子若鳳天台教授得合黃巖平陽長溪之譜以序其世次由江南之近年上溯戰國以達於魯穆戴表元爲序明初同簽樞密院事大亨輔太祖定天下有將才左諭德昌期孤忠亮節起頑立懦餘

若浙江山陰定海福建福安連江江蘇溧陽金壇常熟泰州廣東雲南四方散居至吾宗江陰譜系始於元菭石公鑑隱居不仕以詩名家明御史煜殉建文之難再上則無可考爰取上自西漢下至於明搜得二百三十餘人名之曰繆氏攷古錄而敘得姓之繇以冠其首云

漢書穆生儒林傳作繆生又通作謬薄謬忌即繆忌至作誘忌則繆之譌也繆彤姓氏書辨證繆氏作繆彤謬字作謬彤唐前諸人均出蘭陵惟宦者繆賢出於趙後漢繆彤召陵人皆别族無可考

戴剡源繆氏譜序　附

中世士大夫專尙譜牒以爲宗法既廢所賴以攷訂昭穆而知氏族之所自來惟有此耳然亦有不幸兵燹蕩析漂

寄荒遠併遺故老不可物色者其勢無如之何則往往謹藏諸心遇官學所歷博問而精覈之萬一或庶幾焉信州之繆爲儒已久其族聚居上饒靈山之陽謂之繆源今猶及與沿江機宜諱君琺字振玉者交游江東呼繆作穆不聞其復爲他音者也而信州之俗承襲淺俚乃猶以爲繆戾之繆至是機宜之族子若鳳教授天台又得合黃巖平陽長溪之譜其世次由江南之近年上遡戰國以達於魯穆曰史記孟子書穆通作繆定其望曰瑯邪蘭陵東海而三郡皆近於魯吾家彥肅祕書又題文譜端辨秦穆公書錄秦誓蒙毅傳不應罪其殺三良棄百里奚魯穆姜書於春秋列女傳不宜譏其性慧行亂而皆改從繆戾之謚秦

魯臣子亦不應以惡謚加其所尊謂宜於譜直書穆氏爲
合於古辭嚴義備可以一洗千古之惑覽者其愼詳之荃孫
訪族譜於浙江山陰揚州東臺廣東香山四川酉陽
以東臺譜爲最詳江西上饒福建長樂未能往訪也

爾雅有衍脫文攷

釋詁　犯奢果毅　毅字衍文案注以陵犯釋犯誇奢釋奢
果毅釋果此以注文而誤衍

阬阬　下阬字衍文鄭樵云阬阬重文經典所無疑
衍一字案廣韻十二庚阬字下引爾雅曰虛也郭
璞云阬塹也客庚切非重文

鞫訩　訩字衍文阮云鞫詁盈訩詁訟不詁盈此郭
氏因引詩降此鞫訩正文遂衍訩字

釋天　太歲在甲曰閼逢　太歲在寅曰攝提格　兩太字衍文錢氏養新錄云古法太陰與太歲不同淮南天文訓太陰在寅歲名攝提格云云蓋閼逢以下十名攝提格云云以下十名皆由太陰得名不關太歲史記天官書索隱引爾雅云歲在甲曰焉逢寅曰攝提格無太字當是古本東漢術家不求太陰誤認太陰爲太歲故漢書天文志有太歲在寅曰攝提格之文太史公書但云攝提格歲陰左行在寅初不云太歲也然此兩太字已是漢人所增矣

釋地　郊外謂之牧　似衍文案魯頌毛傳邑外謂郊郊外

謂野野外謂林林外謂坰說文亦云邑外謂之郊郊外謂之野野外謂之林林外謂之冂俱據爾雅無郊外謂牧之文小雅出車于彼牧矣毛云出車就馬於牧地也周語國有郊牧韋昭注國外曰郊牧牧地也而不云牧在郊外此五字疑後人所加

釋草 藒車芞輿 車字衍文案郝氏義疏說文藒芞輿也芞芞輿也並無車字臧氏經義雜記云車卽輿字之駁文也據釋文知古本爾雅作藒芞輿郭注特因離騷謂之揭車故援以證之後人輒仿注義增經字耳

蘪從水生 生字衍文案阮氏云此蘪從水與下薇

垂水文一律此注生於水中與下注生於水邊文

亦一律因經無生字故注云生於水中葢因注誤

衍覺注爲贅矣（以上衍文入條）

釋天　赤奮若下脫歲陰二字　案史記曆書焉逢攝提格

元年索隱曰爾雅釋天云歲陽十干是也歲陰十

二支是也歲陽在甲云焉逢謂歲干也歲陰在寅

曰攝提格謂歲支也此唐司馬貞時歲陰二字尙

存自開成石經始脫去宜補

釋邱　水出其左營邱脫前而二字　案詩正義水所營繞

故曰營邱郭注今齊之營邱淄水過其南及東是

不惟郭氏所注之本正作水出其前而左且營邱

之形勢宛然如在目前不可易也乃邵氏正義反據孫炎注以駁郭氏謂經文並無而前字郭氏此注殆欲使人易曉耳其說殊爲武斷

釋魚　鼀䵶蟾諸上脫先字下脫鼁字　釋文鼀音起據反起據之音蓋以鼀從去也羅願爾雅翼曰鼀䵶詹諸洪焱祖音釋曰鼀爾雅音去六讀如六似是爾雅鼀本作䵹說文亦云先鼀詹諸從黽從先先七宿切讀如促是鼀從先不從去則陸氏起據之音非矣

釋文䵶音秋案莊子曰鰌我亦勝我鰌本又作䲡荀子曰大燕鰌吾後注鰌蹴也釋名曰蹙遒也遒迫也然則鰌䲡遒三字從酋得聲並讀如促䵶字

從酉其音亦宜然說文云鼀或從酋作䵶是䵶卽
鼀字音促不音秋鼀䵶卽一字也然爾雅何以作
重文攷說文敘述之次曰先鼀詹諸也䵶鼀詹諸
也若據說文以訂正爾雅則爾雅當曰去鼀䵶鼀
蟾諸也今但存鼀䵶二字重複爲文莫可解說疑
傳寫者上脫先字下脫鼀字　鼀當作鼀

釋畜　雞三尺爲䳌下脫六畜二字　案春秋桓六年正義
云爾雅釋畜於馬牛羊豕狗雞之下題曰六畜又
昭二十五年正義曰釋畜之末別釋馬牛羊豕犬
雞六者之名其下題曰六畜然則唐初本爾雅有
此題今本脫以上脫文四條

釋言　遇偶也　此文誤倒案文選讓宣城郡公表偶識量已注引爾雅曰偶遇也郭注偶爾值也與山巨源絕交書偶與足下相知注引爾雅曰偶遇也一切經音義卷二偶成下引字林偶合也引爾雅偶遇也郭氏曰偶爾相值者矣卷九偶得下引爾雅偶遇也郭氏曰偶爾相值也據此知唐以前爾雅作偶遇也郭注作偶爾相值值卽釋經之遇今本經誤倒注又衍遇字

釋宮　閍謂之門　此文誤倒案郊特牲祊之於東方正義引釋宮云門謂之祊孫炎云謂廟門外是孫叔然注本作門謂之閍也郊特牲索祭祝於祊注廟門

曰祊正義曰爾雅釋宮文又禮器爲祊乎外正義
曰以釋宮云廟門謂之祊皆閍字在下可互證鄭
孔俱言廟者以義增加非爾雅本文以上倒文二條
釋草菋至藸釋木菋莖著　郭氏釋木注釋草已有此名疑
誤重而王氏經義述聞則引周禮注杜子春云䔢
讀如菋莖著之菋以爲菋有䔢音與音味者師讀
不同郝氏義疏亦引之又同引齊民要術所引之
皇覽以爲木中亦有五味而力駁郭氏重出之說
不知杜氏相傳之師說固在郭氏之前但杜氏自
注䔢字與爾雅初不相謀雖曰漢儒之讀若卽後
人叚借之例不惟叚其聲抑叚其義然其時尚無

反切未可一概論也他若齊民要術唐本草諸書

則皆在郭氏後無庸深辨矣

釋蟲密肌繼英釋鳥密肌繫英　郭氏釋鳥注釋蟲已有此名疑誤重錢氏潛研堂集本之僅解釋蟲而釋鳥則從闕郝氏義疏則引玉篇廣韻之鳥名以解釋鳥之繫英而釋蟲之疏則本錢氏之說而引申之且謂今釋蟲釋鳥俱有鶾天雞而郭氏未嘗以爲誤重其說殊有理但郭氏於釋蟲注亦既以爲未詳茲更以爲誤重匪惟蓋闕之義殆亦有所本焉正不妨並存其說也

釋鳥　桑扈竊脂　本篇重此句以上重文三條

鸕諸雉　此錯簡諸雉二字當在鷺舂鉏之下黑爲
鶬白爲鷺也諸雉二字在下文鷂雉等之上雉有
數類故以諸雉冠之

釋獸　豕子豬一段　此錯簡當在釋畜羊屬之後並脫彘
屬二字不應在釋獸內以上錯簡二條

逸文附攷

皇大也　尚書洪範建用皇極傳皇大正義曰皇大釋詁文
案今本釋詁皇爲君訓大者卅九字而皇豐二字無之

豐大也　詩周頌豐年傳豐大也正義曰豐大釋詁文今本
無

良善也　詩唐風良士瞿瞿箋良善也正義曰良善釋詁文

案今本釋詁云元良首也訓善者十六字而無良字

自用也　尙書立政正義曰釋詁云自用也案今本釋詁云遹遵率循由從自也無用之一訓

由用也　左昭八年傳猶將復由注由用也正義曰由用釋詁文案今本釋詁由訓自無用之一訓

壽考也　詩魯閟宮頌三壽作朋傳壽考也正義曰壽考釋詁文案今本釋詁云黃髮齯齒鮐背耇老壽也而無考字

謐脊也　古玉篇引爾雅曰謐脊也案今本釋詁謐訓靜無脊之一訓

埶靜也　古玉篇引爾雅曰埶靜也案今本釋詁訓靜者十一字而無埶字

顯明也　禮記祭法顯考廟注顯明也正義曰顯明釋詁文

案今本釋詁顯訓光又訓代無明之一訓

虔敬也　詩殷武方斲是虔傳敬也正義曰虔敬釋詁文案

今本釋詁云儼恪祇翼諲恭欽寅熯敬也而無虔字以上釋詁

忒疑也　詩鳲鳩其儀不忒傳忒疑也正義曰釋言文案今

本釋言爽訓忒無疑之一訓

輯合也　尙書舜典輯五瑞正義曰釋言云輯合也案今本

釋詁輯訓和又合之一訓有九字而無輯字釋言篇二字

皆無之

斯盡也　詩皇矣王赫斯怒箋斯盡也正義曰斯盡釋言文

案今本釋詁訓盡者十三字而無斯字

飪孰也　儀禮士虞禮羮飪注飪孰也疏曰飪孰釋言文今

本無此文

㡿薄也　說文兒部㡿事有不善言㡿也爾雅㡿薄也今本

無此文

鋪布也　敷布也　文選西都賦桑麻鋪棻李善注引爾雅

曰鋪布也後漢班固傳作敷章懷注引爾雅曰敷布也又

尙書傳序正義亦引爾雅敷布也今本無此文

幾冀也　尙書傳序正義引爾雅幾冀也案今本釋詁幾訓

危又釋言云庶幾尙也無冀之一訓

濬通也　史記五帝紀索隱引爾雅濬通也案今本釋言濬

幽深也無通之一訓

遂生也　後漢杜篤傳粳稻陶遂章懷注引爾雅曰遂生也
今本無此文
蹤迹也　慧琳音義一引爾雅曰蹤迹也今本無此文說文
無蹤古止從字詩谷風傳委委行可委曲從迹也
摎求也　後漢張衡傳摎天道其焉如注引爾雅摎求也今
本無此文
與許也　論語公冶長吾與汝弗如也皇疏引爾雅與許也
今本無此文以上釋言
棘戟也　文選吳都賦注過秦論注辨亡論注均引爾雅曰
棘戟也今本無此文
半璧曰璜　後漢書張衡傳注引爾雅半璧曰璜今本無此

文

赤緣謂之褖　儀禮士喪禮注赤緣謂之褖疏曰爾雅文今

本無此文以上釋器

春爲忠東方爲春春動也是故鳥獸孕孳草木華生萬物成

遂忠之至也夏爲樂南方爲夏夏興也南任也是故萬物莫

不任興蕃殖充盈樂之至也秋爲禮西方爲秋秋肅也萬物

莫不肅敬禮之至也冬爲信北方爲冬冬終也北方伏方也

萬物至冬皆伏貴賤若一美惡不異信之至也御覽引案釋尸子

天穹蒼蒼天也一段題曰四時而所釋止天之異名各書

所引尸子當是四時篇而今本無此文

四時和正光照謂之玉燭甘雨以降萬物以嘉高者不少下

者不多此之謂醴泉其風春爲發生夏爲長嬴秋爲方盛冬爲安靜四時和爲通正謂之永風爾雅疏引尸子　案此段全用爾雅其說較今本完備疑今本殘缺

須女謂之婺女　史記天官書索隱引爾雅云須女謂之婺女今本無此文

中央鎭星東方歲星南方熒惑謂之大辰　後漢書注引爾雅云中央鎭星東方歲星南方熒惑謂之大辰今本無此文

時雨曰澍雨　雨與雪雜下曰霰　初學二引爾雅今本無此文

正幅爲幓　周禮春官注正幅爲幓疏曰正幅爲幓者爾雅

文今本無此文

熊虎曰旗　文選西京賦薛注引爾雅熊虎爲旗今本無此文以上釋天

土之高者曰邱高邱曰阜　周禮春官疏爾雅云土之高者曰邱高邱曰阜今本無此文

有齊營邱　白帖六引爾雅今本無此文有齊當作齊有

山足曰麓　周禮地官序官林衡注秋官柞氏注山足曰麓疏曰山足曰麓爾雅文今本無此文

山南曰陽山北曰陰　秋官柞氏疏曰爾雅云山南曰陽山北曰陰今本無此文

水別流曰派風濔水面曰波大波曰濤　朝夕而至曰潮風

行水成文曰漣水波如錦文曰漪　御覽五十八引爾雅今
本無此文以上釋地

蜃大蛤　周禮天官醢人注云蠃螔蝓蜃大蛤蚳蛾子疏曰
皆爾雅文今本無蜃大蛤三字釋魚

二歲曰駒三歲曰駣　周禮夏官注引鄭司農云二歲曰駒
三歲曰駣疏曰爾雅文今本無此文釋畜

序篇

釋詁釋言通古今之字古與今異言也釋訓言形貌也　毛
詩正義引序篇漢書藝文志爾雅二十篇今止十九疑本
有序篇而今逸之

蜀兩漢經師攷

張寬字叔文成都人太守文翁遣寬詣博士東受七經還以教授作春秋章句十五萬言華陽國志十

臣君子二卷蜀人漢藝文志道家

胡安臨邛人講學白鶴山下相如從之受經寰宇記七十五

司馬相如字長卿成都人漢書列傳作凡將篇無複字漢藝文志

洛下閎字長公巴郡人武帝太初元年詔公卿壺遂司馬遷等議造漢㬉方士唐都洛下閎與焉都分部天運而閎運轉㬉算輿地紀勝

趙賓蜀人好小數書後爲易飾易文漢儒林傳

郭舍人漢書東方朔傳犍爲郡文學卒史漢武帝待詔作爾雅注三卷經典釋文敘錄

嚴遵字君平成都人專精大易耽於老莊華陽國志十

林閭字公孺臨卭人善古學華陽國志十 訓詁(玄)遠華陽國志三 古者天子有輶車之使自漢興以來劉向之徒但聞其官不詳其職[redacted]惟閭與嚴君平知之曰此使考八方之風雅通九州之異同主海內之音韻使人主居高堂知天下風俗也華陽國志十

李(弘)字仲元成都人少讀五經不爲章句處陋巷淬厲金石之志華陽國志十

楊雄字子雲成都人以經莫大於易故則而作太(玄)傳莫大於論語故作法言史莫善於蒼頡故作訓纂蓺文志訓纂一篇蒼頡訓纂一篇 典莫正於爾雅故作方言華陽國志十

胥君安巴郡人成帝時議立三傳獨駁左傳不祖聖人寰宇記

何武字君公蜀郡郫縣人治易漢書列傳

趙閎字溫柔閬中人涼州刺史華陽國志十二傳夏侯尚書益部耆舊傳

楊宣字君緯什邡人少受學於楚國王子張天文圖緯於河內平帝時命持節為講學大夫與劉歆共校書華陽國志十

任文公閬中人善天官風星祕要益部語曰任文公智無雙輿地紀勝

譙玄字君黃巴郡閬中人能說易春秋范書獨行傳

譙瑛玄子善說易范書譙玄傳

李業字巨游廣漢梓橦人習魯詩師博士許晃華陽國志十

任永字君業僰道人長曆數華陽國志十

楊仲續新都人統祖父代修儒學以夏侯尚書相傳范書注引益部耆舊傳

楊統字仲通司徒魯恭辟掾與恭共定音律成內讖二卷解說家法章句華陽國志十

鄭伯山通河洛書及天文推步之術范書楊厚傳

張霸字伯饒蜀郡成都人通春秋就長水校尉樊儵受嚴氏公羊春秋博覽五經范書列傳

張楷字公超霸子通嚴氏春秋古文尚書范書張霸傳

馮緄字鴻卿碑作皇卿巴郡宕渠人治春秋范書列傳謝承書緄學公羊春秋

馮允緄弟能理尚書善推步之術范書馮緄傳

趙戒字志伯成都人通經表

趙典字仲經戒子博學經書弟子自遠方至朝廷每有災異疑議輒咨問之典據經正對（范書列傳）學孔子七經河圖洛書內外藝術靡不貫綜（范書注引謝承書）

楊終字子山成都人著春秋外傳十二卷章句十五萬言（范書）（列傳作改定春秋章句）皆傳於世（華陽國志十）

翟酺字子超廣漢雒人四世傳詩好老子尤善圖緯天文(曆)算著援神鉤命解詁十二篇（范書列傳）

杜眞字孟宗緜竹人治周易春秋（益部耆舊傳）

王渙字稚子廣漢郪人敦儒學習尚書讀律令（范書列傳）

任安字定祖廣漢緜竹人少游太學受孟氏易兼通數經又從同郡楊厚學圖讖時人稱曰欲知仲桓問任安又曰居

今行古任定祖（范書儒林傳）

董扶字茂安緜竹人（華陽國志十）傳易歐陽尚書（傳經表）

任末字叔本蜀郡繁人少習齊詩（范書儒林傳）

景鸞字漢伯梓潼人少隨師學經涉七州之地能理齊詩施氏易兼受河洛圖緯作易說及詩解文句兼取河洛以類相從名爲交集又撰禮內外記號曰禮略又鈔風角雜書列其占驗作興道一篇又作月令章句凡著述五十餘萬言（范書儒林傳）

杜撫字叔和資中人（范書作犍爲武陽人）少師事辥漢治五經定韓詩章句撰詩題約義通（華陽國志十）

楊仁字文義巴郡閬中人學韓詩（范書儒林傳）

董鈞字文伯犍爲資中人習慶氏禮范書儒林傳永平初議天地宗廟郊祀儀禮鈞與太常定其禮又定諸侯喪禮稱繼叔孫通華陽國志十

何英字叔俊郪人學通經緯華陽國志十

楊由字哀侯成都人少習易幷七政元氣風雲占侯華陽國志十

張綱字文紀犍爲武陽人少明經學范書張皓傳

樊敏字叔達巴郡太守總角好學治春秋嚴氏經碑不言何地人然碑在今蘆山縣當即漢嘉人

李翊字輔國廣漢屬國侯通經綜緯兼究古雅隸釋碑不載何地人然李翊夫人碑在渠州當即宕渠人

丁魴字叔河廣漢屬國都尉治易韓詩垂意春秋隸釋碑在巴州碑云

鄉人嚴子循等六十餘人因斯表勸以效後彥當卹巴郡人一

段翳字元章新都人習易經明風角范書方伎傳

馮顒字叔宰郪人作易章句華陽國志十

劉寵字世信緜竹人明公羊春秋華陽國志十

楊充字盛國梓潼人受古學於扶風馬季長呂叔公南陽朱明叔潁川白仲職精究七經華陽國志十

楊厚字仲桓統子善圖讖學范書列傳

王祐字平仲郪人撰王子五篇東觀郎李勝作誄方之顏子華陽國志十

譙岍字榮始西充國人治尚書兼通諸經及圖緯一統志

張(盜)廣漢人傳春秋傳經表

段恭字節英雒人明天文二卷華陽國志十
折象字伯式雒人華陽國志十通京氏易一統志
朱倉字雲卿什邡人受業於同郡張（盍）華陽國志十著河洛解補後漢藝文志時人諺曰折氏客誰朱雲卿段節英中有佃子趙仲平但說天文論五經華陽國志十
何宗字彥若郫人事廣漢任安通經緯天官推步圖讖華陽國志十
杜瓊字伯瑜成都人少受學於任安精究安術著韓詩章句十萬言蜀志列傳
杜微字國輔梓橦涪人蜀志列傳任安弟子傳孟氏易夏侯尚書傳經表

張裔字君嗣成都人治公羊春秋蜀志列傳

李仁字德賢涪人受古學華陽國志十

尹默字思潛涪人少與李仁俱受學司馬徽宋忠博通五經

專精左氏春秋自劉歆條例鄭衆賈逵父子陳元方服虔

注說略皆誦述希復案本華陽國志十

李譔字欽仲仁子著古文周易注尚書注毛詩注三禮注左

氏傳太㊣旨歸華陽國志十

周舒字叔布閬中人少學術於廣漢楊厚名亞董扶任安蜀志

列傳歐陽尚書傳經表

鄭康成弟子攷

鄭君爲東漢大儒本傳稱其客耕東萊學徒相隨已數百千

人年六十時弟子河內趙商等自遠方至者數千後袁紹鎮
冀州大會賓客延康成升上坐汝南應劭亦北面稱弟子建
安五年康成卒郡守以下嘗受業者縗絰赴會千餘人范武
子嘗以爲仲尼之門不能過也嗚呼經術至東漢可謂極盛
矣攷漢儒生徒既多學者不能俱親受業每以入室弟子轉
授之親受業者爲弟子轉授者爲門人亦稱門徒亦稱門生
師古曰門生同門後生是也本傳稱馬融門徒四百餘人升
堂進者五十餘生康成在門下三年不得見迺使高足弟子
傳授是在門下爲門生其升堂入室者始得稱弟子也本傳
又稱門人相與撰(玄)答諸弟子問五經依論語作鄭志八篇
孝經正義曰鄭君卒後其弟子追論師所著述及應對時人

謂之鄭志鄭之弟子更相問答編錄其語謂之鄭記是鄭志鄭記中所載皆鄭君與高業弟子問答之辭門人記之以傳後世又攷漢泰山都尉孔宙碑惟陸暹樂禹等十人稱宙弟子其餘四十三人皆稱門生是門生與弟子行誼高下迥不侔矣謹據本傳及鄭志作康成弟子攷並以他書附益之詳其所受之業志其爵里無可稽者闕焉

任嘏

本傳注任嘏字昭光樂安人魏黃門侍郎　王昶戒子書樂安任昭先(淳)粹履道內敏外恕昶傳　荃孫案本傳章懷注嘏字昭光昶傳及注皆作昭先先考嘏有祭先祝嘏之義則光字系先字之譌當以國志為正　嘏別傳樂安博昌人誦五經皆究其義兼包羣言無不博綜著書

三十八篇凡四萬餘言 裴注

國淵

本傳注國淵字子尼樂安人魏司空掾遷太僕 魏志列傳樂安蓋人也師事鄭玄 鄭君別傳淵始未知名玄稱之曰國子尼美才也吾觀其人必爲國器 淵篤學好古常講學於山巖士人多推慕之由此知名 裴注

趙商

康成自序趙商字子聲河內溫人博學有秀才能講難而吃不能劇談 御覽七百四十八 弟子河內趙商等自遠方至者數千 鄭玄傳 趙商作鄭先生碑銘 孝經序 受書詩三禮春秋見鄭志 趙子聲遺文書曰北海鄭玄字康

成學之淵府今與業共往視之故輩不暇顧命書鈔九十七

趙子聲書詣鄭康成學曰夫學之於人也猶土地之山川也珍寶於是乎出猶樹木之有枝葉本根於是庇也御覽六百七引抱朴子

張逸

鄭玄別傳故尚書左丞同縣張逸年十三爲縣小史玄謂之曰爾有贊道之質玉雖美須雕琢而成器能爲書生以成爾志否對曰願之乃遂拔於其輩妻以女弟御覽五百四十一

受書詩周禮春秋見鄭志

崔琰

魏志列傳崔琰字季珪清河東武城人也讀論語韓詩

結公孫方等就鄭玄受學學未朞徐州賊黃巾攻破北海玄與門人到不其山下避難時穀糴縣乏玄罷謝諸生琰既受遣而寇盜充斥西道不通於是周旋青徐兗豫之郊四年乃歸　三齊略記鄭司農常居不其山城南山中教授生徒黃巾亂乃謝遣生徒崔琰王經諸賢於此揮涕而散惠棟後漢書補注　崔琰遂初賦序云琰性頑口訥至二十九粗閱書傳聞北海有鄭徵君者當世名儒遂往造焉津涉淄水歷祀馬祀都之津登鐵山以望高密寰宇記　封氏聞見記漢末崔琰於高密從鄭玄學黃巾之亂而南作遂初賦

公孫方

公孫方清河人見魏志崔琰傳

王經

魏志夏侯尙傳淸河王經冀州名士　世語經字彥偉

裴注　三齊略記王經字承宗從康成於不其山下

郗慮

本傳山陽郗慮仕至御史大夫　續漢書郗慮字鴻豫山

陽高平人少受業於鄭玄建安初爲侍中　裴注

王基

魏書列傳王基字伯輿東萊曲城人官鎭南將軍樂安

鄉侯王肅箸諸經傳解及論定朝儀改易鄭玄舊說基

據持玄義常與抗衡　隋經籍志魏司空王基字伯輿

撰毛詩駁一卷（案基駁王肅申鄭義）新唐書作五卷　案錢氏攷異以康成卒時基僅十一歲不得在弟子之列然言國淵任嘏並皆童幼則基或以幼年受業亦未可定

臨（亦作林）碩

范書孔融傳臨碩字孝存北海人　答臨孝存周禮難凡百餘萬言（本傳）　林孝存以爲武帝知周官末世瀆亂不驗之書故作十論七難以排斥之惟鄭(玄)徧覽羣經知周禮者乃周公致太平之跡故能答林碩之論難使周禮義得條通（周禮疏序）　洪氏傳經表脫

冷剛

冷剛受易見禮月令正義　又見詩桑扈正義

孫晧

孫晧一作孫顥受乾象(曆)及詩禮見鄭志　月令正義引作孫顥　案詩七月正義引作孫晧鄭志作吳志正義以吳孫晧當之誤也王伯厚云康成不與吳孫晧同時吳志亦無此語後人因孫晧名氏相同遂改鄭志爲吳志以實之不知其時代不合也

劉掞

受周禮論語見鄭志　洪氏傳經表脫

劉炎

見周禮閽師正義兩引劉炎問詩關雎正義亦引之或疑炎卽掞亦無確據

炅模一作靈模

受詩禮見鄭志　坊記正義引作炅模　禮記正義引作靈模　通志略云靈氏子孫姓宋大夫子靈之後也或曰齊靈公之後左傳有靈輒　廣韻十十二霽桂下有炅姓　案炅與靈各一姓疑炅誤作灵因改作靈也後漢太尉陳球碑陰有城陽炅橫橫與模形相似城陽今莒州地亦相似疑卽其人　洪氏傳經表有炅模

無靈模

王瓚一作贊

受三禮爾雅見鄭志　初學記武部注引　惠氏後漢書補注作王贊　洪氏傳經表脫

焦氏

見禮記曲禮正義張逸答　錢氏攷異以焦氏焦喬爲

二人今從之

焦喬（一作譙）

受小戴記及周禮見鄭志　見詩生民正義引鄭記

又見月令正義引

崇精

受小戴記及周禮見鄭志　見禮記曲禮月令正義焦

氏答　又見詩桑扈正義引

王權

受小戴記及詩見鄭志　見月令正義御覽禮儀部引

焦喬答

鮑遺

受小戴記見鄭志　見禮記曾子問正義引張逸答

任厥

受周禮見鄭志　見周禮天官正義引氾閣答　洪氏

傳經表脫

氾閣一作閤

受三禮見鄭志　見周禮天官正義引答任厥　洪氏

傳經表脫　惠氏後漢書補注作沈閣誤

崇翱

受小戴記及喪服見鄭志　見郊特牲正義引氾閣答

洪氏傳經表脫

桓翱

見通典禮引氾閣答　案崇翱桓翱疑一人惠氏後漢書補注有崇翱無桓翱洪氏崇翱桓翱俱不載

劉德

受儀禮喪服見鄭志　見通典禮引田瓊答　案洪氏傳經表有劉德然爲盧植弟子疑卽此人或先事植後事康成也

陳鑠

受小戴記及儀禮喪服見鄭志　見禮記曲禮正義兩引氾閣答趙商答

陳鐙

惠氏後漢書補注以陳鑠陳鐙爲二人今案鑠鐙二字形聲不類當是兄弟二人同師康成者　毛本作鏗傳經表從之誤

宋均

受詩禮春秋孝經見孝經序疏　劉知幾議宋均詩緯序云我先師北海鄭司農則均是玄之傳業弟子也唐會要七　隋經籍志有緯書八種宋均注題曰魏博士或以爲卽宋叔庠叔庠歿於建初元年何得爲鄭君弟子

甄巽

字子然一作守然北海人見孝經序正義　後漢書孔融傳

云融爲北海相郡人甄子然臨孝存知名早卒融命配
食縣社　劉知幾議稱鄭志目錄記康成著有答甄子
然書則子然亦弟子也（唐會要七十七）

孫炎

魏志王肅傳時樂安孫叔然授學鄭玄之門人稱東州
大儒徵爲祕書監不就肅集聖證論以譏玄短叔然駮
而釋之（臧氏經義雜記以人字屬上讀誤）

程秉

吳志本傳字德樞汝南南頓人逮事鄭玄後與劉熙攷
論大義古今

田瓊

康成弟子魏黃初閒爲博士（全三國文小傳）見周禮大宗伯正義禮記王制正義引

韓益

案隋經籍志魏大長秋著春秋三傳論十卷舊唐志尚書釋問四卷田瓊韓益正鄭玄注新唐志鄭玄尚書注釋問四卷王粲問田瓊韓益正則田瓊旣爲康成弟子韓益亦必同親炙於鄭門同受尚書注義故仲宣問注義於二子此正字謂正粲也鄭學錄以正爲名誤

孫乾

蜀志本傳孫乾字公祐北海人先主領荆州辟爲從事鄭玄傳云玄薦乾於州乾被辟命玄所舉也（本傳注）

案范書本傳無此文疑非范書或傳上脫別字

巢民

見通典引鄭志問張逸以三苗初竄西裔後分之南野

今鄭志輯本佚此文

孔融

後漢書本傳字文舉魯國人漢北海相青州刺史遷太中大夫　鄭玄傳國相孔融告高密縣爲玄特立一鄉曰鄭公鄉　司馬彪九州春秋融在北海禮高密鄭玄稱之鄭公執子孫禮（魏志崔琰傳注）　案鄭君於獻帝建安五年卒據本傳稱自郡守以下嘗受業者衰絰赴會千人其時袁譚領青州鄭君爲譚所逼未必赴葬所云郡守

當卽指孔融而言　又案鄭君子益恩融在北海舉爲孝廉及融爲黃巾所圍益恩赴難殞身以融傳攷之事在建安元年以前而鄭君傳建安元年以書戒子益恩是二傳年月必有一誤鄭君父子受融敬禮益恩赴融之難竟以身殉鄭君之卒融遠道赴葬禮所當然司馬彪稱融於鄭君執子孫禮疑執弟子禮之誤融被誅在建安十三年戊子年五十六鄭君之卒在建安六年辛巳年七十四時孔融年四十九少鄭君二十五歲不得云執子孫禮也　殷芸小說鄭玄在徐孔文舉欲其返郡敦請懇惻使人繼踵及歸文舉告僚屬曰周人尊師謂之尙父今可咸曰鄭君不得稱名也案融言明有尊

師語知融必執弟子禮者也

劉熙

隋經籍志字成國北海人漢末公車徵注孟子七卷又著釋名八卷案熙與鄭君同鄉里傳鄭學攷詳下

許慈

蜀志列傳字仁篤南陽人師事劉熙善鄭氏學治易尚書三禮毛詩論語建安中自交州入蜀

薛綜

吳志列傳字敬文沛郡竹邑人從劉熙學　通典引綜述鄭氏禮定五圖疑綜從劉熙私淑康成故守鄭家法也　案許慈薛綜皆師劉熙而其學則宗鄭氏疑熙必

及康成之門爲高業弟子故程秉逮事鄭君其後亦從
熙攷論大義許慈薛綜皆不及鄭門但師劉熙習鄭氏
學則於康成爲私淑弟子矣

附

陶謙
范書本傳字恭祖丹陽人徐州牧　㊄本傳會黄巾寇
青部避地徐州徐州牧陶謙接以師友之禮

蜀漢先主
華陽國志諸葛亮曰先帝周旋陳元方鄭康成之間案
興平元年陶謙死劉備代康成本客謙其與備周旋當
亦接以師友之禮

應劭

范書本傳河南人漢太山太守　華嶠漢書云劭字仲遠博學多識撰風俗通等凡百餘篇　案劭雖未及門然服膺鄭君自稱北面固當在弟子之列

馬昭

惠氏後漢書補注云見鄭記新校本鄭志無馬昭案王肅著聖證論訾詆鄭學孫炎駮而釋之今皆不傳惟馬昭難王申鄭見郊特牲祭法正義兩引又康成駮五經異義感天而生條王基馬昭孫毓皆從鄭說疑孫毓亦康成弟子然經史無確據附志於此以竢攷定

張融

舊唐書元澹傳守鄭學者有中郎馬昭上書以爲肅謬王學之輩占答以聞又云王肅改鄭六十八條博士張融核之將定臧否融稱玄注淵深廣博兩漢四百餘年未有偉於玄者是張融亦玄弟子也

案鄭學錄以張介侯錄應劭馬昭張融三人爲誤云應仲遠北面稱弟子蓋一時戲言而昭融雖宗鄭學年載相距既遠皆非親受業於門下者至路粹一條張云見玄本傳今范書無此文國志注但云受業蔡邕疑亦張氏誤錄

秦博士攷

漢承秦後設官多因秦制班書百官公卿表云博士秦官掌

通古今秩比六百石員多至數十人應劭漢官儀云博士秦官也博者通博古今士者辨於然否儒林傳序載公孫(弘)奏請之辭云古者政教未洽不備其禮請因舊官而興焉爲博士官置弟子五十人復其身太常擇民年十八以上儀狀端正者補博士弟子是漢之博士爲掌通古今及教育弟子之官而實因乎秦之舊制也考古無博士之名周禮有師氏保氏文王世子有大司成大小樂正及大胥籥師籥師丞之屬不聞有博士有之自史記秦始皇本紀始其建置年月雖不可知然觀二十六年丞相綰等議尊號始有臣等與博士議曰云云而前此無聞則設立此職必未久遠在秦前者魯魏二國有之史記循吏傳云公儀休者魯博士也以高第爲魯

相班書賈山傳云山祖父祛故魏王時博士弟子也師古云六國時魏也蓋魯稱秉禮之國魏文侯好學曾師事子夏二國之有博士有由然也漢初博士無定額百官表云多至數十人若秦博士則似有定額始皇本紀三十四年置酒咸陽宮博士七十人前爲壽又侯生盧生相與謀曰博士雖七十人特備員弗用封禪書始皇徵齊魯儒生博士七十人至泰山下議封禪是七十人爲秦博士之定數又案百官表云掌通古今此雖指漢制而言而秦制略同始皇本紀浮江至湘山祠逢大風幾不得渡上問博士曰湘君何神博士對曰聞之堯女舜之妻而葬此是通古之證三十六年始皇不樂使博士爲仙眞人詩及行所游天下傳令樂人歌絃之是通今

之證三十四年李斯議曰臣請史官非秦紀皆燒之非博士官所職天下敢有藏詩書百家語者悉詣守尉雜燒之是博士又有典守祕書之責矣又有博士僕射史記李斯傳始皇三十四年置酒咸陽宮博士僕射周青臣等頌稱始皇威德云云僕射者博士之長百官表云僕射秦官古者重武官有主射以督課之應劭注云僕主也此表敘漢制又謂自侍中尚書博士郎皆有則以爲博士之加官考續漢百官志於博士首云博士祭酒一人六百石本注云本僕射中興轉爲祭酒劉注引胡廣云官名祭酒皆一位之元長者也古禮賓客得主人饌則老者一人舉酒以祭於地廣後漢人作漢官解詁必熟聞西朝之制知前漢博士僕射已止一人而史記於

僕射但列青臣亦止一人可知（說苑至公篇始皇召羣臣議曰古者五帝禪賢三王繼世孰者爲是博士七十人未對鮑白令之對沈欽韓以鮑白爲博士之僕射然無他證）又有待詔博士案漢制朱買臣東方朔皆待詔公車王褒賈捐之皆待詔金馬門叔孫通傳云秦時以文學徵待詔博士後又拜爲博士是博士定額以外又有待詔博士如今額外候補之例又有占夢博士三十五年始皇夢與海神戰如人狀問占夢博士曰云云博士又上屬之奉常百官公卿表云奉常秦官掌宗廟禮儀博士及諸陵縣皆屬焉又案漢視博士頗尊重故高祖拜叔孫通爲博士郎號爲稷嗣君若秦則不然侯盧二生所謂備員弗用者已可概見衛宏古文官書序云秦既焚書患苦天下不從所改更法而諸生到者拜爲郎前後七百人迺

密令冬種瓜於驪山阬谷中溫處瓜實成詔博士諸生說之人人不同迺命就視之爲伏機諸生賢儒皆至焉方相難不決因發機從上塡之以土皆壓終迺無聲見史記儒林傳索隱與漢書儒林傳顔注是幷博士亦坑之反不如陳涉尚知以孔甲爲博士也又始皇因盧生事使御史案問諸生傳相告引至殺四百六十餘人二世因陳勝起召博士諸生議坐以非所宜言者又數十人則非特備員弗用又斬刈之草芥之不若故博士無所表見其姓氏亦遂無傳於世至今可考者青臣淳于越見始皇本紀叔孫通見史漢本傳伏生見史記鼂錯傳及漢書儒林傳正先以非刺趙高而死見漢書京房傳盧敖爲秦博士而遯於膠西見史[redacted]藝文志儒家羊子四篇注百章

故秦博士名家黄公四篇本注名疵爲秦博士桂貞爲秦博士遭秦坑儒改姓昋見桂氏族譜又考王氏困學紀聞云伏生浮邱伯經不以秦而亡也閻注云伏生下浮邱伯上宜增高堂生高堂生亦秦之博士案閻説雖未知所本然考儒林傳申公與楚元王俱事齊人浮邱伯受詩又云漢興魯高堂生傳士禮十七篇以時代稽之二人當與伏生同時閻氏旣謂高堂生亦秦博士則浮邱伯者或亦秦博士之一乎

好水川攷

宋史仁宗紀慶(曆)元年二月元昊寇渭州環慶路馬步軍副總管任福敗于好水川福及將佐軍士死者六千餘人而各書不言好水川所在以今輿圖考之好水川是水名非地名

卽今甜水河也方輿紀要好水在隆德縣東二里源出固原州六盤山西南流合於莊浪之苦水川苦水以苦得名此水必勝於苦水所以有好水之稱也水經注謂之隴水一統志隴水二源一爲甜水河源出六盤山又名六盤水西南流過神林堡入靜寧州界去州南一里至州西南與苦水會宋時謂之好水案宋史元昊寇渭州今平涼府逼懷遠城今隆德縣南四十里韓琦乃趨鎭戎軍今鎭原縣命環慶副總管任福聚兵數萬自懷遠趨得勝砦今靜寧州東南五十里東去懷遠三十里至羊牧隆城今隆德縣出敵之後福趨捺龍川今隆德縣東南下流亦入苦水敗夏人於張家堡此夏國游兵其副將屯籠絡川隔山相距五里賊兵屯川口明日福至籠竿城北北距得勝七十里始遇賊此元昊自將兵福循好水西行出六盤山下距羊

牧隆城五里伏發敗歿案方輿紀要隆德縣在靜(寧)州東九十里東北至固原州五十里本平涼縣地宋天禧初置羊牧隆城寨慶(曆)中改曰隆德砦金改爲縣今仍之武經總要隆德砦天禧初築屬渭州地名邪汲龍川蕃語譌爲羊牧隆城然則福敗處在今隆德縣東五里甜水河右東距六盤山十餘里卽是地矣元昊犯渭州偪懷遠兵自西而東韓琦由環慶趨鎭戎乃自東北而西南遣任福趨得勝砦至羊牧隆城襲元昊後自東而西元昊乃自懷遠退近羊牧隆城以待福亦自東而西也當日兩軍出入情形大槪如是

元昭宗年號宣光攷

明史太祖紀洪武三年庚戌元帝殂於應昌子愛猷識理臘

達立九年卒案乾隆三十六年北方新屯土中掘得銅印一爲太尉之印其字爲蒙古篆八疊文首上有漢文一十七字右署太尉之印左署宣光元年十一月日中書禮部造攷爲順帝子昭宗所鑄昭宗卽愛猷識理臘達廟號宣光卽其年號元史成於戊申在順帝未殂之前故不及載他書亦無所攷惟元色目人丁鶴年自詠詩云獨有遺民負悲憤草間忍死待宣光又元王逢梧溪集內感秋詩云本是宣光中興日腐儒長夜泣遺編正與印合此號蓋取少陵北征詩周漢獲再興宣光果明哲二語亦不忘再興之意二詩非空言也劉燕庭海東金石存攷有普濟尊者浮屠碑李穡撰韓修古書並篆額宣光八年立昭宗立於洪武三年庚戌此碑立於宣

光八年卽洪武十年丁巳也其見於中國書者舊雲南通志寺觀類姚州興寳寺在州西十五里元宣光年建昭宗之立梁王猶守雲南至洪武十五年雲南始平西南徼外使命潛通故臣遺士遙奉正朔寺當建於是時均可爲宣光年號得一確證王蘭泉萃編乃謂元無此年號其誤顯然疏矣至謂元宣光者或是唐宣宗之訛尤爲武斷新雲南通志刪去此語想承蘭泉之誤蛛絲馬跡一綫僅存並此去之以後更無從攷核矣

藝風堂文集卷四　　江陰繆荃孫

唐僑治蕃州表　順天志纂未刻

唐自武德初元招致蕃部助我兵威太宗御宇混一夷夏役屬族帳建置州縣居溫宿於醴泉附龜茲於上郡貢賦版籍不上戶部都督刺史授之渠帥思欲漸異類爲赤子扇左衽以華風景雲開元歸附日眾氈裘之長毳幕之倫混跡城野逼處阡陌政令皆所素習山川莫之間阻然而狼心未靖馬首是瞻犖山一呼萬騎突起藩籬自撤亭障空存兩京因之不守三鎮長此拒命履霜堅冰積漸已久然則辛有披髮之歎江統徙戎之論亦謀國者之良規憂時者之寶鑑也太平寰宇記自燕州以下十七州皆東北蕃降胡散處幽州營州界內以州名羈縻之無所役屬安祿山之亂一切驅之爲寇遂擾

中原至德之後入據河朔攷其割隸州縣均無土地分析部
其部落之名無存焉者
落略具時日新舊唐志及寰宇記偶有不同並列於右作唐

僑治蕃州表

	大興	良鄉	東安	通州	昌平	懷柔	涿州	房山
	唐薊縣	唐良鄉之廣陽城	唐安次	唐潞縣	唐昌平		唐范陽及良鄉之都鄉城	唐良鄉之東閭城石窟堡
唐高祖武德六年	燕州總管府 靺鞨州 以粟末部置 楼隋							

七年	
燕州都	懷遠 遼西 城內 治幽州 南遷寄 自營州 唐諱末或末末書 書今粟作水攻作 從宇逮名粟粟

	太宗貞觀元年	二十二年
督府遼西懷遠	燕州廢都督府遼西懷遠省	
		彈汗州契丹州以析紇便部置

高宗總章中

歸義州奚州以新羅戶置僑治古廣陽城又新志後改歸德郡舊志寰宇記無不知何年

歸義廢後

懷柔

武后萬歲登封元年

順州突厥州以部落置自營州來寄幽州城內桵寰宇記作思

桵同時有二歸義一在今雄縣一在今良鄉

威州本遼州契丹州以內稽部落置自營州來寄治石窟堡

順州思宇衍賓義	中宗神龍二年	
	夷賓州	靺鞨州以愁思嶺部落置自營州遷徐州復自徐州來寄
	昌州	契丹州以松漠部落置自營州遷青州復自青州來寄治古常
	鮮州	奚州析饒樂都督府置自營州遷青州復自青州來寄治古潞
	帶州	契丹州以乙失革部落置自營州遷青州復自青州來寄
	玄州	契丹州以辱紇主曲據部落置 按辱紇主曲據舊唐志寰宇記作李去閭 元遷徐
威化	師州	契丹州以室韋部落置自營州遷青州復自青州來寄治故東

治古廣道城

陽城　龍山

來蘇

瑞州本名

威州

突厥州

以烏突

汗達于

部落置

桉日下舊聞攷作烏突汗于脫

城

賓從

崇州

奚州析

饒樂都

督府之

可汗部

落置

營州陷

徙治潞

之古潞

治清水

店

孤竹桉朱竹垞云唐志不錄帶州今新舊地理志皆有帶州竹垞未之見何也

宋州復閻城

自徐宋

陽師桉日下舊聞攷引唐志師州縣一孤竹攷師州領縣陽師新舊志寰宇記悉同孤竹本屬帶州而攷無帶州疑鈔脫

州寄治

魯泊村

靜蕃

慎州

鞢鞨州

以涑沫

烏素固

部落置

自營州

達字
自營州
遷宋州
復自宋
州來寄
治故廣
陽城
來遠桉舊唐書作來逮

城桉崇州徙潞志無年月惟新唐志云復與鮮州同僑治潞之古縣城疑亦在神龍初
昌黎

移淄青
州復自
淄青來
寄治故
都鄉城
逢龍
黎州
析愼州
置桉寰宇記作浮渝靺鞨誤
自營州

遷朱州復自宋州來寄治都鄉城新黎信州契丹州以乙失活部落置按舊唐志

睿宗景雲元年

寰宇記均落乙字自營州遷青州復自青州來寄治黃龍青山州析㊣州置寄治

水門村

青山

玄宗開元二年

沃州 析昌州置

自營州來寄治

南廻城

梭新唐志云開元二年復置寰宇記云自營州

遷薊與舊志合[illegible]海

開元四年

歸順州更名懷柔

開元中

歸義州契丹州以李詩部落置

開元二十五年燕州移治桃谷

天寶元年

山

燕州改歸德郡

順州改順義郡

校舊唐志作順漢義郡漢字衍

歸順州改歸化郡

灤州降胡州寄治縣界

肅宗乾元元年

歸化郡復改歸順州

德宗建

廢燕州

中二年以其故
廨置幽
都縣徙
順州於
桃谷山

江陰沿革考

江陰古延陵邑自吳季札避位而耕封於延陵遂爲季子所居史記集解三十一引皇覽延陵季子冢在毘陵暨陽鄉至今吏民皆祀事楚考烈王封黃歇爲春中君又爲春申君之采邑輿地紀勝九引江陰志云楚考烈王封黃歇爲春申君請地於江東於是城吳故墟以爲郡邑故今因春申爲號者居多如申港黃田港君山黃山之屬是也秦屬會稽郡以爲延陵鄉漢置毘陵縣又析置暨陽鄉元和郡縣志本漢毘陵縣之漑陽鄉

晉武帝太康二年平吳置暨陽縣校晉志毗陵郡吳分會稽無錫已西爲屯田置典農校尉太康二年省校尉置毗陵郡而沈約宋志亦云太康二年分無錫毗陵立元和志同則是毗陵之置郡與暨陽之置縣同在太康二年　咸康七年析暨陽置南沙縣校沈約宋志南沙本吳縣司鹽都尉署吳時名沙中吳平立暨陽縣割屬之咸康七年罷鹽署立爲南沙縣屬[redacted]晉陵郡　梁敬帝太平元年置江陰郡改暨陽爲江陰縣徙治君山之陽校陳志據寰宇記及輿地廣記云梁分蘭陵置江陰縣與元和志及通典不同考晉自太康二年置暨陽縣之後而晉宋齊三志並有暨陽縣自梁敬帝置江陰郡縣之文而隋志弟有江陰而無暨陽是梁於暨陽置江陰郡因改暨陽爲江陰耳隋志元和志及通典唐地理志初無割蘭陵縣立江陰縣之文而寰宇記及輿地廣記乃追書割蘭陵爲江陰縣自祥符圖經始有此說蓋蘭陵與江陰爲鄉或一時割蘭陵以益江陰之地亦未可知但不可謂專割蘭陵爲江陰也至云江陰本漢曲阿之地亦因謂爲蘭陵所分而致誤耳　又校陳志據沈文阿傳云侯景平文阿監江陰郡以爲景平在承聖元年置郡常在其前不知文阿傳系累言之不必監江陰郡定在平景之年也割蘭陵之利城并以舊城置梁豐以

屬之陳志梁改暨陽爲江陰就縣置郡而徙縣治於君山之陽割蘭陵郡之利城并置梁豐縣於暨陽之墟以屬之按寰宇記故利城在懷仁縣西六十里東晉與僑郡俱立輿地紀勝引輿地志云晉元帝以海虞北境之土山立利城縣宋元嘉八年遷于武進之利浦方輿紀要梁末置屬江陰郡此蓋至是始屬郡耳非至是始置縣也置字誤梁豐方輿紀要梁末置屬江陰郡陳永定元年奉梁敬帝爲江陰王趙志云以其地濱大江故名江陰以縣爲江陰國南史陳永定元年以江陰郡奉梁主爲江陰王行梁正朔至德元年徙治夏浦寰宇記艦浦池在縣西十八里古老云陳至德元年江陰郡守倪啟徙江陰縣治夏浦即此城也

隋平陳國除開皇九年廢郡及梁豐利城二縣入江陰仍屬毘陵郡復徙治君山之陽隋地理志江陰梁置及置江陰郡開皇初廢郡并梁豐利城入焉趙志云其治仍居君山之陽

唐武德三年置暨州復置暨陽利城二縣按晉置利城于海虞北境宋遷于武進之利浦梁改屬江陰隋即并入縣境唐武德三年復置九年仍省寰宇記武德三年併入江陰縣亦誤九年州廢省二縣來入隸常州唐志云武德三年以江陰縣置暨州并析

置暨陽利城二縣九年州廢省去暨陽利城以江陰縣來屬常州 至會昌四年升縣爲望咸(淳)毘陵志云常州五縣至是四縣升爲望按唐地理志書爲緊九域志書爲望闕初升年月 南唐昇元中始建爲江陰軍晏公類要寰宇記均云在昇元中而歐史職方攷不載 按咸(淳)毘陵志云續通典江陰縣後唐昇元中升爲軍馬令南唐書建國譜書以江陰縣別置軍闕年二書皆日南唐惟五朝史志云僞吳 宋(淳)化元年廢軍爲縣三年復置軍蔡志云從縣人司諫張觀之請復爲軍 熙(寧)四年再廢建炎二年復爲軍蔡志云從父老胡崇等請復縣爲軍 按建炎以來繫年要錄虜犯泰州岳飛以泰不可守率衆屯江陰軍沙上建炎四年已復江陰軍矣 紹興二十七年復廢三十一年又復繫年錄云紹興二十七年二月廢江陰軍爲縣隸常州以浙西安撫榮薿言自建縣爲軍於朝廷初無所補故有是命仍屯兵三百八十人以知縣兼軍使紹興三十一年十一月新知嚴州楊師中知江陰軍塡復置闕江陰比廢爲縣至是復之仍賜師中銀二萬兩爲軍費 德祐元年元取之以爲本軍行安撫使事據陳志 按蔡志云元人改爲南興軍 元至元十三年升爲江陰路

總管府張著至元重修公署記至元十三年江南初附州軍例升爲總管府領錄事司治江陰縣二十八年降路爲州隸常管尋以州爲上州隸江浙行中書省陸文圭江陰改州記至元二十八年秋七月二十三日江淮行中書省參知政事臣公楠奏暨陽與毘陵郡壤相接戶不滿七萬設立總府非是請改州隸毘陵管內省併司縣各一減官吏俸數十於事理便制曰可是歲十二月擢烏魯克錫布哈爲州長官刻印之任始至問民疾苦皆曰江鄉土狹民瘠介在一隅以故無大徵役今以屬州事統府其情不吾察奈何侯曰第安之吾在毋恐既而符檄數下調發無虛日泝流供給回遠百里民疲於奔命訊報淹留囚多瘐死兵廪不時卒有怨言侯慨然曰吾受命作牧民瘉卽吾瘉也時廉訪使者適至侯且言其不便率州之士庶請以州隸行省事得直達免以郡牽制之虞未報會至尊新登寶位勤卹民隱宰執條具旁聞上可其奏令下之日士庶呼舞恩若更生侯亦喜曰今而後得專治吾民矣治之期年政平訟簡州以無事朝廷嘉之秩滿遷常州路同知總管府事先是公嘗爲此郡治中常民喜公之復來而暨民惜其驟去也於是述置州顛末謹刻諸石俾來者有攷且以寄去思之情云元貞二年六月壬子

明太祖於甲辰年改連洋州尋復爲江陰州明太祖紀至正十七年六月趙

繼祖克江陰明地理志太祖甲辰年曰連洋州尋復曰江陰州按甲辰年元順帝二十四年也吳元年四月降為縣明地理志吳元年四月降為縣按吳元年至正二十七年也蔡志以為洪武元年誤以揚州泰興縣之馬馱沙來屬仍隸常州府陳志縣北揚子江心孤山卓立波濤中四面潮泥日以附益浸成平壤東西七十里南北二十里宋元半隸泰興半隸江陰明初乃全以來屬成化十七年析馬馱沙置靖江縣

國朝為縣如故仍屬常州府

附表

年代	統部	國州郡軍	縣
禹貢	揚州		
殷	揚州	句吳	吳泰伯封域
春秋	揚州	吳	延陵季子之采邑

戰國		楚	春申君采邑
秦		會稽郡	延陵鄉
漢		會稽郡	毗陵縣暨陽鄉 元和郡縣志作瀩陽
新莽		會稽郡	毗壇縣暨陽鄉
東漢		吳郡 晉志順帝分會稽立	毗陵縣暨陽鄉
吳		典農校尉	毗陵縣暨陽鄉
晉武帝太康二年	揚州	毗陵郡 晉志分吳郡建	暨陽縣
東晉成	揚州	晉陵郡 晉志惠帝永興元年	暨陽縣 析縣境置南沙縣

帝咸康七年		封東海王世子毗因改晉陵	
宋文帝元嘉八年	南徐州	晉陵郡	暨陽縣
齊	南徐州	晉陵郡	暨陽縣
梁敬帝太平二年	南徐州	江陰郡	江陰縣 利城縣 梁豐縣
陳武帝永定元	南徐州	江陰國	江陰縣 利城縣

年		梁豐縣
隋高祖開皇九年	常州 隋志平陳郡廢常州初治常熟後改常熟屬蘇州移常州於晉陵	江陰縣
煬帝大業三年	毗陵郡	江陰縣
唐高祖武德三年	暨州新置	江陰縣 暨陽縣復置 利城縣復置
九年	常州廢暨州以縣來屬	江陰縣廢暨陽利城來入
太宗貞	江南道 常州	江陰縣

觀元年			
元宗開元二十一年	江南東道	常州	江陰縣
天寶元年	江南東道	晉陵郡	江陰縣
肅宗至德二年	江東防禦使	常州	江陰縣
乾元元年	浙江西道節度使	常州	江陰縣
代宗大	浙江道都團練觀	常州	江陰縣

曆十四年	察使合東西爲一道		
德宗建中元年	浙江西道團練觀察使	常州	江陰縣
二年	浙江西道節度使	常州	江陰縣
憲宗元和二年	鎮海軍節度使	常州	江陰縣
南唐太祖昇元中		江陰軍	江陰縣

宋太宗淳化元年	江南道	常州	江陰縣 廢軍
三年	江南道	江陰軍 復置	江陰縣
四年	江南東道	江陰軍	江陰縣
至道三年	兩浙路	江陰軍	江陰縣
神宗熙寧四年	兩浙路	常州	江陰縣 廢軍
七年	兩浙西路	常州	江陰縣
高宗建	兩浙西路	江陰軍 復置	江陰縣

炎四年			
紹興二	兩浙西路	常州	江陰縣 廢軍
十七年			
三十一年	兩浙西路	江陰軍 復置	江陰縣
元世祖至元十二年宋德祐元年		江陰軍 入元初改南興軍未幾復故行安撫使事	江陰縣
十三年		江陰路總管府 升	江陰縣
二十八	江浙行中書省	常州路 廢江陰路來隸	江陰州 上○降路爲州

年			
明太祖甲辰年元至正二十四年	江南行中書省	常州府	連洋州未幾復故名
吳元年至正二十七年	江南行中書省	常州府	江陰縣仍改州爲縣以馬馱沙隸之
洪武元年	直隸中書省	常州府	江陰縣
憲宗成化十七	南京	常州府	江陰縣析馬馱沙置靖江縣

年
國朝順治元年 江南布政使 常州 江陰縣繁疲難

許兀愼氏世系表

元博爾忽許兀愼氏一作許愼氏一作旭申氏一作忽神氏爲元初四傑之一本傳寥寥數言塔察兒亦其子誤以爲從孫桉元史塔察兒列傳云伯祖父博爾忽孛朮魯翀撰襄懋公神道碑云高祖博魯溫諾延曾祖塔察兒是博魯溫諾延卽博爾忽爲塔察兒父非伯祖張敏八撤兒德政碑云始祖孛[redacted]溫那延曰塔察兒曰[redacted]里虎歹曰密里察兒曰阿魯灰曰亦乞里歹世次秩如又孛朮魯翀河南淮非蒙古軍

都萬戸府增修公廨碑銘云旭申氏自博魯溫諾延塔察兒別里古台密察兒宋都台阿魯輝伯里濶不花昔里伯吉六世八襲蓋自博魯溫諾延至昔里伯吉爲六世宋都台爲密察兒之弟伯里濶不花爲阿魯灰之弟爲八襲尤爲塙證元史以爲從孫其誤無疑塔察兒子別里虎斛孫密里察兒均有軍功傳脫去密里察兒一世均敘於別里虎斛之下至阿魯灰伯里閣不花更棄之如遺矣元史氏族表據元明善太師淇陽忠武王碑補脫歡一支世系又據孛朮魯翀增修公廨碑銘補塔察兒一支世系（清河菊潭兩集均佚元清河文見元文類孛朮魯公文見中州名賢文表名臣事略所載淇陽王事取裁不出元文）惜未見此碑故不知伯里閣不花昔里伯吉世次中州名賢文表誤以昔里伯吉爲伯置伯吉

錢氏從之不知昔里伯吉尚有作昔禮伯吉者訛字宜正塔察兒子孫家居聞喜襄懋公神道碑在縣東鎮今據此碑及八撒兒德政碑洞霞觀記景福院記訂正世表如後

博爾忽 一作孛羅渾一作博爾渾一作博啓溫諾延太祖時弟一千戸為元初四傑之一元史十旃贈太師追封淇

脫歡 襲千戸贈太師追封淇陽王

失里門 一作失烈門贈太師追封淇陽王

木土各兒 一作土木各兒丞相太子伴讀姚燧姚文獻公神道碑

月赤察兒 太師和林

塔刺海 中書右丞相太

合八沙

陽王
元明善
淇陽王
忠武王
碑

行省右
丞相封
淇陽王
謚忠武

保兼太
子太師
追封淇
陽王謚
輝武

馬剌
大
宗正府也
可札魯
忽赤假
左丞相

佤頭
作一

鐵木兒
朵列不
也不干
花

左都衛
使通政
使

完者帖
木兒
御史
大夫太
傅嗣淇
陽王

桉馬思

歪頭一不花
作脫兒
赤顏
太師錄阿塔火
軍國重
事遥授者
中書右
丞相嗣
淇陽王
迭禿兒
也不干
內供奉
也先鐵
木兒知
樞密院事
中書右

丞相嗣淇陽王

奴刺丁 內供奉

伯都

塔察兒 一名倴盞行省兵馬都元帥元史孛朮魯翀撰襄懋公神道碑

別里虎觮 觮一作歹一作台行省兵馬都元帥領蒙古漢軍四萬戶

密里察而 一作密察兒襲蒙古軍萬戶追封平陽郡侯

阿魯灰 灰一作輝江西道都元帥

亦乞里歹 一作力台蒙古軍萬戶

八撒兒 昭勇大將軍蒙古軍萬戶張敏八撒兒德政碑

伯里閣不花 一作

昔里伯吉 里一作禮

蔣氏以東漢亟亭侯澄爲鼻祖居宜興

宋 都解 一作台 蒙古軍萬戶江東西大都督

別里哥不花 副都萬戶江西道元帥追封平陽郡公謚襄愍 神道碑 又景福院記

昭武大將軍副都萬戶增修公廨碑 又洞霞觀記

昔里吉

嵩壽

蔣幼蟾 胡宿撰蔣公神道碑

宏謹

九皋 贈尚書刑部侍郎

堂 字希魯大中祥符五年進士尚書禮部侍郎上柱國樂安縣開國侯宋史亡栢入胡文恭集三十九神道碑

昂 字希遠蒲州司法參軍宜興志

羣玉

長生

長源

器 試秘書省校書郎胡文恭集外制

之翰 字文叔熙寍中以薦擢簽書鎮東軍節度判官尋除

續 羣玉子以堂遺恩簽書平江軍節度判官

提點京西北路公事攝吏部充湖北路都鈐轄蔣之奇撰墓志

之奇字穎叔嘉祐二年進士又舉賢良方正累官至知樞密院事贈魏國公謚文忠宋

瑎字夢錫元祐三年進士以明經薦知興元府咸淳毗陵志

興祖以蔭調饒州錄事知陽武縣戰歿贈朝散大夫謚忠慭宋史忠義傳咸淳毗陵志

芾字子禮紹興二十一年進士第二人累官至右僕射同中書門下平章事兼樞密使宋

滂 江寗縣主簿

之美 字[redacted]熙寧六年進士奉議郎通判眞州

史三咄梧 咸淳毗陵志

璨 字宜卿累官至知平江府進敷文閣待制右大中大夫孫覿鴻慶集三十七墓志銘

志祖 右文林郎監潭州南嶽廟

志

思祖 登仕郎

及祖 宣和二年進士宜興志

遽 登仕郎

蘭 登仕郎

藎

蕭

范

史四洄梧

江陰葛氏世表

葛氏世籍廣陵唐天祐中避孫楊之難徙江陰

葛濤 宋太宗時以高年有德賜爵公士 丹陽鄘集玗清孝葛公行狀	祥	惟甫	宮 字公雅大中祥符五年進士積官祕書監太子賓客轉工部侍郎 宋史三百三十三列傳	汝平 字正叟宮子皇祐元年進士屯田員外郎 江陰志
			密 字子發慶曆二年進士太常寺博士 宋史附宮傳	書元 密子望江令

書思字進叔密次子熙寧六年進士朝奉郎特謚清孝史墹宫傳清孝行狀

次仲字亞卿書思子紹聖四年進士中書舍人大司成兼修國史丹陽集玬司成葛公行狀

立隆次仲子國子監書庫官司成行狀

立悌次仲次子字順之宜和六年進士太常寺奉禮郎行狀宗正丞江陰志

立廉次仲三子承務郎

翔舉進士清孝行狀

郇登仕郎

郢登仕郎

都習進士

鄭習進士

邸將仕郎

附官傳

司成行狀

立象字象之次仲四子紹興八年進士江陰志

立會次仲五子承事郎司成行狀

立民次仲六子通事郎

立經字權

之次仲
子宜和
六年進
士直龍
圖閣
江陰志
謹桜
文康行
狀孫六
人有立
會無立
經清孝
行狀有
立經無
立會而
江陰志
立經注
次仲子
疑郎立
會

立教
州常

儀仲
書思

次子鄉貢進士清孝行狀
和仲書思三子中奉大夫
勝仲字魯卿書思四子紹聖四年進士祕書省校書郎顯謨閣待制知湖州謚文康宋史四百四十五列傳

排岸清孝行狀
立柔從事郎
立方字常之勝仲子紹興八年進士祕書省編定書籍官禮部侍郎中興館閣錄入繫年要錄十一四百五

郛立方子右迪功郎臨安府於潛縣主簿文康行狀
郯字謙問立方次子紹興二十四年進士右

文康
葛公行狀

立中 仲勝次子右迪功郎提舉河北鹽香司幹辦公事文康行狀

立器 仲勝三子

立卓 仲勝四子

立豫 仲勝五子

承奉郎溧水縣主簿

郤字周克立方三子紹興十八年進士右承事郎太平州學教授

鄰立方四子右承奉郎鹽官縣丞

郕字楚輔立

立參 六子

勝 仲

方五子 隆興元年進士少保左丞相諡文定配饗光宗廟廷宋史臣五入十列傳

書舉 字規叔熙寍三年進士長垣令江陰志

正仲 字孝卿書舉子政和二年進士軍器少監江陰志

師仲 字範

剛正 字德鄰三續千字文注云郯之從孫 應下二格

卿祕書省校書郎江陰志文濟仲康行狀

郕字師定古嘉進元年黃士沅教授志江陰

惟明 丹陽集葛公墓志銘

定

淳

權字執中

開眞

謹案葛氏世系行輩可攷者如右縣志尚有葛昭華字文

圭（淳）化三年進士大理寺丞　葛瑾慶（曆）四年進士　葛敏求字子明嘉祐六年進士司農寺丞

葛光熙（寧）六年進士　葛師望字興周中奉大夫　葛豸[redacted]　葛長卿字才儒

葛皞字子廣四人皆紹聖元年進士　葛彥成大觀三年進士　葛騏字子有嚴州教授　葛

价卿字朝倚二人均重和元年進士　葛璪字子平知通州　葛溫卿字直儒廣德丞二人均

紹興五年進士　葛興宗字仲抗乾道五年進士泰州教授　葛實（淳）祐四年進士　葛武字君

昌賜五經出身　葛中復舉明經　坿識於此

葛氏著述存者丹陽集二十四卷大典本　歸愚集十卷宋本

九卷附詞一卷　韻語陽秋二十卷明正德本　信齋詞一卷葛郯名家詞本

三續千字文葛剛正海源閣本

梁溪尤氏世表

尤氏自晉江避難入吳卜居無錫許舍生二子大成字有

終大公字無己　案尤氏世系所據舊話爲多他書注出處不注者皆舊話也

尤申 字陽

秋

時亨 字逢

盛

袤 字延之紹興十八年王佐榜進士進祕書丞兼國史院編修官實錄院檢討官遷著作郎兼太子侍讀累官至禮部尚書贈太師謚文簡

焴 字伯晦[redacted]年鄭自誠榜進士累官至禮部尚書[redacted]明殿大學士提舉祕書省封毗陵郡侯謚莊定咸淳毘陵志

山 字元鎮焴曾孫太學生入元不仕錫金新志

燀字[redacted]紹聖元年畢漸榜進士累官至兵部尚書知樞密

著字少蒙燀子紹興二年張九成榜進士累官至兵部郎官

褧　宋史十三九百八列傳

粱　槩字與平袤次子淳熙二年詹騤榜進士累官建康府推官擢左朝奉郎太常博士

燿字仲微槩次子嗣於粱更字宗英官至衛尉寺丞　爚槩子

帶字公垂燿子官至將作監主簿

志字尚之帶子

交志子

玘字君玉交子戶部尚書封魏郡公
縣志

院事除觀文殿大學士知建康府贈少師諡文獻錫金縣志

晉太子詹事兼祕書監權工部侍郎

時泰 舉博學鴻詞除國子監主簿

森 字與茂慶元五年從龍曾榜進士迪功郎

秀 字穎父志 炎子

良器 子秀 官提刑點檢點 天澤良器 子一應榯下

棟字率丞景定四年方山京榜進士山陽令召祕書正字出知廣德州
蕭棟子
照棟次子

常州文錄例言

我郡風俗純竺山川綿麗聚生賢哲增重蓺林義興之周扇芳馨於三國無錫之顧掍逸譽於六朝蕭氏挺生文武備具幾幾家抱和璧人握隨珠雖逸編之不存緬流風其未艾李唐以後名流不絕近經兵燹散佚頗多守缺抱孱吾輩之責茲擬萃萃一書名曰常州文錄遠法會稽掇英之集近倣甬

上耆舊之編理先輩之叢殘爲後學之津逮義所當爲曷敢
多讓
古人總集約有分代分家分類分體之不同分代主於世運
分家主於流別分類主於比例分體主於法度各擅所長不
可偏廢茲輯以分代分家爲主於分別部居之中存知人論
世之意而風氣之變易學派之宗尚無不隨文見焉景慕匡
襄望之來學
昔長洲顧俠君選元詩十千分編而未見全書者退爲癸集
海鹽胡震亨選唐音十籤並列而意在附存者歸諸閏餘誠
選家之茂矩總集之通例也茲錄於有專集者通體瀏覽凡
說解近乎經傳志近乎史論難近乎子皆在所亟收至於贈

序答書紀游述事擇其尤者亦不遺棄或約或寬均有義例
今自唐至明曰前編
國朝諸家曰後編其采自選本者曰閏編
別集傳於世者以唐蕭茂挺爲最先他如文恭毘陵丹陽牆
東近出大典道鄉歸愚鴻慶龜巢僅存鈔帙羽陵珍祕未易
搜羅理宜多收以廣傳布然唐以前書無刻本傳錄紙貴故
存者少而工者多宋以後刻本盛行連篇累牘工拙雜糅茲
錄稍汰繁蕪存其雅正隨人所著各自爲家蘇海韓潮期於
毋失其眞而已
國朝人文飆舉雲合學文青門尙沿明季餘習未能領異標
新彙旃守東林之舊畫山受宛陵之傳賓實承安溪之學鱗

麟炳炳輝映一時乾嘉之閒學者尤盛皐文博綜經術子居
出入周秦諸子其爲文亶遂有函葢古今盪動雲海之致祁
生晉卿仲倫小峴保緒山子亦各覃心冥追成就遠大海內
屬翰之士目之曰陽湖派與桐城並稱雖刻本專集沾丐儒
林擷其菁華歸於茲錄其他單刻小集名不甚著爲世閒罕
見者采取略廣猶之前編

唐以前人專集均佚然周魴誘曹之書見於本傳愷之賦序
之類得之短書零璧碎金何可輕棄他如宋元明人僅於選
本流傳一二與夫山經地志稗官野史所載存人存文關係
最重並注所出以便覆勘昔人比之葬暴露之白骨哺路棄
之嬰兒言之何其沈痛況乎發桑梓之幽光表枌榆之潛德

者乎

古人文辭不分駢散近則截然兩體判若淄澠屠庶常寄有

國朝常州駢體文錄之刻兼錄古賦茲錄

國朝諸家專取散行庶免疊牀架屋之誚若前篇爲屠選所

未及賦與儷體擇其有關系者閒登一二藉以補缺並非亂

例

文人仕履各史有列傳者首錄列傳無列傳者采諸墓志碑

文志傳他若

四庫提要書目解題亦均甄錄至於前輩品評文人軼事可

以爲史家之考證藝苑之叢談均爲詳列以備參攷

時文序不錄不足錄也壽序不錄戒諂媚也生存人不錄涉

標榜也談經過偏執者不錄近隱怪也論事過詆毀者不錄
息爭競也
八縣志書所載經籍今已百不一存近來搜得全稿不及五
十種殊嫌孤陋然轉有所得出於志書之外者同鄉諸君子
或舊藏名人舊刻或寶先世遺書幸祈惠示以助不逮或徑
寄原書或傳錄副本如弓裒不鉅當爲刊行否亦擇要錄入
決無散失之理同好者諒之

光緒順天府志序錄

清受
天命撫有方夏因元明之故都於燕京定鼎東撫遼瀋接
龍興之舊疆南綖粵海北庋大漠撫喀爾喀內外諸札薩克

西開玉門陽關二萬里古之疏勒莎車盡爲郡縣地球之上
五大洲大小數十國或自達或附屬輶軒之使琛賮之貢咸
輻輳於
京師
京師之地王化所始巨之
郊
廟學校兵衛之制細之禱祀風尚玩好之事靡不先行畿甸
後及薄海地大物博稱曰首善而領之以順天府尹與總督
分治盩秦內史漢京兆尹洛陽尹之遺制也府轄兩道四廳
五州十九縣幅員之廣政令之繁特異於他府顧自建都以
來元則有燕京志析津志明則有北平圖經北平志書皆不

傳存於今者只萬曆閒沈應文所撰順天府志耳書僅六卷草創荒略同治壬申今文華殿大學士直隸總督肅毅伯合肥李公奏修畿輔通志調取各府州縣志書而順天獨闕前吏部尚書德化萬文敏師前湖北巡撫彭文祖賢擬議重修聘分纂購書籍輯長編函商李爵相籌寄經費延今兩廣總督張孝達師擬定義例授荃孫照例編輯中丞開藩豫章今通政使宜興周文家楣接任奏請開局得

旨俞允光緒辛巳孝達師巡撫山西令荃孫專任其事固辭不獲適周丈再涖任催二十四州縣采訪冊書牘並發舟車踵接荃孫復引兵部郎中德清傅君雲龍武進舉人屠君寄爲助周旋瑣屑經理終始則順天府經歷山陰范君思本

國史館謄錄宜興李君棣林之力居多始於辛巳訖於乙酉
凡成書一百三十卷總綱十一子目六十有九而冠之以
京師志者紀
卜宅之隆規敷
睿治之丕烈邦畿千里游泳
聖澤使薄海內外聲教所訖莫不瞻雲就日奉爲依歸是以
序述規模恭紀卷首次之曰地理志規畫區域脈絡山川郛
郭建置之方治所興廢之跡因近以綴遠託小以著大使人
覽形勢阨塞則思握險控禦防患於未然驗風俗盛衰則思
與民休息維之於不倣庶幾如澄止水而無漠惛之患也次
之曰河渠志永定貫乎中清河界其南白河流其北文霸之

閒舊爲澤國是在窮其源極其委勤板築通淤塞使隄有金石之固而防無絲縷之罅則沮洳皆化上腴黔首于以永謐也

廟堂之碩畫官吏之功績所宜日載而月紀也次之曰食貨志則財出於土土繫於人通乎天時盡乎地利定則壤之經制稅斂之法勝國苛政首先蠲除使民知耕鑿之樂效輸將之忱而沐

仁澤於無涯也次之曰經政志官吏之廢置倉儲之虛實漕運之更變典禮學校之制錢法鹽法之宜兵汛驛傳之籍編輯公牘搜訪故事使人觀其得失而補儆救偏至若西北叢山擁衛合沓金鐵之利見於前史硝磺之產訪諸土人而今

僅以煤著無亦地利之未盡人謀之未臧乎故事志者由今溯昔綱舉條繫識大識小各具勸懲若夫兵事之成敗形勢不可不講也天時之祥異政令不可不治也防患於微宜慎也哉官師志者典城佐治各有專責居位之久暫考最之黜陟序爵里迹事實采善鉏醜意在於斯人物志者鴻儒偉德生必間世涵山澤之渟英稽枌榆之故實百世之下仰高山慕景行而心爲之嚮往也豐功偉烈之不容沒也潛德幽光之必待發也若身廁科目而無所表見甚且引以爲誡抑又末矣曰蓺文擬四部之編錄仿七略之解題盧牟羣哲捃拾綈緗雖一家之說雜流之言皆有取焉所以使博覽旁搜抱殘守缺求前喆之祕文而毋敢弁髦視也曰金石其大者足

以補史乘之漏其斷石零墨亦可徵軼事表芳躅深巖窮谷古刹荒冢披沙抉薛日出不窮所以爲好古之士導其先路也斤斤焉宣其要賾總其紀綱引而申之不避複沓以自明其意使後之莅此者求先典而秩如徵庶績而咸若前者可傳來者可續百務條通而輻輳如百川之貫於江河無不滲漉是則盡詩人周爰之善效愚者一得之盃乃爲序志一篇以終其事焉古之志都邑者僅存乾道淳祐咸淳三志偏隅南渡具體而微豈若今日大一統之規蹟中興之世徵今考古泐成此編文不敢慕高潔也惟求其賅辭不敢尙華縟也惟取其徵信事不敢專企雅峻也惟重其足以敦厲浮俗世有學人才士知言之選必能實事求是以匡不逮是所深幸

也夫爰爲之序曰
金城湯池虎踞龍蟠宅中圖大長治久安貢達梯航瑞輯躬
桓是日天府厥論不刊志城池弟一
千門萬戶建亶是營巍巍翼翼㊗我漢京志
宮禁弟二
靈沼靈臺與民偕樂
奎藻雲亶輝皇嚴壑志苑囿弟三
大圜大矩呼吸相聯肅肅祇祇誠通槱煙
祖功
宗德稽古同
天夙夜匪懈明禋潔蠲志

壇
廟弟四
六宗羣神首見堯典肸嚮呵護捷於睇眄及羣小祀祭亦豐
腆作之敬恭格於幽顯志祠祀弟五
七棘三槐星張棋布遠溯元明廣稽掌故志衙署弟六
漢家羽林唐代府兵桓桓步伐肅肅干城投石超距伐鼓揚
旌如火如荼衞我
神京志兵制弟七
八旗子弟奇才卓犖既習武備兼擅文學冬夏詩書春秋禮
樂回緬遠人亦歸雕琢志官學弟八
生財有道務本節用以告大農兼權合綜志倉庫弟九

闤市有征首嚴譏察匪曰取盈藉懲豪猾志闤権弟十

鰥寡孤獨王政所先舍以室宇食以粥饘興及蠶桑利莫大焉經營籌畫賴彼高賢志廠局弟十一

朝市南北衢巷西東三條五劇雨集雷轟竹垞雙藤西崖四松前賢遺躅欽挹高風志坊巷弟十二

湖名淨業河號大通發源玉泉萬派朝宗淪波颺碧溝葉流紅維郭守敬成此大功志水道弟十三

琳宮貝宇參差相望紺碧雲中精藍天上寂寂鐘魚峩峩龍象轉大法輪是曰寶藏志寺觀弟十四

禮儀好尙各有所宜時世盛衰風會轉移茂矣美矣陶之淑之補偏救弊意在於斯志風俗弟十五

盧龍大藩涿鹿左界面山負海杜平扼隘境拓封圻跡存營
砦環顧甸服朗若圖畫志疆域弟十六
恆嶽西來田盤東峙小郭大宮巇巇崗崗漢泉徐衍尋源極
委經山緯川班志是儗志山川弟十七
名山枕堞平地疏渠劼之犖之以奠閭閻志城池弟十八
弗謂傳舍爾盡爾職卽以荻障詎無慙色堂記知愧齋名古
罍景行前賢曰攸好德志治所弟十九
今之縣邑古之子男百神鑒臨調和嚌甘明粢芳醴申命再
三何以格之令德無慙志祠祀弟二十
峩峩隆福曾駐
鑾輿赫赫上方創自隋初禪宗達摩梵字佉盧經幢塔記寶

勝瓆琚志寺觀弟二十一
金陵奉先明陵天壽樱黍猶薦松楸永茂下至公卿鼎鼎道
右巨碣豐碑縱橫碧獸志冢墓弟二十二
都鄙形體均之遂人遐綜邇緯如絲伊綸出入守望安我編
氓古城故瀆纖悉具陳志村鎮弟二十三
單都古陘潮河大川故壘遺屯消歇烽煙海波一角搖動全
燕輪舸礟臺鎖鑰鉤連志邊關弟二十四
斷斷舊俗于于土風密邇
皇都以洽大同志風俗弟二十五
於菟楚言登來齊語體別陰陽音諧徵羽略分清濁强生齟
齬疏證明通騎驛今古志方言弟二十六

以晷占天以表量日經度緯度立法縝密遠近高下得諸實
測勿言占驗流於方術志天文表弟二十七
幽都宛延州以山名秦漢以降代有分并緯以大事記以旁
行二千餘載陳蹟分明志沿革表弟二十八
酈亭水經注於大代直隸河渠創於大戴東原先生山川脈絡溝
澮向背願以一心上溯千載經流支瀆搜求破碎古道舊碣
考訂茫昧我思古人力愧未逮志水道弟二十九
窞楗塡淤樹板分崖時奉
廟謨庶民子來隄長東虹杵急喧雷金石同堅灑沈澹災志
河工弟三十
水畢除道駟見成梁勿憂沮洳均達康莊志津梁弟三十一

戾陵立堨荆山開渠道園立法潞水著書欲變斥鹵盡化膏
腴求民瘼者尙其鑒諸志水利弟三十二
一男三女著於職方休養生息字育繁昌雞鳴犬吠四境相
望何以涖之俗阜民康志戸口弟三十三
四擾三種宜於幽州功程勤惰性辨剛柔泉温育硫山深產
鏐今之利器尙其講求志物產弟三十四
勝國重賦盪滌一新耕田鑿井長沐
皇仁春斂其庸秋稅其畝維正之供奔走恐後則壤有經愊
解財阜志田賦三十五
旗租一項掌於有司董而理之如析亂絲志旗租弟三十六
官多民擾官省民玩損益得宜成章可核志官吏弟三十七

豐年登穀餘三耕九亦有凶荒以裨高厚蓋藏敗蝕責在典
守擴而充之惟民父母志倉儲弟三十八
轉漕東南以實
帝倉河運海運監以倉場州名曰通取義孔長利弊纖悉記
述必詳志漕運弟三十九
昔產五金今惟石炭鑿險縋幽功資執爨志礦廠弟四十
蘆臺玉砂寶母之靈亦供天廚用佐籩硎志鹽法弟四十一
軍興財乏乃造大錢緣何京師其用獨偏銷鑄宜禁子母兼
權幾時復古跂彼高賢志錢法弟四十二
五禮五庸郁郁彬彬陶情淑性以牖吾民志典禮弟四十三
鴻都雅化膠庠成林圜橋之士釋耒鳴琴幽燕剛氣治爲南

金穆穆醇風悠悠我心志學校弟四十四
拱衛京師不忘武備步代之齊技擊之利星布百屯雲迴萬
騎居安思危惟聖時跂志營制弟四十五
傳記乘驛孔言置郵去如風發捷似星流朝令夕聞借箸運
籌附以電報制度尤周志驛傳弟四十六
三千餘年大事可記規仿龍門綜徵期備志時政弟四十七
幽燕形勝兵所必爭借觀龜鏡庶弭亂萌志兵事弟四十八
商瞿再傳而得周醜微言已渺人自不朽漢家韓盧
昭代黃朱行爲人師學爲純儒志學派弟四十九
陰陽變理職在三公嘉禾瑞麥蝕日流虹休徵咎徵感應則
同勿謂細微息息相通志祥異弟五十

逸事瑣聞街談巷語風雨一鐙乞靈故楮聊示勸懲閒有取
與志怪談㊣皆所弗許志雜事弟五十一
澤我一時報君千古我思古人杜母召父春社壺觴秋郊鼓
舞善政可尋往哲是與志官師傳弟五十二
紆青拖紫爲百族師僉曰吾艮行則委蛇須聲聞寂似知不
知何如循吏身往名垂後有來者尙其思之志歷代職官表
弟五十三
高山亘川鍾毓嘉德行爲士範言爲世則宇宙增華簡編生
色魯國山陽先賢法式發潛顯幽以儀四國志先賢弟五十
四
雜人一傳創自歐陽據事直書法誠毋忘志雜人弟五十五

昔何光遠作鑒誡錄著爲殷鑒以圎薄俗志鑒誡弟五十六
株檽欂櫨公輸材之精神獨到遂炫瑰琦技進於道神通以
思曲蓺可名庸庸何爲志方伎弟五十七
表以石窌昭我彤華區明風烈揚摧彔嘉如金百鍊如玉無
瑕女貞猗猗庇蔭幽遐志列女弟五十八
運期遠游幼安避地樂土可遷一枝是寄志僑寓弟五十九
唐志眞系宋錄傳鐙惟彼二氏不沒其稱志釋道弟六十
漢重選舉唐分科目赤水求珠荆山采璞三輔黃圖王政所
先
聖皇側席野無遺賢桑梓之華俊乂高騫志選舉表弟六十
一

礪山帶河孔鼎悝鐘上古及隋或王或公有明成祖入紹大
宗書爵書世不及虛封志爵封表弟六十二
嚴顏斷頭弘演納肝賁命蹈義若飢就餐搘拄天壤大節同
完薦以苾芬浩氣鬱蟠志昭忠表弟六十三
望高北斗品重南金祀之黌宮以式士林志鄉賢表弟六十
四
廣搜地志兼錄故事自周迄今事蹟大備志紀錄順天事之
書弟六十五
編分甲乙彈錄經史佚存並列記其緣起燕山勃海鍾毓秀
艮毋寶燕石而遺琳琅志順天人著述弟六十六
聖製星炳

天亶雲麗刻石鏤金昭示萬世志

御碑弟六十七

商周遺器頒自上方岐豐石鼓遷於汴梁下迄元代其寶珪璋深巖壞刹時露幽光志成後得唐遼金元多種我思古人惟趙歐陽志

歷代金石弟六十八

洪武圖經煙雲散逸萬曆府志尚流完帙露纂雪鈔迨二千日重啟規模自病猶率書訂奇零事搜放失慎言闕疑敢云著述匡厥譾陋大雅竢質志序錄弟六十九

光緒湖北通志序錄

湖北一省寰宇之樞紐江漢之上游東連吳會西通巴蜀南極瀟湘北接雍豫爲府十直隸州一州縣六十八地土沃衍

人民繁庶最爲樂國其紀載事實之書北宋時有京西路圖經南渡而後有荆湖北路圖經明有全楚志何遷撰有湖廣總志九十八卷徐學謨撰萬曆二年成

國朝有康熙湖廣通志八十卷陳肇昌修康熙二十三年成有湖廣通志一百二卷總督邁柱等修雍正十一年成以上各志皆合湖南爲一自湖南北分省後有湖北通志一百卷陳詩等撰嘉慶十一年成湖北方有專書光緒辛巳總督李瀚章巡撫彭祖賢奏請重修距嘉慶成書時七十八年矣又遭粵寇之亂省城三陷外府止存荆襄施鄖四城公私載籍百無一徵其閒事變繁多開通商口岸擲長江軍制仿泰西造學堂開礦廠皆大政之卓卓者損益異時今昔異政遇事

攷究尤貴詳明迺請於
朝謀於僚屬招集積學嗜古之士相與討論繙閱典籍凡羣
經諸史以及
聖訓
會典則例三通
大清一統志暨諸省郡縣志書諸子百家文集雜著靡不甄
錄又檄郡縣采訪月以冊聞銖聚成鈞纍積盈笥然後條區
類別分授纂編舊志徇俗今皆攷訂如州縣一圖開方記里
江漢二瀆從源及流之類舊志失序今皆綜核如學以訓士
郲立專門軍以衛民兼稽兵事之類舊志虛文今皆刪除如
禮儀重典天下所同事物雜綴志餘所載之類又有舊志所

無今應增益如晷度立表經緯不訛關榷征商中西同揆之
類凡所編述具勒成二百有六卷其敘曰
帝眷南服自
天降詔煌煌
九朝日星並曜述
詔諭弟一
維府州縣地各一圖割圜切綫四正四隅述輿地疆域圖弟
二
前朝治所井邑已改故城舊戍上溯千載廣訂旁稽其功數
倍讀史足徵典型具在述前代沿革圖弟三
代有分并地名繁滋三千餘年表以貫之南北僑置紛於亂

緜條舉件聚贏縮仈離述沿革表弟四

節氣早遲太陽高下政齊璣衡繆殊星野述晷度經緯表弟

五

國所憑依名山大川三楚紀述盛郭最先脈絡鉤帶經文緜

聯靈孕地軸氣象萬千述山川弟六

楚畺嚴巖中樞重鎮左江右漢臨深標峻珠鈐坐擁金甌未

壆制治保邦鑒於古訓述形勝弟七

上溯熊芊下迄勝朝礪山帶河以育功苗蕺蕺蝨蝨蠻左浮

鬱撫順討叛不廢科條述藩封附土司弟八

荆楚歲時著於宗懍邑有禮儀俗便食飲土風剽疾去其太

甚多智多壽山澤異稟述風俗弟九

史曰檮杌傳記於菀今昔異音脣舌非殊揚雄郭璞挪此成
模甄綜騎驛端賴通儒述方言弟十
書紀栝柏語詳竹箭物產沃饒東南之選石炭千冶鏐鐵百
鍊取法泰西通久在變述物產弟十一
古人往矣高山仰止憑弔遺墟掇拾故紙我佛西來琳宮高
峙點綴湖山皆大歡喜述古跡弟十二
金城湯池守國所尚禦彼竊發足爲保障述城池弟十三
布政何所棠舍松廳勞逸並治鳴琴戴星述廨署弟十四
兵燹甫定事變浩繁分曹舉職以奠元元近采西學機巧湖
源噫吁利藪稍作屏藩述廠局弟十五
水旱災厲明神肸蠁感孚兩間包孕萬象勞臣古賢春秋報

享崇德尚功
盛典無兩述壇廟附祠祀弟十六
高原下隰千村萬落廣記墟市久安耕鑿述村鎮弟十七
天府之國叢山重湖僻陋弗備寇鈔是虞陳古誡今立說繪
圖勇夫重閉毋忘要區述關隘弟十八
荊州澤國最重宜防危隄一綫萬衆倉皇東塞西決南福北
殃古曰雲夢今也稻粱棄地與水上策最良第曰畚築補捄
弗皇緯以圖說釐定界疆典型具在孰禦湯湯述隄防弟十
九
新月長虹行人利濟但求樸實無取美麗亦有方舟溯洄水
際安我賓旅往來無滯述津渡弟二十

王政所先鰥寡孤獨惠此哀黎自求多福述善堂第二十一
一男二女見於職方偶見盛衰端在凶穰述戶口第二十二
厥土塗泥厥賦上下鋤雲犁雨盡力田野勿慮中飽稅則近
吏計畝納緡以順輿情述田賦第二十三
天庾正供銜尾千艘改折卌稔善政弗撓立屯編衞管運分
曹如更舊轍永沛
恩膏述漕運附屯衞第二十四
多黍多稌載詠豐年倉庾既盈邀福自天以備凶荒流亡少
焉蓋藏敗蝕守土之愆述倉儲第二十五
聖朝惠政歎則蠲恤沐浴
皇仁海宇靜謐述蠲卹第二十六

榷關征稅具有成規貨財竹木戸工分司征及市廛爲籌軍
食海舶遍轉均輸千億過寬近懈過嚴近刻足
國恵商以輔九式述關榷附釐金弟二十七
荆襄十郡舊號淮岸巴蜀井鹽順流侵灌互有詆諆時相辨
難因勢利導贏絀自判述鹽法弟二十八
幕文舊志曰武曰昌私銷盜鑄甲令嚴防近設西鑪鎔鍊精
詳厚薄如一磨琢尤光銅鑛燭天安陸之鄉采沙關冶庶免
錢荒述錢法弟二十九
淵源洙泗賢關聖域陶冶南金廊廡翼翼述學宮弟三十
庠序雅化青青子衿于飛鳳翽革彼鴞音述學額弟三十一
廣廈萬閒大庇多士驥櫪盼孫龍門識李亦有風檐以試董

子程材衡埶雲衢伊始述貢院弟三十二試院弟三十三
經義洽事郟自安定繹史詮經講堂觀聽别啟黌舍廣分門
徑維楚有材寶珠照乘述書院弟三十四
公田遺義學校尚存納租取息以贍饔飧講舍義學首在經
畫因事豫籌官司之責述經費弟三十五
統帥轂城兩鎮郥宜南山北山犨衛防維峙乃糗糧轂乃甲
胄與守寙缺決罰弗宥述綠營額兵弟三十六
桓桓禁旅駐防荆州踞虎中原飲馬江流星羅棊布武備聿
修國風所詠干城好仇述八旗駐防弟三十七
肅清江路賴茲礮艇編營列隊與陸師等述長江水師弟三
十八

子將牙軍簡練精銳厚之稟祿授之技藝安不忘危四郊拱
衞去兵節財竊曰非計述練兵弟三十九
十里一塘百里一汛以詰奸宄以遞郵信述塘汛弟四十
置郵述孔乘馹記左朝令夕聞捷於星火述驛遞弟四十一
荆襄形勝用武必爭累朝兵事自周迄明體例袁樞始末具
呈龜鑑不遠永慶銷兵述歷朝兵事弟四十二
九宮殄寇兵不血刃吳逆犯邊屢退屢進邪匪竄穴粵捻縱
橫師武臣力剿致太平述
國朝武功弟四十三
蒼頭特起白甲從征史臣所重毛胡盧兵堅壁清野且戰且
耕平時保甲潛銷亂萌述鄉團弟四十四

符瑞稽沈五行數劉休徵咎徵喜與懼倂述符瑞弟四十五
災異弟四十六
古曰寶書今之方志名臣別傳下邑故事兼搜賦詠文繫乎
地述紀載楚事之書弟四十七
盧牟往哲捃摭緗緗條其篇目撮其精㫐甲乙分部佚存並
詳略具解題待補遺亡述土人著述弟四十八
藝林別趣吉金樂石如何楚郊存不及百雷鐘壽碑搨本載
殘冠之卷首聊敦古歡述金石弟四十九
文翁化蜀子產治鄭威克愛克偏重則病謳歌一時尸祝萬
姓弗徇虛文但求實政述宦績傳弟五十
官師之錄賢否並列昏庸尸位俊流植節名字雖同襃譏則

別舊止郡守丞令盡闕今訖校官育才尤切拾遺燭隱弗嫌瑣屑述職官表弟五十一

舉秀察孝仕途久分放棄末流網羅舊聞近年孝廉方正壽榜舉人頗滋物議均未錄述制舉表弟五十二

烝我髦士釋褐受祿名揚匪易德副是視竭海求珊鑿崑采玉棟梁干城文武並錄述進士表弟五十三舉人表弟五十四

世祿遺矩起家任子移孝作忠拾取青紫述蔭襲表弟五十五

襄陽耆舊楚國先賢名臣碩德光我簡編述人物弟五十六

疾風勁草扶植綱常松柏不改日月爭光身膏原野魂歸帝

閶披髮夜叫天風浿浿述忠義弟五十七

論曰孝哉書曰友于言孚家庭名動寰區肫肫素履儒者楷模是爲庸行正氣常扶述孝友弟五十八

易授馯臂傳衍鐸椒杏壇三傳微言未淆宋明理學德義之標肩道援溺先微虛囂述儒林弟五十九

屈宋騷經詞章之祖史才小宋詩家老杜戶擅雕龍人推文虎何以喻之珠林琅圃述文苑弟六十

接輿老萊抱道離俗世網紛綸舉矣黃鵠蜀莊沈冥得天自足穆如清風山阿水曲述隱逸弟六十一

思通於神技進乎道魁能冠倫上格蒼昊事恥虛誕意出獨造曲埶且然成名須早述方技弟六十二

鸞孤鵠寡中宵銜哀漆室未啟霜鐙已灰九死莫贖百折不回崔巍崔巍懷清之臺述列女弟六十三

少洧居陶運期僑奘茀詠黃鳥庶歌白駒述僑寓弟六十四

養性凝命釋道同源默悟元理一空俗緣棲眞唐志傳鐙宋錄卓哉二氏聊志芳躅述釋道弟六十五

嘉慶舊志陳蕪亶缺亦越百載文獻幾絕廣錄羣籍旁咨後賢文删其穢論去其偏雜跖狐腋掇拾有年䩄卷嶙峋勒成一編闕疑存信敢曰精研敬竢來哲糾繆繩愆述序錄弟六十六

昌平州志序錄

昌平在京師之西北枕居庸之險阻土地沈雄人物樸茂頡

頑風翊控扼雲朔誠神皋之奥區冀方之衝要也明初新舊二志散逸不存嘉靖時崔學履修之康熙中吳都梁修之迄今已二百年月成歲會久而無徵潛德幽光湮而莫舉遂使畿赤之域同於蕞陋老成既謝典型蔑如是可慨也同治七年節相合肥公修畿輔通志前知州事吳君履福錢君敏猷議重修邑紳前福建道監察御史劉君治平任其事命弟子庠生劉君萬源主修蒐古書之記載證父老之舊聞山川關隘親履其地而前人之異說可折衷物產人物無取借材而邑乘之統病可盡滌知州事宋君文洼任思竟其事授簡荃孫編纂及竟而侍御卒侍御之子勳舉而刊行之荃孫例得書其後曰

聖澤汪濊首及
畿甸勝國山陵寢宮享殿松楸勿翦櫻實猶薦閟三百年永
承
天眷援漢侯瑾皇德傳例述
皇德弟一
古人地學左圖右史爰述方隅兼志山水黃壤錯繡青郊分
綺藉日徵實匪云觀美援周輿圖例述輿圖弟二
臺遺龍虎塞扼蠮螉軍都新舊㶟水西東僑郡魏治長城齊
功沿革興廢今古不同援晉朱育土地記等例述土地弟三
泠陘西蟠白浮東會小郭大宮奠礪流帶零落軍屯縱橫溝
澮兼志營田萬世永賴援齊劉澄永初山川古今記等例述

山川弟四

史遷遺法首記大事三千餘年敘述簡易廣錄時政先修戎備非常必書兼及祥異援漢司馬遷大事表例述大事表弟五

令丞簿尉職司地方召棠歌詠欒社蒸嘗食報聿隆盛名弗忘如何人往姓氏渺茫援漢班固百官公卿表等例述職官表弟六

漢重選舉唐推科目拔之田閒賁以天祿赤水孕珠荆山韞璞世有儁才門閥永續援唐選舉志等例述選舉弟七

四至八到我疆我理郱自元和倣之欒史驛號逼京鼓名記里闊狹不同沿革可紀援隋西域道里記等例述道里弟八

廣谷山川土風愿慤民習耕桑士嫺禮樂俗雖朴陋氣尚卓
犖君子育之鄰幽跨涿援晉周處風土記等例述風土弟九
今之州邑地視子男百神靈佑萬井恩覃報功祟德調和齊
甘
天章炳若輝映龍潭援齊祠廟記例述祠廟弟十
昌平舊剎實始乎唐遼金元明尊奉法王浮圖紺碧梵宇丹
黃吉金樂石寶此琳琅援魏羊衒之洛陽伽藍記例述伽藍
弟十一
明十三陵山名天壽星斗縱橫天潢華胄瓦墮紅鴛碑銜碧
獸百年一邱誰分貧富援宋李彤聖賢冢墓記例述冢墓弟
十二

田賦之簿掌於胥徒王莊圈地旗籍田租農桑絲粟閭閻樂
輸正供敢緩民困其蘇援宋李常元祐會計簿例述會計弟
十三
禮樂之庭圖書之府木豆竹籩雅歌佾舞涵育薰陶春風化
雨斷斷洙泗彬彬齊魯援宋崇寍學校新法志例述學校弟
十四
障荻匪陋堊壁匪新躋堂稱壽懸榻置賓嘯歌不廢聽斷如
神孰云傳舍薄視吾民援宋無名氏衙署志例述衙署弟十
五
雄關峩峩區分內外中黃司壘太白揚旆訓練必精老弱必
汰綦布星羅衛我都會援遼史營衛志例述營衛弟十六

川原燥溼士性剛柔肥磽異長勤惰殊收萬山叢叢孕銀貢
鏐詔彼丱人朝夕講求援唐無名氏諸郡土俗物產記例述
物產弟十七
東漢之寇公侯干城中唐之劉弁冕簪纓鴻儒碩德間世而
生揚茲美行樹之風聲援晉華僑廣陵列士傳例述列士弟
十八
化始周南樂起房中傳者更生繼之蔚宗截耳摩笄茹痛則
同頑廉立懦式此清風援漢劉向列女傳例述列女弟十九
盧牟往哲捃摭綈緗條其篇目揚其文章厥書雖軼其名則
彰邑有著述奕世弗忘援漢書藝文志例述藝文弟二十
登高能賦才稱大夫感時憤鬱弔古歌呼名章斷句碎璧零

珠豈無散佚慨想煙蕪援唐人麗藻錄例述麗藻弟二十一
昌平有志刱自前明日崔曰吳敘述維精顧記山水李志芹
城彙爲一編以質俊英援漢王符潛夫論敘序錄例述序錄
弟二十二

藝風堂文集卷四

清末民初文獻叢刊

藝風堂文集

（下册）

［清］繆荃孫 著

朝華出版社
BLOSSOM PRESS

藝風堂文集卷五

江陰繆荃孫

國史孝友傳序

隋志傳記類列蕭廣濟等孝子傳七家無名氏孝友傳一家書多不存遺說時見於類聚御覽中至沈約撰朱書刱立孝友傳後世史家多因之或曰孝義曰孝行曰孝感名雖不同而其爲實則一也我

國家以孝治天下服官者有告養之例行義者有旌表之典深仁

盛德漸漬人心而又厚人倫敦行義篤教化厲風俗

旌勸之

詔賁於閭左所以委巷布衣之甿兒童稺弱之細至性所激

生死以之英聲被於山川盛事光於日月固士民之敦本者
多亦
聖治之感人者久也若夫生竭服事之誠歿盡哭泣之禮以
及同居百口號曰義門瞽宗祀之里閈稱之視爲庸行實有
奇福至或逢時不造罹此鞠凶犯禁復讐挺身蒙難或宛轉
而遂其志或湮鬱以隕其生類皆纏緜固結一往莫禦水火
不能阻天地不能奪刀鋸不能挫關河不能限精氣之積而
鬼神與之通往往有行雖怪而適蹈其常語似奇而實衷於
正者洵可以扶世運起懦夫矣今采其尤者輯爲專傳餘援
唐書明史例臚其姓氏如左
國史隱逸傳序

古有三不朽曰立德曰立功曰立言士君子廁身儒林將以求志爲達道之原修身爲治國之本豈願沈冥蜀莊草木同腐已哉若乃遭時不造履蹈焦原九死一生艱貞蒙難而天命有在終不能藉手以有爲不得已棄捐所尙投老巖穴至大至剛之氣充塞兩閒足使頑者廉懦者立百世之下聞風興起其有益於天壤爲功於名教豈後於救民水火銘勛茅土者乎范蔚宗創逸民傳史家因之

國初遺逸若黃宗羲顧炎武李(顒)見儒林傳朱用純見孝友傳今錄錢澄之等十餘人著於篇皆大節凜然無慚前史者

若夫遭逢

聖世高蹈邱園匿跡銷聲不爲世用雖較勝溺情利祿之徒

不啻倍蓰然獨善其身曾何益於天下也故類此者皆不錄

荃孫前在　史館續修儒林文苑兩傳（舊稾四卷）挒修孝友隱逸兩傳（有目無書）均有定稾又接修公主土司兩傳（有目無書）藝文一志（舊稾十卷）與總裁議不合乞　假歸初稾尚留荃孫所

江陰先哲遺書序

士大夫居鄉收拾先輩著作壽之棃棗以永其傳有三善焉一邑讀書之士能著述者不過數十人著述而能存者不過數人吉光片羽蟫⿱木品爲巢及今傳之俾不湮沒其善一也土風民俗之遷革賢人才士之出處貞義士女之事實耳目近接紀載翔實是傳一人之詩文卽可傳數人之行誼其善二也鄉曲末學志趣未定貽以準則牖其心思俾志在掌故者

既可考訂以名家工於詞章者亦能編纂而成集佩實銜華聞風興起其善三也顧前人亦有二體一則采摭詩文選擇精審部别代分彙成總集如孔延之之會稽掇英鄭虎文之吳都文粹是也一則經史子集各因其類首尾悉具序跋仍之或就舊帙翻雕或勒行款如一如前則胡震亨之鹽邑志林近則邵子顯之婁東雜著是也二者之中尤以叢刻爲最善吾友金君淮生博雅好古昔與夏君彦保及荃孫三人互相砥礪以收拾先輩著作得一書則彼此傳鈔十餘年中長編零帙得五六十種淮生先爲江陰藝文志二卷又擇其可以傳播者梓行二十種名之曰江陰先哲遺書裒鴆既博體例尤謹誠桑梓之鉅觀而職方之要典也吾邑僻在江介宋

以後始有傳書談經則涉於空疏雜記則近於猥瑣衹詩文專集尚有卓然自立者而邑尠收藏家卽其子孫亦不知先人著述之存沒否則以錮蔽爲珍守不與人傳鈔欲其流播也難矣士之秀者但攻制藝不知讀書爲何事幷科第亦甚寥落雖前有李申耆先生之提倡近有黃漱蘭學使之培植其如先入爲主習俗不化何哉淮生此刻庶足以化弇陋之土風而興述作之盛舉則大有造於後學矣荃孫雪鈔露纂蓋亦有年而京宦力薄未能廣爲傳布僅刻先哲石公遺集一卷亦出明人掇拾無復舊觀其視淮生又不覺慕而生媿也

積學齋叢書序

古今經籍之傳由竹簡而縑素而楮墨而槧刻日趨便易至叢書之刻在藝苑已爲末事然萌於宋繩於明極盛於我朝乾嘉之閒大師耆儒咸孜孜焉弗倦校益勤刻益精藉以網羅散逸掇拾叢殘續先哲之精神啟後學之涂軌其事甚鉅而其功亦甚鉅顧有性嗜舊刻毫氂求肖者如黃主事之士禮居是也有志在傳古校讐最精者如盧學士之抱經堂是也有書求罕見今古俱備者如鮑處士之知不足齋是也有專輯近著搜亡抱缺者如趙大令之鶴齋叢書是也雖云有槧刻而書易傳然傳書之功亦惟叢書爲最大矣吾友徐君積餘沈湎經籍劬學不勌家寍國習聞鄉先輩趙琴士之遺風久客維揚與竹西諸賢相砥礪嗜古之念日專傳古之

心日切近出所刻叢書見眎益專求近儒輯述取未刻之書爲之傳播經學史學地學算學無所不備書又多可傳無偏嗜無雜糅叢書之善至此極乎聞君多藏善本二集之刻又翹首而竢之矣

聚學軒叢書序

錢竹汀先生云薈蕞古人之書倂爲一部而以己意名之者始於左禹錫百川學海序題昭陽作噩而不署年號而中收李之彥東谷所見錄成於咸(淳)戊辰以是推之昭陽作噩當是咸(淳)癸酉矣今宗室伯希祭酒購得喻鼎孫儒學警悟刻於宋嘉定閒又前禹錫數十年是眞叢書之祖然前人類刻另立名目元明至

國初如夷門廣牘鹽邑志林津逮祕書之類至以叢書著稱則始於明萬曆閒格致叢書（桉明人以說郛板印行數十種多寡不一名爲唐宋叢書亦在萬曆閒）以齋閣名書則始於國朝乾隆閒奇晉齋雅雨堂其佳者如黃氏之士禮居秦氏之石研齋爲最雅其鉅者如伍氏之粵雅堂吾友查氏之式訓堂爲最宜自有此叢刻人謂收拾零星小種俾不至於湮沒有功藝苑甚鉅貴池劉子葱石嗜古敏學殫力搜討所蓄亡慮十數萬卷匃輯近儒著述類皆爲經史金石之學者刻成聚學軒叢書若干種皆外閒所希見傳昔賢之精神開後學之矩矱其不至眞僞不分雅俗不辨刪削脫誤爲盧抱經學士之所譏乎余從友人徐積餘太守識葱石氣誼交孚時

相過從積餘先刻積學齋叢書余亦刻雲自在龕兩集近又有藕香零拾之選風窗鐙几日事校讐吾輩蠹魚風味亦是有眞樂在也

劉蔥石貴池沿革表後序

昔有問於閻百詩先生曰考據以何爲最先生應之曰不誤請益又應之曰不漏錢曉徵宫詹述其言而以爲難若考據至輿地而欲不誤不漏也難之又難者矣吾友劉子蔥石家貴池病其邑志誤漏而訂正其失撰沿革表一卷擇精語詳有條不紊即如據宋志石城漢縣訂元和志韓當封石埭城侯輿地紀勝黄武三年置石城縣之誤據通典元和志訂新唐志脱池陽郡三字之誤訂隋志五縣爲四縣之誤楊君守敬隋書

地理志考證云以石城臨城定陵故治南陵五縣改故治爲故治云梅根冶銅官冶之故地其說穿鑿不如以五字爲四字之譌較妥訂汪氏補志少三縣之誤類皆穿穴各書而得之其用心細密洵非尋行數墨家所能者又據通典知唐改秋浦郡爲池陽當在永泰時據歐史職方考知改秋浦縣爲貴池當在楊吳順義時方志訛舛悉釐定焉至若地名同異最易混淆貴池爲邑漢前無聞漢志始著石城之名至隋乃改秋浦而隋以前書有曰石城太守李崇者則燕之石城也有曰劉胡逃至石城者讀胡注通鑑知爲竟陵之石城若但求諸南史其上下文言貴口言尋陽又安知不可混淆也至於石頭城亦嘗曰石城去今池州尤近更難辨識隋以後有僑置南豫州時有治南陵縣時苟不詳攷漫然讀史未有不河漢

者君少年好學工詩古文辭好金石精賞鑒卽以此一表爲續修方志之權輿而疏通證明不誤不漏庶幾近之荃孫昔嘗究心地學又兩修順天湖北通志曾彙聚古今輿地書而攷其沿革則各書動輒牴牾證之於史牴牾尤多往往思窮日夜多采旁證而後貫通亦竟有不能貫通者君此表雖寥寥數葉然用心良苦矣君亦許爲知言也乎

周武壯公遺書序

咸同之閒海內俶擾湘鄉曾公用湘軍擊賊合肥李公以淮軍佐之卒能芟夷大難俾天下重見昇平一時豪傑之士雲合景從飆馳電擊各奮才智以立勛名而合肥周武壯公又其文武備具魁倫冠能者也公自遭寇難投筆從戎東援吳

平粵寇北清畿疆平捻寇西入關平北山寇豐功偉略史不絕書其所殫心竭慮而鞠躬盡瘁未盡設施者則莫如天津海防焉天津者畿東屏蔽距京師僅二百有四十里最爲敵國所窺伺其閒大沽祁口北塘要隘不一公爲統帥以事爲己任察形勢之緩急度兵力之强弱簡軍器之利鈍采輿論之是非恩以威馭勇從智出日異月新士氣益固又當九河下流汎濫頻仍田蕪不治公駐軍新城防河疏渠興屯蒔稻其利日溥而其患日減暇與軍士講土宜辨物産種植收穫儲峙軍資深合古人有事則兵無事則農之遺意爲畿東百姓倡儻能推而廣之則虞道園徐禎明之說可施於今而江浙可稍損輸將畿輔可無虞空乏沐其惠者又豈止天津一

邑哉數年之閒防日防俄防法從未有以一舸犯天津者猛虎在山藜藿不采其威在也迨公歿而海疆從此多故矣歲丁酉公子子昂觀察以遺書見眎分子目十曰軍謨篇曰御兵篇曰簡器篇曰練法篇曰戰事篇曰城工篇曰屯政篇曰河務篇曰行實篇曰教令篇其苦心孤詣流露行閒已行者人共知之其未能行者人亦其諒之公之心盡而公之職亦盡矣公所至尤以興學教士爲先務在里與同志剏肥西書院在新城亦廣設義學菁莪之秀遂爲成才椎魯之夫亦令識字篤行必先博學有勇進以知方至聖所言後先同揆是書也傳後人因公意而增益之庶足挽弱爲强一洗淮軍暮氣之恥而爲

國家之干城是所望於後之治軍者

梁曦初先生文集序

光緒丙子荃孫應禮部試以經策受知三原梁曦初師成進士撤棘後執贄門下一年之中時時進謁師長身玉立顏色和藹奬其所已能誨其所不及勤勤懇懇每言必盡丁丑九月荃孫旋蜀戊寅自蜀還師已選授福建興化府知府出都時偕同門送至城外花之寺嗚呼孰知不二年師歸道山而此別遂成永訣耶今年冬濬甫世兄抱詩文稿來開緘申紙宛如覿面文采猶在典型已非悲從中來不能自已荃孫學植浮薄何足知師之文猶憶師之言曰文無他長惟眞爲難

嗚呼古今文人傳作其眞者能有幾人葢有眞性情始有眞

識力有眞識力始有眞文章匪止塗澤以爲富簡淡以爲高
也若集中關中善後事宜論劾陝撫妄飾欺詐疏等篇可謂
眞矣葢師早游盩厔路閏生先生之門學術正法律嚴根柢
既固枝葉自茂後直
樞庭入諫垣與天下賢士大夫相揖讓識力日益充壬戌以
來壘遭寇難生死哀痛一發於文悼我生之不辰歎時局之
難挽如怨如慕如泣如訴之致流露於行間其性情之厚有
非他人所能及者性情摯而識力充識力充而文章實無意
於詞而詞益工無意於法而法益密仍不外於眞之一言而
已師全集燬於回亂壬戌以前所作存不及百之一壬戌以
後略具梗概吉光片羽猶未足概師之功力也荃孫幼溺於

吟詠後聞海內諸名流緒言稍通訓詁考據之學於文略無心得仍述師之言以序師之文亦未知能當師意否耳

說文段氏注匡謬序 代

乾隆中葉漢學倡明經師浸盛其時集小學之大成闡洨長之奧義者莫如金壇段先生說文解字注葢窮經必先識字識字必先說文誠學海之津梁亦儒林之徑遂顧自漢至今千有餘年簡策之脫佚淺人之竄亂觸處皆是第執傳刻大小徐本爲許君之本恉非特厚誣前哲抑恐貽誤通儒段先生起缺者補之複者乙之幽隱者裒眾說以明之譌謬者集諸書以證之如鐽舉确劘灌莽闢爪徑而達之康馗如撥陰翳去屏幛啟昏室而懸之白日其功可謂勤矣其學可爲博

矣惟是卷袠既多牴牾不免如據大小徐前引用之文與廣均玉篇等書證傳本之疏而改原書之字更有用意增減定爲許君本文在先生自成一家之言恐後學遂開武斷之弊同時元和江氏鈕徐氏承慶吳縣鈕氏樹玉烏程嚴氏可均陽湖陸氏繼輅時駮其說鈕氏徐氏皆成專書鈕氏書已盛行徐氏成書後於鈕氏亦密於鈕氏稾藏令子讓泉處世鮮知者丙子之冬覲元監司渝州從文孫某某索得附叢刻以行昔沖遠疑注爲後鄭之佞臣斗南補遺實小顏之諍友徐氏此書補苴罅漏掇剔纖微刹其浮辭存其精義㊣爲諍友毋爲佞臣世之讀段注者應亦其諒苦心非苟爲辨詰已也至引段注係初稾本與近刻不甚同不足以爲訴病云

宋元詞四十家序

國朝彙刻前人詞者以虞山毛氏爲最富江都秦氏爲最精他若長塘鮑氏鹽官蔣氏亦嘗探靈琛於故楮采片玉於珍祕倚聲之士沾溉良多吾友王子佑遐明月入抱惠風在襟孕幽想於流黃激涼吹於空碧古懷落落雅不類於虎賁綺語玲玲媟不墮於馬腹曾偕端木子疇許君鶴巢況君夔笙刻薇省聯吟詞固已裁雲製霞天工儷巧刻葩斲卉神匠自操矣其論南宋詞人姜張並舉暗香疏影石帚以堅潔自矜綠意紅情春水以清空流譽洵足藥粗豪之病滌姝蕩之疵於是有雙白詞之刻又論長公疏朗稼軒沈雄大德延祐之紀年雲間信州之傳本延平劍合崑山璧雙流傳於竹隝弆

州賞鑒於延令傳是藉東阿之珍弆訂汲古之舛訛於是有蘇辛詞之刻他若陽春領袖於南唐慶湖負聲於北宋碧山之緜眇梅溪之軼麗中圭雙秀不殊怨悱之音南渡四臣各抱忠貞之性天籟清雋待竹垞而傳蟻術新豔遇儀徵而顯以及詞林正韻樂府指迷莫不錄諸舊帙付諸剞氏眞詞苑之津梁雅歌之統會也君又以天水一朝人諳令慢續騷抗雅如日中天降及金元餘風未泯尺縑寸錦易沒於煙埃碎璧零璣終歸於塵壒遂乃名山剔寶海舶徵奇螺損千丸羊禿萬穎求書故府逢宛委之佚編散步冷攤獲羽陵之祕牒傳鈔徧於吳越讐校忘夫昏旦宋自潘閬以下得十九家元自劉秉忠以下得十一家或麗若金膏或清如水碧或冷如

磵雪或奇若巖雲萬戸千門五光十色出機杼於衆製融情景於一家復爲之搜采遂篇校訂訛字棲塵寶瑟重調殆絕之絃沈水古香復扇未灰之燼洵足使汲古遜其精享帚輸其富者矣荃孫冬心冷抱秋士愁多未諳律呂之聲粗識目錄之學奉茲瓌寶歎爲鉅觀抉幽顯晦共知搜集之苦心嚮徵含宮俾識源流於雅樂云爾

陽江舜河水利備覽序

光緒戊子冬荃孫銜恤南歸承乏南菁講席陽湖胡東翹明經來院言曰大寍鄉居陽湖東北地勢最下羣山四屏形如釜底夏秋霪雨山泉怒發蓉湖流潦孟瀆狂澑矢疾飆激匯成巨浸雨或愆期立形龜坼倏旱倏澇民用大艱昔人傍山

鑿港曰舜河北行十餘里入江陰境又十餘里經虞門通大江港門曰新溝旱則引潮内灌澇則導水外洩内灌則瀕河陽湖田七千二百五十六畝江陰田七千一百六十八畝均受其利外洩則遠至芙蓉圩馬家圩均去其害又不僅瀕河諸田也然而潮汐往來泥淤堆積水道日窄岸沙日高不十數年卽宜大濬且萃兩邑之人合數鄉之力鄉民蠢蠢意見多歧富者吝財貧者惜力欲成其事戛戛其難荃孫聞而韙之謀諸族叔晉卿先生及諸曉事者咸以爲然迺核田畝鳩貲財定丈尺立標識集夫役具畚揭搜隱匿考勤惰有百計阻撓者力持之不爲動搖入春多雨量費宜倍江陰民力不獨舉陽邑津貼之始於戊子冬十月下旬成於己丑春二月

中旬共百二十餘日而竣東翹又舉疏濬舜河錄見眎首水利論次公牘次章程次前事考次圖次役田以治水要言附焉條舉件繫經緯分明公牘上溯至萬(曆)五年前事上溯至洪武五年下迄於今以爲後人程式可謂勤於捜輯而有功鄉里者矣荃孫以爲人能用水水則爲利不能用水水則爲害利害兩途決無中立沿江各河日受潮淤昔也方舟今也斷港十年一濬勞民傷財其病一鹵莽從事不暇深求河細如帶土逼若衖每逢風雨往往傾瀉漁梁蠏斷每易挂淤墾灘樹藝立形阻塞其病二築室道謀聚聾而鼓一夫夜號萬鍤星散浮冒侵漁授人以柄激成獄訟懸爲厲誡功敗垂成十居其九其病三三者皆潮港之通病非舜河之獨病縱有

良法夫豈易爲急則治標惟有合兩邑如一邑視公事如私事嚴定條規預籌經費俾及時修理而已東翹以爲然乎否乎昔宋魏峴著四明它山水利備覽二卷

國朝王太岳著涇渠志二卷皆足勒爲成法垂諸久遠是錄也庶可比美前人矣

佐齋古鑑序

元幬黃孕黔首莘莘令丞簿尉最爲近民枳鸞卑棲尺蠖眄伸泥塗非所懼而儕侶闤闠叩唫呼籲目構耳鄰鴿正萬法鴻網嬰仁天聽詎高呴嫗同春噫嚱晚近匪規矩是遵奉檄爲親擘柝爲貧一眚微玷七尺不足珍蠅營集鼻蛙沸吹脣九馗叢棘踦輪邅迍豈無芝蘭雜於荆榛飲名則織納目則

䪼牛驥一阜珷璞同壥諤諤賈君盪滌幽垠今鑑鑑古古鑑

鑑身景形相逐柯則逾員鉤典注文璘夕曦晨成卷維卅積

軸嶙峋觥觥儀華首重彝倫培塿躋嵩渤澥游岷席民仁壽

上下維均鞠人若子擿伏若神桐鄉啇夫遺愛在人次公矯

矯終秉國鈞經師人師矩矱攸循芝草醴泉威鳳祥麟盱衡

聖世頌景福天申

傅孟垣詩序

葢聞子雲論詩首先辨志彥和著例兼尙使才昆侖風騷積

石漢魏溟渤六代尾閭三唐大雅不作古人誰歸裂錦百幅

雕組失質鑄鼎千鈞厚重少文滔滔汩汩大懼沮溺吾友孟

垣經折五鹿函開九羊劉尹不煩董公健者沖如曇如發爲

詩歌索冥擿塗游泳函夏叔夜含潤其志淵雅景陽振麗其采蒽倩加以顧領宇宙搖落關河西華葛帔米臏桃花南畝瓜廬家違若下賓王作奏仲宣登樓硯鐵自磨鐙檠作伴每當望雲思親聽雨憶弟茫茫詩思蕭蕭客懷未免有情誰能遣此若夫洱海瘴雲黔山箐雨僰道鰼部江陽龍堆枯籐挂壁日碎有聲迴湍墮星飆斜失色三台山北九支城南篝狐鳴祠焦黎嚙索風災鬼難刀雨隨輪彔淅劍炊膾雲擁社而乃登高能賦偏及征途草檄得閒便成凱唱少陵入蜀律法愈細庾信遭亂才思益新境之不幸詩之幸也夫以瑰琦其行組練其才摛藻錦囊滌筆銀漢猶復沈酣卷軸出入風雅爬羅古豔跌宕今情將使瀛州鐫姓詎誇下里蘭臺簪筆上

吭雲和豈不至哉豈云幸哉顧乃局跡塵坱曳尾泥塗已倣
秦裘未設穆醴騏驥失勢駑駘同晉鸞皇鎩翮雞鶩爭食吹
簫吳市擊筑燕臺抑鬱無聊侘傺何已駕車隆隆途往輒窮
天門蕩蕩詄不得上僕與足下同此天涯元方季方一門矜
式羊仲求仲三徑追隨而浣花一溪蜨魂不飛嘔血五斗鵩
夢欲碎傷哉君子如何如何人亦有言詩能窮人吾謂不然
窮達在天引商刻羽和寡自古被朱飾紫行尸蔑爾孰得孰
喪辨之易明不怨不尤是昌子之詩吾子勉之

澤宮位次考序

懿夫天降虹玉素王受命之符庭遺麟紱黑帝右文之瑞四
科從夫陳蔡五教闡於鄒嶧文翁石室繢諸賢於禮殿子長

史記輔世家以列傳經師升配貞觀通古今之學弟子從祀
開元增侯伯之封文明日啟禮秩日尊微言大義幸親炙於
門牆崇德尚功遂同列於俎豆譬之層巒崩岁咸脈絡於崑
崙尺澤汪洋亦朝宗於渤澥學派非一報稱則同顧以先河
後海之恍閒有入主出奴之弊紛爭漢宋議論滋繁强別賢
儒抑揚尤甚迨明中葉乃有張璁以議禮之貴人逞私臆於
先哲削秦幷縣亶於廡退順陽高密於鄉既干非聖之誅奚
取下愚之覺蠹毒自逞蠡測堪嗤復古翼經幸逢
聖世溯自開國以迄今兹二百五十餘年之間復祀者八人
從祀者四十五人家法紹漢秩祀軼唐
詔盈廷而咨諏奉

廟謨爲進止典至重也恩至渥也何以序爵序齒偏易混淆位東位西每多淩躐固禮官之弇陋亦志士所傍徨桐城洪君靜川笙簧六籍黼黻九能精詁承夫漢儒粹言續夫宋學爰爲考訂勒成一書類宮壁水纘成合食之圖木豆竹籩永定一尊之制折衷異議遂集大成然而溝瞀下士鄉曲鄙夫襲褒博之容儀竊語錄之餘緒咸思挹流泗水分榦孔林若夫中郎懿範鐫石鴻都景純孤忠尊家雅訓類皆刪削顯有偏枯近者鷹山與叔幸依講席之末光黎洲亭林見厄達官之盲說左右其手高下在心聚訟孔多定評罕見放言及此慼喟系之

上元顧氏貞節錄序

夫沒世之名不一稱而舍生之義爲尤烈何則天不能有和煦而無肅殺地不能有蕩平而無窪陷徂徠勁質至歲寒而始知湯谷冤禽塡巨壑而無悔情一往而莫禦志百折而不回區區之忱欲回造化皦皦者日共鑒懷抱此國殤所以見重於靈均列女所以獨傳於中壘也癸丑之春金陵瓦解吏望風而兔脫士執冰而魚爛處士顧君志行皦然誓入地以相訴欲順天而何忍遽抛弱息遂鑿凶門魂氣何之隨赤熛而上下天閶莫叩灑碧血而難銷有女婉孌壻家亦沒幽居空谷泉水常清壓綫寒閨秋風易病悼孤生其奚益遂甘死而如飴貞潔表爲女箴賢明懍夫庭訓英光炳烈閭里交推令子子鵬明經植學洞深朗詣俊拔悼嚴君之奇節憫女嬃

之高行遲遲卅載耿耿寸心光緒辛卯應吉林主講之聘將
軍長順請旌於
朝得
旨報可封事夕奏
綽楔朝頒懿夫一門並堪千古又復徧徵藝苑播爲文詩持
示荃孫命爲前引荃孫少値亂離長職史乘搢紳蹈海閨閫
靡笄日月有書輶軒屢采其爲清門具美史冊垂聲者惟前
湖北按察唐端節公殉難楚疆其女字獻縣劉肇埈未昏壻
歿矢志終身論者以爲先烈後貞父忠子義今之顧氏其揆
則一此則王蠋絕脰不殊紆金佩玉之班公乘斷髮詎少茹
檗飲冰之侶治城舊跡永崇光祿之祠爽道遺民其拜叔先

之象頑廉懦立以勸將來

王六潭同年濠上集序

夫牛羊下括君子于役之詩鴻雁哀鳴小雅劬勞之什自來行旅慣寫牢愁縱或擁傳壯游綰符經涉風餐露宿水驛山郵其閒都邑之駢闐原澤之珍瑋闗隘之夷險民俗之盛衰俛仰百變悲歡萬態而況天星亂動海水羣飛被髮伊川不及百年之歎和戎魏絳難收五利之功於是情寓於跡思會其通侔色敦彝含音琴瑟此六潭同年濠上一集所由成也鳳陽地連吳楚水扼渦淮民俗凋劬土風剛勁前則明祖龍興故陵尚在後則土酋虎踞伏莽未消六潭負逼脫之才屬干城之寄官舍閒暇大可嘯歌征途栗陸不妨題詠氣以斂

而益醇詞以眞而愈峻昔使泰西尙有輶軒之采兹來濠上倍深今古之情補綴沈吟勒成二卷憫余近歲迹類飄蓬屬爲弁言以證心曲嗟乎飢驅出走敢希五馬之榮秋士言哀時作一鱗之露黃壚風雨故人之音沫猶存施均甫李蒓客朱蓉生諸君白首煙霞歸隱之田園何在落落四海耿耿寸心寫眎六潭同增感喟

金淮生粟香隨筆序

出江陰城西廿里地曰申港吾宗聚族而處焉爲楚春申之采邑有吳季子之大冢名以事繫見諸韓滉之傳地因人重載於葛叟之文維桑與梓宛然心目再西大岸則金氏居之顧陸生連里閈朱陳代爲姻好桑麻接望雞犬相聞興滅是

依休戚與其荃孫稱歲卽罹寇難天涯奔走卅載於茲聆鄉語而茫然詢土風而莫辨嘗侍家君談讌爲徵往事數舊姻習俗之樸茂品行之醇摯謹識於懷弗敢忘也歲己卯金淮生表兄自粵東轉餉相遇於都門古歡若素相見恨晚閒示近作兼擢新義靈彂自解天倪獨完濯瑤蕤於秋泓激涼吹於空碧同時華士罕有其儔文字之契丹雞可盟官檄頻催驪駒就道睇山川而間隔通箋札而交勉又約裒集邑中先輩著述廣爲流傳脈脈兩心迢迢萬里今秋寄眎粟香隨筆八卷蓋淮生新著也簿書期會之地補綴縑緗關河行役之餘網羅風雅追述舊德奉揚清芬舉枌榆之嘉話矜式後賢敘山水之昔游徘徊陳跡酒人已散黃壚之慼旋生游子重

來白社之詩尙在剳錦千匹餐花萬株安石碎金稚川宏藻自序有云爲感舊懷人之助多抱遺訂墜之資三復斯言略窺宗旨又因官事四至粤西篤江鴻雪描成著色之圖（淮生有鴛江鴻雪圖）羚峽雜潮聽慣相思之調荒山冰井洗碧甃而摹銘廢院銅鐘剜蒼蘚而認字至於陽侯肆虐矜澤雁之哀吟天吳不朝紀水犀之禦侮羈愁騷屑往興來情則又夢溪筆談同茲典博桐陰舊話無此關繫者矣抑荃孫更有感者淮生於去年夏迎晴初表丈至梧州荃孫亦前於辛巳秋侍家君遠來京邸淮生碩學雄才名流推重方補桓寬之論載賡東晳之詩就養無方說親有道荃孫則萬里浪游囊金未蓄十年冷署炊玉徒嗟乞米之帖不靈避債之臺已築其賢不肖相

去可以道里計哉所願他日者偕隱青門歸耕緑野放棹三山之港敲詩六射之臺摘蘆墅之蔆以爲羞擘纖墩之梅以爲葅扶婆娑之二老同話斜陽挈嬰娩之諸嬰共斟艮醖絜莽蹝於夜半如夢如塵趁花事於春初且耕且讀先喆之書高可盈尺容齋之筆續不止五其爲至樂曷其有極人之所欲天必從之請以斯言指爲息壤

山右石刻叢編後序

汾晉之野古稱奥區太行之陰實曰地脊山叢徑雜土厚水深吉金樂石流傳寶𡉏蘄生前輩巡撫山西於今三年政通人和年豐物阜徧拓石刻七百餘通勒成書四十卷自魏迄元捜輯大備廣徵史書博采志乘條舉件繫炳炳麟麟自來

攷金石者以
國朝爲極盛郡多專志代有名家而後出愈精斷推是書爲
最約舉大綱其善有四可得而言焉寰宇一錄遠師夾漈秦
篆兩記上紹歐陽或僅注夫方輿或止存夫題跋此則精理
打本校錄舊文景伯隸釋碑陰碑側之備詳九成叢鈔大字
小字之悉具剜苔剔蘚俗書與院體同珍舐墨椎氈里語與
作家並列事蹟可攷端賴於石華賞鑑爲名迴殊於骨董其
善一也青浦萃編藝林推重然其斷代止於宋金孰知大蒙
啟運兵鋒首及於河東中統以前世鎮林立乎山右論事蹟
則宋濂王褘之史所未詳論文章則遺山莊靖之集所不盡
忽神氏族訛舛兼訂潛研成己碑銘會最且逾愛日詎可視

爲枝贅棄若弁髦此則著錄過二百篇類同偏暫編緝成十
七卷幾半全書其善二也分省彙錄始自藴山南海繼之於
沅湘儀徵推之於滇粵然皆存佚不分眞贋雜出崔逸開元
之製移於鬱林衡陽岣嶁之文推爲夏后洵屬通人之蔽恐
爲識者所嗤此則目治爲主耳食必刪界休有道鄗青圭谷
口之傳摹絳州天尊存大中咸通之注釋玉琢磨而益粹金
辟灌而愈精其善三也山左金石畢阮同修萃江浙之名流
紀瑯琊之勝跡然而楚臣余義之鐘載之魯郡成周仲酉之
鼎問入齊疆下至頓印莒刀郲戈滕佛縱耕出之育地亦傳
世而在人此則齊犨子鎛出自滎河鄂史寶鉼歸於積古長
子屯留之貨漢元天福之錢法帖別行殘塼間出不求增益

概與删除若夫攷鐵人於晉祠訪銅鐘於天慶均歸附著獨具別裁詎以款識日殘稍存假借何如碑碣長在藉證見聞縱曰名從主人大可執爲通例其善四也在昔倦圃應官亭林作客境內古刻稍稍流傳目綴於洪洞之董略編於扶風之王高郵小種亦有微長通志專門未爲盡善今也搜采靡遺迫稱觀止勘訂益愼無愧前賢好古之擘川嶽效其靈購奇之殷球琳同其價年經月緯探一十四代之貞珉徵事攷文萃九十一屬之瓌寶眞所謂百家之鑪橐六籍之星源矣荃孫愛之成癖過三十年而遙萃而爲林出一萬種之外謬承諈諉略有補苴誰誚雕蟲偉望早儕夫汾霍不辭附驥小文聊學夫洪孫云爾

重修荆州府志序代

荆州控天下之脊據上游之勢左吴右蜀襟江帶鄂人物髦秀舟車鱗脊與揚州爲二陜昔建名藩駐禁旅以四千今推重鎮志乘之作有二難焉一曰考古貴於勿誤宜都立郡孫劉易訛荆州設牧周陳並建宏農聞喜典午之僑置雲中九原孝建之并省赤岸未詳乎元史紫陵僅見乎隋書或近置而冠以昔名或虚封而漸爲實土定其疆界則壤錯犬牙訂其沿革則目眯蘭紙此考古之難也一曰徵今貴於勿漏明代舊志湮沒無傳康熙胡在恪之所編已逾甌紀乾隆施廷樞之所輯亦過百年其閒廢置頻仍記載闃寂自蓮倡亂於枝宜紅巾進逼乎江沔而龍陂橋一捷實天下大局所關官

文恭公誓師振旅力保此金湯胡文忠公籌饟練兵漸復夫壘土沙場碧血游魂憑弔乎國殤江渚丹舸互市更通乎海客書事必具夫首尾立論不厭其精詳此徵今之難也荆州府知府今任廣東按察使倪君豹岑以孔賈之樸學兼任龐之政聲膏雨濡春和風扇物人思借寇

帝每褒韓聽政之餘百事就理爰集高賢勒成斯志爲卷八十門十三目六十三其搜采文獻必載所出則范石湖吳郡志例也博綜史傳閒有參考則潛說友臨安志例也前志訛舛訂正綦嚴則毛西河蕭山刊誤也名人著述甄錄維謹則班扶風漢志藝文也馨馨彬彬負乎遠已祠賢移節楚疆思從事於通志而才謝漁仲忘等師丹愧無紀載之才空有編

摩之願睹茲鉅帙益慕宏裁綜今古於胸中恍續袁宜都盛荆州之記述流山川於掌上迴非康武功韓朝邑之空延世有通儒當不河漢斯言也

與沈鶴農書

鶴農足下國門判襼執手泫然別思淒風感懷逝水振策趨道十日九霾黃沙簌簌不辨昕夕水潦沒軫泥塗接天輿說其輻馬陷於淖西眺太行南涉大河石磴如砌言徑澠池土壁若削乃度函谷驕陽炙笠炎歊裂衣時值盛暑不停揮汗大風北來甚雨隨至飛泉界嶺力轉巨石震雷劈門礮喑怪樹耳目所接意駴神竦長安以西漸入危棧黃金子午天獄漢沔折柳鳳州尋詩劍門行抵左緜涪江暴漲連村比舍悉

付陽侯老蛟攫人怒鼉跳屋修隄一綫浮梗水面儻或奔壞滿城魚鼈如此三日乃漸歸壑中秋前夕行達成都倚閭息望穹窒紓歎小女啞啞牽衣索笑嗟乎藺足萬里僂指半年驚定而喜喜極而悲親朋相覯爭慰下第發言靦顏輒復走匿偶繙書篋蛛網塵封讀未數行神思昏倦志業荒墮光陰荏苒人生到此盦復奚言往者都下勝友如雲連輿接茵尤在足下猶憶涼月三五美酒十千歌呼相娛嘲謔閒作臣心最樂可飲一石古歡易索良會難償風流雲散一別如雨足下心醉六經力殫羣史樹義醲萃撫藻琛麗鵬秋鼻弟志同道合聯吟擊鉢析義揮麈飫領佳趣殊勝勞人吾儕碌碌已及壯年思欲懷鉛握槧上溯結繩申紙渝墨下窮倚杵千秋

位置自有定論科第得失何足重輕以此自慰兼慰足下近校遷史漸有條理寄居蕭寺經旬閉關拂楮敶辭一鐙如豆窗竹鳴秋聲和落葉此情此景願足下思之也

與張瑞之書

瑞之六丈槃敦判別關河間阻明月入戶盈虛幾過清風灑襟寒燠異致潛翔莫屬意想罕達懷人天末惄如賙饑敬維閣下華褰七英藻速十札潛神默記導引後進浮英湛德追足昔彥孟博澄清穆之敏捷希風古人庶幾未遠荃孫刊校史漢春莫藏事彥侍觀督招司記室遂於成都浮舟東下五月朔日行抵犍爲之道士觀時則宿雨新霽大江怒漲漩渦駭浪觸石崩雲舵工失手如箭脫筈驟不及避已陷石壁砰

礴雷響砉然中開水高於頂命輕於葉老蛟饞人棲鶻弔影迴飆忽注遂膠淺沙得緣蟻巢免葬魚腹子固落水蘭亭僅存仲堪破冢布帆無恙時命之窮概可知矣自來渝州得安館舍禦寇嫁衞相如游梁孔臧援筆自賦蓼蟲劉峻蘶薪其嘲書蠢自維昔年空負大志吟煙弔月動擬漢魏妃青儷白輒摹齊梁勵我寸管闖彼前哲志在千古言成一家歲月云邁功修日隳壯不如人饑來驅我鏌鋣躍冶樗櫟不材實命不猶喟然歎息盈盈一水望逼尺素芙初子健近況何如珍攝起居定增佳勝不盡欲言

與楊策卿書

策卿足下一別清風幾經圓月濯濯者柳漸長新陰嘒嘒者

蜩忽送淒響時物遷矣人事閒之爲可慼也足下墨汁盈掌知珠在胷叔重五經崔約萬紙金百鍊而益光劍萬辟而愈鋭鯤化鵬摶指顧閒耳僕春莫以來養痾僧舍簾青補竹天綠分蕉花氣四檐蟲聲一枕午榻選夢蝌眼茶翻晨窗袪塵蝸涎篆溼短僮而外惟攜破書石友不來空對古硯每當鐙黃於粟天墨如礬廊鐸敲風壚鈴吟雨情掩掩而抑抑境蕭蕭而寥寥不自知城市之中山林之內也年來頗欲潛心經籍飫志義訓而掘井九仞未見原泉刻楮三年空嗟往日優哉游哉如何如何溽暑多厲伏維自愛臨書悵悵不盡欲言

與湯伯溫書

伯溫足下春明盍簪訓酢歡洽關河千里波濤寸心睭饑之

忱計日以積比維足下學富三篋才兼九能應官之服力窮著作堂開玉茗遙契宗風字獲珠船獨搜古義縑酬持正金鑄子昇以古方今曷云多讓僕輭紅再躡曳白依然未得東歸仍復西笑星飯牛屋露宿雞棲折柳秦橋叱雲蜀棧徧數磨驢之迹流水銷魂重尋旅燕之巢青山識我中秋前夕始達成都縱涸轍之難甦庶倚閭之息望風塵歷落半雜笑嘯行李倉皇負慚骨肉近復寄居蕭寺司事校讐一鐙風雨古佛瞰其悲歡萬壘雲山羈人役於魂夢株守無能瓠落自惜如是焉已鴻鱗遇便翹望德音燕市天寒伏維珍攝

與姚彥侍觀察書

蓋聞芥珀異品一見輒投霜鐘殊質千里立應所以迴飈鼓

急能邀王應之知流水絃高必入鍾期之聽艮以同類乃克相孚未有聲纓七就飾此翳駘綈錦千重襲茲燕石按金衡而治律啞鐘濫厠宮懸負寶鼎而調羹雞匹偏升梲檄如閣下今日者也閣下胸爲江河手擘壺華鑪鞴百氏關鍵九流鄭小同之經學遠紹祖德顏之推之文筆夙飫庭誥凡夫絲麟丹首之文戈鳥殳蟲之字金版六敓之舊羽陵百軸之遺莫不三篋無遺七車獨擅管轄在座莫能當其旗鼓君苗見文幾欲焚其筆硯又況盤錯屢試芒刃弗頓竟部分任則劉晏之運籌驄馬巡方則張綱之持節宜乎馳譽者雷癲藉響者川鶩矣猶復求賢若渴說士尤甘搜竹箭於東南采琪珣於西北芝之蘭在室弃不棄夫絲麻桃李盈階猶遠膏夫杞梓

如荃孫者材同蟠木品劣豨苓瑯琊石鼓之碣僅獵其文辭華山巾舞之歌莫明其句讀弛業於髫齡罹難於弱冠飆輪萬里星飯十年市上傭書街頭販鐵縱或閒思塗抹聊意斟詮而立志勿後古人落筆每慚作者鄙言累牘江東號曰癡符僻字盈囊都下嗤其澀體自蒙眄睞之及得與賓佐之班風前燭底雪夜霞朝麈尾交談牛心嗜炙蔡中郎枕中之祕借以傳鈔張思光手澤之編命之讐校臥茂陵之病投以藥餌首京洛之塗資之行李雖樊川之護奇亶元暉之依王儉以今師古何以加茲洎睽左右爰整輪鞅弔古釣魚之城覽勝濮湖之寺捫星升壁躡雨窺井元和之殘字剔自荒榛(淳)熙之石塔訪之牧豎借山水之流連消塵坱之坌集月之十

日得返寓廬草亦多情花如斂怨抽書篋底蛛網塵封讀畫
壁閒蝸涎篆溼侍堂上之晨昏笑言如昨憶途中之風雨魂
夢猶悸離逖之感天倫之樂清夜自矢何去何從第偶息夫
勞薪尚遠睽夫故土求食之蟳離殼不常浮影之鳧逐波愈
遠曷嘗慕鐘鼎薄邱樊哉不得已耳又況違侍音塵低徊履
席燕雖去謝尚戀雕梁馬已辭裴猶思華廐巴山涼雨憶清
話於前宵汶水崩濤慕朝宗於大澥心之憂矣何日忘矣節
候炎暑渝珹鬱烝伏望禔躬起居萬福

藝風堂文集卷六　　江陰繆荃孫

晉楊陽墓闕跋

晉楊陽墓闕分書晉安帝三年立在四川巴縣鄉間累石三重中段刻字下有兩佛象承之姚方伯彥侍輦以歸今藏晉石厂楼楊君巴郡枳人晉地理志枳梁州巴郡屬縣今四川涪州寰宇記云桓温定蜀别立枳縣於涪陵郡東北一十里鄰溪口又置枳城郡尋廢闕立於隆安初上溯桓温平蜀已六十三年其爲巴郡之枳無疑漢元光元年令郡國舉孝廉晉元帝時制揚州歲舉二人諸州一人騎都尉武散官漢武帝置歷代因之楊君益梁州所舉而終於騎都尉者文四十三言書地書官書出身書先世達官書年月質實簡老與劉

韜韓壽同猶是漢人遺則也

晉韓壽墓碣跋

晉韓君神道二十四字分書韓君卽晉書賈充傳之韓壽傳云壽字德眞南陽堵陽人官至散騎常侍河南尹而驃騎將軍乃贈官均與碑合惟不書河南尹耳散騎常侍桉晉百官志云本秦官也秦置散騎又置中常侍散騎從乘輿車後中常侍得入禁中皆無員亦以爲加官漢東京初省散騎而中常侍用宦者魏文帝黃初初置散騎合之於中司掌規諫不典事貂璫插右騎而散從至晉不改又云散騎常侍侍郎與侍中黃門侍郎共平尚書政事是要職也驃騎將軍晉志與車騎衛將軍同列堵陽屬南陽國與地理志合

梁鄱陽王題記跋附宋嘉定題名

梁鄱陽王題記正書前人未著錄梁書本傳鄱陽忠烈王恢太祖第九子天監十一年出爲使持節都督荆湘雍益（寧）南北梁南北秦九州諸軍事平西將軍荆州刺史十三年遷散騎常侍都督益南北秦沙七州諸軍事鎮西將軍益州刺史使持節如故便道之鎮據補梁疆域志荆州治江陵益州治成都自荆之益雲陽在所必經當刻於是時也此刻在四川雲陽縣南三里龍脊石即輿地紀勝所載之龍脊灘在大江之中夏秋沒於水冬盡春初始見宋人題名交午重疊約百許段光緒丙子葉大令慶㷍搜得之縣僻無拓工風急石巉紙墨皆燥故訖無精拓本

宋嘉定鄭子思題名分書自梁天監十三年甲午至宋嘉定九年丙子計七百有二年此云六百九十八年少四年誤自嘉定丙子至光緒丙子又得六百年傳世日遠其寶貴當何如耶子思題名在丙子葉大令得是刻亦在丙子亦奇鄭子思王中巽趙錦夫德顯天麟俱無考

齊隴東王感孝頌跋

齊隴東王感孝頌申嗣邕撰梁恭之分書幷篆額武平元年正月廿二日建唐開元廿三年秋七月旬有五日楊傑重刻有跋亦分書頌云𦫳漢逸士河內貞人分財雙季獨養一親客舍凶弭兒埋福臻山左金石志金石萃編止引搜神記肥城縣志覽其不合今攷御覽四百十一引劉向孝子圖云郭

巨河内温人甚富父沒分財二千餘萬兩分與兩弟己獨取
母供養寄住鄰有凶宅無人居者共推與之居無禍患妻產
男慮養之則妨供養乃令妻抱兒欲掘地埋之於土中得金
一釜上有鐵券云賜孝子郭巨巨還宅主宅主不敢受遂以
聞官官依券題還巨遂得兼金養兒則須辭所述歷歷不爽
肥城志以巨爲邑人則疏矣再攷御覽八百十一引宗躬孝
子傳郭巨河内温人也妻生男謀曰養子則不得營業妨於
供養當殺而埋焉鍤入地有黃金一釜上有鐵券曰黃金一
釜賜孝子郭巨是又搜神記所本矣

魏朱岱林墓志跋

魏朱岱林墓志子敬脩撰猶子敬範撰銘正書武平二年二

月在山東壽光劉村潛研堂跋尾山左金石志古志石華平
津讀碑記金石續編均箸錄諸家攷證甚詳桉岱林兄元旭
魏書有傳志云曾祖霸儒該邱素術盡從橫魏使持節平州
諸軍事安遠將軍平州刺史俗鄰疆埸布以威恩醇酒空陳
夜金不受謗言及樂讒巧飛鄣翻然鵲起擁鄉里三十餘戶
來逝河南與元旭傳云祖霸眞君末南叛投劉義隆相合惟
史不書霸官又以曾祖爲祖或傳寫敓曾字當以志爲正魏
平州治肥如是時宋之疆域奄有青齊與平州越海爲鄰霸
投宋遷居樂陵迨魏定三齊樂陵巳入魏境故子孫仍爲魏
人也

隋啟法寺碑跋

隋啟法寺碑周彪文丁道護正書開皇四年原石久佚宋拓本今藏臨川李氏校啟法寺隋開皇初建宋爲龍興寺文云道安法師所造銅象攷輿地紀勝龍興寺在襄陽縣西北三里有金銅象雍州記釋道安所立與碑合文又云泰始四年苻丕口長安泰口日昔晉氏平吳利口二陸今口襄宛獲一人口半葢指道安及習鑿齒也晉書習鑿齒傳道安自北至荊州與習鑿齒相見道安曰彌天釋道安鑿齒曰四海習鑿齒苻堅陷襄陽道安與習鑿齒俱與並致焉習鑿齒蹇疾堅與諸鎭書曰昔晉氏平吳利在二陸今破漢南獲士裁一人有半耳碑卽指此事文又云總管大將軍千金公攷爲權景宣周書景宣傳天和初授荊州總管十七州諸軍事荊州刺

史進爵千金郡公撰文者周彪古刻叢鈔有彪撰陳詡志葢亦能文之士而嚴鐵橋全上古三代秦漢三國南北朝文不收殆未見拓本也

隋淳于儉墓志跋

隋淳于儉墓志正書開皇八年十一月在山東濟寍州學志云出身爲魏廣陽王開府記室永安元年加殄寇將軍又云春秋六十三自永安元年戊申至開皇八年戊申甲子一周是儉卒在前至少亦二十餘歲已在北齊之末儉冀州清河人攷隋之清河舊曰武城魏屬司州周屬貝州幷置清河郡開皇初省州郡以縣屬冀州志據隋之疆域而言若魏之清河已改清陽矣臨沂魏志屬郯郡魏廣陽王永安時爲嗣廣

陽王深炙輠用(淳)于髡事駟馬用于公事椄之姓氏書引風俗通云(淳)于氏春秋時小國子孫以國爲氏若于氏廣均以爲周武王子邘叔之後絶不相蒙而志牽引敘入不學可噱

隋信州舍利塔下銘跋

隋信州金輪寺舍利塔下銘同治癸酉䕫府修城所得也據唐沙門道定廣(弘)明集載仁壽元年六月十二日立舍利塔詔其略云朕皈依三寶重興聖教思與四海之內一切人民俱發菩提共修福業使當今見在爰及來世永作善因同登妙果宜請沙門三十人諳解法相兼堪宣導者各將侍者二人幷散官各一人薰陸香一百二十斤馬五匹分道送舍利往前件諸州起塔其塔所司造樣送往當州僧多者三百六

十人其次二百四十人其次一百二十人僧少者盡見僧爲朕皇后太子廣諸王子孫等及內外官人一切民庶幽顯生靈各七日行道幷懺悔率土諸州僧尼普爲舍利設齋限十月十五日午時同入下石函總管刺史已下縣尉已上自非軍機停常務七日專檢校行道及打刹等事務盡誠敬稱朕意焉是歲分送舍利之州三十今存青州同州二銘王劭感應記仁壽二年正月復出舍利分布五十一州建立靈塔以四月八日入石函今存鄧州塔銘一茲信州金輪寺塔亦二年四月八日所建銘稱武元皇帝元明皇后開皇元年二月乙丑追尊見隋書紀奉節本巴東郡縣曰魚復西魏改曰人復梁置信州後周總管府開皇初郡廢大業元年府廢復置

巴東郡正今奉節地也

隋大業鐵鑊跋

隋大業鐵鑊陽文正書桉玉泉道場智顗禪師所居皇甫昆智禪師碑有云往以僞陳納款受律行師策妙指蹤威稜江海遂剋定金陵化平銅柱三吳霧卷百粵塵清師乃因王利涉王遂因師受戒師至此而投院王因之而起寺則道場當建於開皇時也當陽隋地志屬南郡

隋李女墓志跋

隋左武衞將軍吳公李氏女墓志吳國公尉遲安第三女也祖綱周書有傳字婆羅尉遲迥之弟綱以西魏大統四年與蔡祐常善辛威李悖陸遇並進公十四年進昌平郡公據西魏書

封爵表周武成元年進封吳國公安以第三子紹封位柱國附綱傳魏書官氏志太和二十年正月詔改國姓曰元氏於時代人並詔改姓尉遲氏改稱尉氏史稱尉遲從其始也當以碑爲正北史太和十九年詔遷洛人死葬河南不得還北於是代人南遷者悉爲河南洛陽人長安志雲際山大定寺有李順興先生古記云其地舊有寺周武末廢大業中以此地賜駙馬都尉吳國公尉遲安爲柴莊攷隋書百官志上駙馬都尉以加尚公主者無班秩周書安弟敬尚世宗女河南公主安未尚主長安志誤碑書牢作窂干祿字書俗字承古寚字綱作綗隋作隋備作偹希作帣臺作臺簫作蕭鼎作鼑稚作穉筵作莚皆字體之異志與銘兩用砭石古人不拘如此

隋鼓山石窟殘碑跋

隋鼓山石窟殘碑正書隋大業中立在直隸磁州上下俱泐細讀碑文爲郡人頌縣令紹父修佛龕功德姓名剝泐僅存河東桑泉人五字年月亦闕因文中有開皇十七年字王庶常懿榮南北朝碑考卽繫之十七年攷桑泉今河東臨晉治左氏傳入桑泉卽此隋地理志桑泉開皇十六年立是時罷河東郡屬蒲州大業三年廢州復改河東郡此云河東桑泉人是據大業復郡而言若開皇十七年當云蒲州桑泉不當云河東桑泉也縣平正卽中正隋諱中字逼考魏司空陳羣以天臺選用不盡人才擇州之才優有昭鑒者除爲中正自後人才銓定州郡皆置吳有大公平亦其任也碑字開三龕

記石淙詩之先惜殘缺太甚

唐益州功曹參軍張(玄)弼墓志跋

唐張(玄)弼墓志李行廉撰正書在湖北襄陽張公祠下十一石均同志云閥閱遊宦之資詳之碣文別傳則(玄)弼固有墓碑此其埋諸土中者也碑碣不存或踣毀於神龍年間趙德甫書載有東之碑係貞元十二年所追立谷那律新舊書有傳魏州昌樂人嘗爲國子博士遷諫議大夫兼(弘)文館學士卌四家四十作卌黃山谷澹山巖詩二十作廿瞿氏謂詩體七字欠一字便不成句此志卌四家句與上五十五部爲對偶亦欠一字可見古人不拘拘於是也質卽篔字箱類與篋同義委荳疑卽委宛撰文者李行廉官司元大夫攷龍朔元年改諸

司郎中爲大夫二年改戶部爲司元光宅元年改地官此志
尚稱司元者蓋行廉撰(玄)翃墓銘尚在窆南山之時故無一
語及其夫人追移與夫人合葬仍用前銘而束之自加序文
故云束之等不敢改易謹刊李銘也觀此又可知序文爲束
之所撰矣志又云奉夫人遺誨使改卜新塋府君先窆南山
今移與夫人合葬於安養縣西相城里之平原而景之志云
以大周天𥡴之三𡕀𠥱六𡆠改卜先墳於安養縣之西相
城里則此志之立亦在天授三年無疑永昌無三年永昌三
年即天授二年辛卯夫人卒於辛卯九月葬於十一月時用
周正以十一月爲明年正月也武后以天授元年改國號曰
周志書永昌不書天授標題稱唐不稱周柬之誅武復唐之

意巳蓄於此時矣

唐處士張景之墓志跋

唐張景之墓志正書景之漢陽王柬之之弟志稱功曹府君者即玄弼也云移諸兄弟並窆於新塋之內者謂慶之敬之也景之及其子嶠其孫逖均可補世系表之闕此志即柬之所撰玄弼志云惟柬與晦僅存喘息此云余與晦之以是知之文云大周天授而葢題大唐柬之誅武之義巳蓄於此三年正月即二年十一月時用周正也後三志同

唐孝廉張慶之墓志跋

唐張慶之墓志正書慶之亦柬之弟世系表亦不載慶之辟孝廉不赴而志葢仍題孝廉字非實也

唐將仕郎張敬之墓志跋

唐張敬之墓志正書敬之亦東之弟表亦不載又按(之)弼志云惟東與晦僅存喘息此志云孰奠惟弟紀德乃兄則晦之乃敬之之第四兄其名無從攷矣云紀德云操觚則此亦東之所撰也竊謂慶之志亦東之所撰可意會而得之志述城上烏一詩可供早慧之典故

唐著作郎張滿墓志跋

唐張滿墓志正書石藏桂林唐氏志首行有姪子愿述字是撰文者爲張愿滿之從子也新唐書張東之傳以愿爲東之之子宰相世系表以愿爲滿之子二者互異而皆誤也滿四子表失載乎名此志敘先世云四代祖策從後梁宣帝入西

魏表作（弘）策字眞簡衞尉卿洮陽閔侯志僅言策者避太子（弘）諱猶袁（弘）機之稱袁機也表不言魏者當是魏未受官之故張點志又云六代祖策去西魏自南齊遷宦弈葉因家樊沔表不言齊與不言魏同張軫志又云五世祖策隨梁北歸寓居襄陽因爲此土舊族詳略各殊尚無不合張曦志又云五代祖策梁岳陽王諮議參軍贈持節蔡州諸軍事蔡州刺史則與表所稱衞尉卿洮陽閔侯者不符當以志石爲正漪舉長材廣度科見於玉海終唐之世膺是選者只漪一人唐時制科名目不下六十餘選舉志不具備也志云狡童怙寵云盜有巨力云剿其凶邪有以興復卽誅二張事攷柬之引疾在神龍元年新書傳云漪以著作佐郎侍父襄陽志云表

乞扶侍與史脴合惟據志巳授大著作而傳猶稱佐郎是新書之誤舊書傳無佐字志云無幾而太妃薨又云未卒哭終於倚廬是漪之卒當在(玄)宗初年此志立於開元廿一年者因其夫人李氏合葬而追述之也舊書傳云柬之特授襄州刺史又拜其子漪爲著作郎令隨父之任柬之至襄州有鄉親舊交抵罪者必深文致法無所縱舍子漪恃以立功每見諸少長不以禮接時議以爲不能易荆楚之剽性焉志云疾君蠹政上害苗書是漪亦錚錚有聲者向非此志之顯於後代漪亦徒有惡名矣志用詩句碩人之蔄攷毛詩作薖韓詩作過此作蔄或本於齊魯兩家可補引經異文之一條說文無蔄字又可知薖蔄同字當用薖爲之也眾當卽券字通變

適宜變字添註於通適二字之間而雅素恆眞上衍一而字口絶薰味薰葷字古通儀禮士相見禮膳葷注云古文葷作薰漢霍去病傳所獲葷允之士注云葷與薰同文選養生論薰辛害目注云薰與葷同又禮記內則注一熏一莤卽一薰一猶而釋文云薰本作葷亦一佐證

唐河南府參軍張軫墓志跋

唐張軫墓志呂巖說撰正書志稱軫官河南府參軍與世系表合鍽字不見於今字書葢卽局之俗體爲寵爲光卽詩之爲龍爲光也可補入詩異同考詩長發何天之龍箋云當作寵大戴記引正作寵易師承天寵也釋文云寵王肅作龍皆其證佐

唐秀士張點墓志跋

唐張點墓志正書點東之之孫嶧之子愿之弟也宰相世系表不載其名志敘先世云九代祖貞從西晉入東晉據世系表所載點之九代祖名興不名貞又別無名貞者此與表異張軫志亦云九世祖貞仕宋南徙軫於點爲同祖昆弟疑表有誤然此云入東晉彼云仕宋所述又復異辭據表所載仕宋爲僕陽太守者名次惠於點與軫爲八世祖亦不能合闕疑可耳又云六代祖策去西魏自南齊梭策表作弘策係點之五代祖濟志稱四代祖軫曛二志並稱五代祖此作六者誤又表載仕齊爲鎮西將軍者乃弘籍非弘策也蓋亦誤矣瘞于私第之瘞當是卒字之誤

唐郾城縣丞張孚墓志跋

唐張孚墓志姪繹述正書地理志郾城屬許州此志云豫州郾城縣者長慶元年始以郾城隸許州也志於郾城下云武德四年以郾城邵陵北舞西平置道州貞觀元年州廢省邵陵西平入郾城隸蔡州桉貞觀間尚稱豫州至寶應元年始改爲蔡州此志立於開元廿八年故稱豫州郾城縣爲後此四十年復置溵州又後五年乃廢溵而隸蔡州又後四十五年乃隸許州

唐河南參軍張軫妻邵氏合祔志跋

唐張軫妻邵氏合祔志丁鳳撰正書張軫志已編錄此其夫人合葬之志也敘軫事蹟兩志略同惟此志云進士甲科前

志云擢秀才爲異耳前志云嗣子繟紹等此志云嗣子曰繟曰縉縉當卽紹之改名者世系表均不載地理志襄州鄧城下云本安養天寶元年日臨漢此志刻於天寶六載猶稱安養則志謂天寶元年改者未確矣宍古肉字見於淮南子吳越春秋諸書漢碑又作宍本州下缺一字據史知是刺字補訪碑錄載張軫志不注撰人名而以此志爲張軫第二志標題矣復以軫志撰文之呂巖說注此志之下而顚倒其名誤之誤者也

唐穀城令張曛墓志跋

唐張曛墓志崔歸美撰屈貢正書曛之子珣瑀璪璟皆世系表所未載張氏諸志敘述先世此爲最詳策官岳陽王諮議

參軍與表迥異玠表作絲愿官江南東道采訪使表無南字
皆當以石爲正曛爲愿之第八子其諸兄名無攷表載有煦
官殿中侍御史者當是曛之兄表以愿爲漪之子故以煦爲
漪之孫誤也表又載有纁益卽曛之誤不言其爲穀城令者
漏耳志敘曛懷表詣闕一事卓卓可傳而不見於史册據志
所敘在貞元錄舊臣子弟之後而張東之傳云景雲元年謚
日文貞失實矣柬之贈司徒在建中年間傳亦未載志首行
標題云文貞公曾孫此爲創例尚直甄豆盧遜志皆冠父爵
於上者以其無爵也曛官穀城令有爵矣而冠以曾祖之謚
殆以柬之之謚因曛之抗表而始錫故特以加於官爵之上
以表其行蹟耳曝鯤卽暴腮字梟臭之俗見玉篇

唐新定太守張朏墓志跋

唐張朏墓志正書志敘朏之先世云曾祖則隋阰陽縣令與世系表及張渏志稱澧陽令者不同張瞟志又稱比陽澧陽二縣令葢先令比陽後令澧陽此稱阰陽於例不合隋書比陽屬淮安郡後魏曰陽平開皇七年改饒良大業初又改今名比阰之本字楚辭朝搴阰之木蘭兮謝朓詩阰山起朝日廣韻阰山在楚南說文無阰字今得此及張瞟志知阰字古人作比後人加阜旁耳又云父晦之桂方正字左率府兵曹參軍世系表失載柬之贈越州都督亦不見於史傳當是後來追贈莫考其時或卽在賜謚文貞時也又云夫人隴西李氏相州堯城縣令昭禮之女世系表乾祐下失載昭禮可據

此補之表稱丹陽李氏此稱隴西者從其朔也隴西四房一武陽二姑臧三燉煌四丹陽也又云嗣子回等則朏之子不獨一回故銘詞內有如鳴之育語然不可考但補一回於表而已又桉諸志皆云葬於安養縣而此獨稱臨漢者天寶初所改名也

附張氏世表

弘策	安之子宇眞簡梁衛尉卿洮陽閔侯
玠	後周宜納上士隋巴州錄事參軍桉南監本唐書作經今據
則	隋朏陽澧陽二令桉世表僅紀澧陽令與張漪志合今據張
玄弼	字神匡長安縣尉益府功曹參軍贈都督安隨沔郢四州諸軍
柬之	字孟將相武后中宗漢陽王贈司徒謚文貞
漪	柬之長子字若水懷州武涉尉洛州登封主簿左補闕著作郎
孚	漪長子字立信隨州司倉參軍豫州郾城丞志石今存據補
紞	孚子據張孚志
迪	紞子據張孚志

張曛志
朏張曛
志補阯
陽令

事安州
刺史
梌志石
今存長
安縣尉
據張曛
志補贈
都督安
隨沔郢
四州諸
軍事安
州刺史
據張滴
張軫張
孚張曛
志補入
張朏志
又作安
州都督

世表紀
著作郎
舉最後
之官志
石今存
據補

紞
滴次子
邠王府
掾左補
闕梌
世表紀
左補闕
邠府掾
據張滴
志補

勵
滴三子
荊府倉
曹參軍

軫
繹

滴四子
軫子
河南參
據張軫

軍

志

紹

彰次子據張志補彰夫人邵氏志又作縉蓋後改名

嶧

東之次子

愿

嶧子駕部郎中曹婺等十一州刺史吳郡太守兼江南東道二

煦

殿中侍御史

曛

愿八子字繼明右神武錄事參

珦

曛長子

瑀

十四州軍襄州
采訪黜陟使 穀城令
按志
據張曛志補世系表以愿爲漪子誤
石今存
世表作纁誤
點
字子敬
按志
石今存
據補

曛次子
璪
曛三子
璟
曛四子
壽安尉
按志不詳其官新書五王傳開成三年部東之四世孫璟爲壽安尉即此人而璟誤作憬舊

景之　嶠　遜

㊉弼二子字仲陽　校之志石今存

景之子　據景之志補

嶠子　據景之志補

慶之

㊉弼三子孝廉　校志石今存

敬之

㊉弼五子將仕郎　校志石今

譜不誤

存
晦之
㉄弼六晦之子朏子
子桂方荆州撫據張朏
正字左州參軍志補
卒府兵太子通
曹參軍事舍人
據張將作監
朏志補主簿太
桉㉄子僕寺
弼六子丞定州
第四子司馬邢
失名州長史
涇州別
駕梁州
刺史涪
陵零陵
臨川新
定太守
桉志
朏
回

石今存據補

桉志中可見者均表出世表尚有琪晉州刺史以珦瑀等名例之當是柬之元孫又漪之子某戶部郎中昪大理評事漪志無此二人當是表誤

唐大房山孔水投龍璧記跋

唐大房山孔水投龍璧記張湛詞正書石出房山今歸余家序云開元廿七年己卯三月府城西南有大房山孔水自廿三年內供奉呂愼盈奉勅投龍璧廿四年又投璧至是而三矣桉道家有金龍玉簡學士院撰文具一歲齋醮投於名山洞府則龍璧爲二物金石錄所載雲門山投龍詩北海太守於天寶元黓歲下元日投金龍環璧於此山是也今泰山亦

有神龍元年劉恩義投龍造象記葢唐時風尚又梭耶律成仲雙溪醉隱集有留題大防山孔水詩序云唐明詹記大曆寺孔水云或有人浮輕舟探邃穴入須洞莫究其源但有仙鼠晝飛赬鱗時見又遼壽昌五年飛冥子鮮于鴻作孔水銘其序云桉幽州土地記沙門惠珍嘗篝火入經五六日方還亦不測其淺深也安知此水不與瑤池潛通桃源相接乎故開元天子每每時雨降必遣使投龍璧於此則休應響答事存諸往記焉山主如上人言洞有白龍時復出見輒化為魚形狀絶異泰和乙丑冬忽流桃花花片皆五錢計至今洞中且有樂音不絶此孔水之大槪也張守珪唐書有傳

唐高士鄭忠墓碑跋

唐高士鄭忠墓碑明膾撰成巖分書在武清縣前人未著錄光緒八年武清令蔡壽臻搜得之忠武清人安史之亂安祿山僞授長豐尉史思明僞授東光縣丞壬寅年沒爲肅宗寶應元年史朝義之二年乙巳歲葬爲代宗永泰元年則史氏平二年矣碑言高祖羅漢武清令屬隋室土崩豪傑雲起有若寶建德者聚兵稱亂圍逼武清時獨堅守孤城確固臣節神堯[redacted]壯之加右衞大將軍宰縣如故按新書地理志武清本漢雍奴縣天寶元年更名隋時焉得有武清令蓋撰文者以當時縣名加之實隋雍奴令也通鑑建德於隋大業十二年稱長樂王滅於唐武德四年其圍雍奴事不見於史蓋在武德二年遣大將高士興擊李藝於幽州屯火籠城時也

忠高尚其志優游山林遭遇世變連受僞命蓋耿仁智張不矜之流亞並非甘心從逆實不能先自引決耳明詹成嚴均人姓名鄧名世古今姓氏書辨證明出自姬姓孟明視之孫以王父字爲氏明僧紹見南史唐有諫議大夫明崇儼成出自芉姓令尹成得臣以王父字爲氏其後有成虎漢成雄居上谷今尚有此二姓元耶律鑄雙溪醉隱集引唐明詹大曆寺孔水記蓋當時能文之士

唐宋儼墓志跋

唐宋儼墓志正書新出昌平土中蓋朱滔之偏裨陣沒於恆山之戰者志云元戎朱公又云冀國王卽朱滔也滔建中三年自稱冀王志又云建中二年三月出薊城親領甲兵收掌

恆定圍深州十一月破恆定節度張惟岳十萬餘人桉通鑑
建中二年正月成德節度使李寶臣卒子惟岳求旌節不許
惟岳與田悅連兵拒命詔馬燧討悅又詔幽州留後朱滔討
惟岳滔攻東鹿拔之圍深州又戰於東鹿下惟岳大敗皆與
志合李寶臣本張忠志賜姓名故云張惟岳也志又云國家
負德不與功勳反禍燕帥受太原河東節度馬燧惡奏先領
朔方兵甲隴右道李懷光領秦兵及殿前兵馬廿餘萬屯營
魏州御河西側通鑑滔求深州不許由是怨望遂與武俊東
救田悅是時河東節度使馬燧昭義節度使李抱眞神策先
鋒都知兵馬使李晟共圍魏屯御河上又詔朔方節度使李
懷光赴之皆與志合志又云建中三年三月至魏貝相去秦

兵十里六月卅日大破馬燧兵馬廿餘萬積屍徧野血流御
河通鑑朱滔王武俊至魏州是日懷光軍亦至懷光乘其營
壘未定欲擊之馬燧請休不聽遂擊滔於愜山之西殺步卒
千餘人武俊引二千騎橫衝懷光軍軍分爲二滔軍繼之官
兵大敗蹙入永濟渠溺死者不可勝計其積如山水爲之不
流燧懼卑辭謝滔求與諸節度歸本道志中所云皆是實錄
並非夸大之詞而儼卽陣沒於是日通鑑考異云實錄六月
辛巳朱滔王武俊至魏州是日懷光亦至七月庚子馬燧等
四節度兵退保魏縣燕南記六月朱滔王武俊懷光俱至懷
光卽欲戰馬燧抱眞不得已從之七月六日懷光等擊滔勝
之尋爲武俊所敗其夜決河水絕懷光西歸之路明日水深

三尺餘燧等卑辭退保魏縣按長曆六月壬子朔七月壬午朔辛巳爲六月三十日庚子爲七月十九日滔與懷光至魏之日滔營壘尚未立懷光卽與之戰豈得至七月六日戰於愜山之夜武俊決水明日燧等卽退保魏縣豈得至十九日疑退師過遲情事不合因謂實錄之燕南記所載日皆不可采今志中明言戰於三十日是實錄之戰日可據舊唐書馬燧傳六月晦懷光至軍至之日未休息堅請與滔等戰不利悅等決水灌燧軍燧兵屈糧少七日燧與諸軍退次魏縣是則燧戰敗於三十日是日辛巳七月七日退保魏縣是日戊子實錄之庚子乃戊子之譌不得云無據燕南記則誤甚御河卽隋煬帝開永濟長豐本秦漢之利豐縣高齊廢唐開元

十年於文安縣三十里復立利豐縣又以縣北有長豐渠遂改名在今文安縣境中志國家背德及大破燧兵昌言無忌是時河朔之人知有節度不知有天子習俗移人至於如此可慨也夫

唐焦䥞神道碑殘石跋

唐焦䥞神道碑殘石新出長安校趙氏金石錄一千六百五十六焦䥞碑從弟郁撰任獻能行書貞元十八年二月即此碑也撰人名十八年二月均尚存書人名貞元年號均在亡缺之中矣焦䥞不見於新舊唐書䥞本將家子遭安史亂河北得武功晉秩官至左神威將軍碑云前射生左虞候又云宜署美名因改爲左右神威軍校唐書至德二載擇便騎射

者置衙前射生手千人亦曰供奉射生官又曰殿前射生手分左右廂總號曰左右英武軍代宗卽位以射生軍入禁中清難皆賜名寶應功臣故又號寶應軍貞元二年改殿前射生左右廂曰殿前左右射生軍亦置大將軍俄又改曰左右神威軍皆加將軍二員與羽林龍武神武神策總曰十軍未置將軍時以左右虞候領之兟先官左虞候及置將軍卽以爲左大將軍也官正三品雲麾將軍御史大夫正四品階高平郡王二品爵均與碑合兟蓋官正三品階正四品爵二品也碑首敘焦氏得姓之始焦與譙通出自姬姓黃門譙斂碑引先人國師焦貢左傳楚師伐陳取焦夸注謂焦今譙縣是氏族略云左傳曰虞虢焦滑皆姬姓也爲晉所滅子孫以國

爲氏又有姜姓之焦史記周武王褎封神農之後於焦注地理志㊂農陝縣有焦城故焦國春秋時爲陳邑楚滅之廣韻云神農後以國爲氏碑文巳缺不知其敘述若何矣

唐陳立行墓志跋

唐幽州兵曹參軍陳立行墓志李儉撰于全益正書石出於京師碑云皇唐四周甲子歲在丁丑桉唐高祖受命建號歲在戊寅至高宗儀鳳二年丁丑爲甲子一周㊉宗開元二十五年丁丑爲甲子再周德宗貞元十三年丁丑爲甲子三周志言大中十一年丁丑爲甲子四周陳君年五十有八由丁丑上溯系生於貞元十六年庚辰志中有云從事韋雍死於亂鋒琴瑟併命老母弱子拘諸佛寺音信不通樵蘇不爇君

與其弟遊[redacted]咎瘞其遺骸慰其[redacted]耄晝乞州里夜餉饔
餐進恐吏訶退憂[redacted]詔訪遺類官給葬事亡者免飫於烏
鳶存者復歸於鄉井名教[redacted]豪傑尚其義此又難之尤
者桉通鑑長慶元年張弘靖鎮幽州判官韋雍輩多年少輕
薄之士嗜酒豪縱復裁刻軍士糧賜繩之以法數以反虜詬
責吏卒謂軍士曰今天下太平汝曹能挽兩石弓不若識一
丁字由是軍中人人怨怒七月韋雍出逢小將策馬衝其前
導雍命曳下欲於街中杖之河朔軍士不貫受杖不服雍以
白弘靖弘靖命軍虞候繫治之是夕士卒連營呼譟作亂將
校不能制遂入府舍掠弘靖貨財婦女囚弘靖於薊門館殺
雍等舊唐書列女傳韋雍妻蕭氏聞難號呼專執夫袂左右

格去以死不從及雍臨刃蕭氏涕而告曰妾不幸年少義不苟活今日之事願先就死執刃者斷其臂而殺雍蕭氏詞氣不撓雖凶悍圜視無不嗟歎其夕蕭氏亦卒大和六年節度使楊志誠表明其事因降敕追封蘭陵縣君事與志合惟不言雍之老母弱子並立行周旋之事耳立行彰念故友風義不愧古人克融作亂於長慶元年立行年二十有一昭雪於大和六年立行年三十有三皆在未仕以前立行及其祖父暨夫人之父柳楚皆無史傳可攷撰文之李儉書石之于全益亦無傳張仁憲碑亦李儉所撰彼碑署銜僅存上柱國三字即此李儉也唐書宰相世系表肅宗相李揆之曾孫有名儉者不言官職未識即其人否

唐閻好問墓志跋

唐御史中丞閻好問墓志姪周彥撰正書在京師西直門外出土補訪碑錄云此志出土僅拓數紙土人埋之遂不可得審視拓本鐫有藏常山李氏成蹊家字撝叔所言未確撰文者好問之姪撝叔以爲周彥恭撰文亦誤據敘文好問官終於幽州司馬而標題不著文有烏台三上語豈幽州司馬之後又嘗爲御史中丞故首句云中丞諱好問第一字雖缺要爲中字無疑志云會昌中燕帥贈太尉蘭陵張莊王考爲張仲武舊書列傳仲武歷官至司徒中書門下平章事謚曰莊而不言贈太尉可以補史之闕志又云莊王嫡直方以戶部襲位情娛弋獵性樂微行常以讜言維持於宿衞明年冬諫

戸部吐以血誠請覲龍闕椄皇甫枚三水小牘云咸通庚寅
歲盧龍軍節度使檢校尚書左僕射張直方抗表請修入覲
之禮優詔允焉先是張氏世莅燕土民亦世服其恩禮燕臺
之嘉賓撫易水之壯士地沃兵庶朝廷每姑息之洎直方之
嗣事也出綺紈之中據方岳之上未嘗以民間之休戚爲意
而酣酒於室淫獸於原巨賞狎於皮冠厚寵集於綠幘暮年
而三軍大怨直方稍不自安左右有爲其計者乃盡室西上
至京懿宗授之左武衛大將軍觀此志知勸直方入覲者爲
好問矣志又云迸王猶子德輔潛祈大福陰構禍階爰從東
第直臨正寢乃披堅執鋭從辰洎申威掠前鋒血盈左脅新
舊唐兩書列傳均不載此事據張仁憲神道碑德輔系張仲

弑子故府燕國公爲張允伸今府僕射爲李茂勳埇橋爲宿州治通鑑二百五十胡三省注憲宗元和四年析徐州之符離蘄泗州之虹置宿州治埇橋在徐州南界安塞軍納降軍軍府名均見新書地理志

唐大德塔銘跋

唐故信州懷玉山應天禪院尼禪大德塔銘正書石出揚州序云尼善悟廣陵人嫁許實三十年而實逝乃剃髮受戒爲尼乾符六年歸寂於信州懷玉山應天禪院生男二人收骨起塔於江陽縣以廣明元年歸焉桉唐信州乾元初置太平寰宇記云乾元元年江淮轉運使元載奏割饒州之弋陽衢州之常山玉山建州之三鄉撫州之三鄉置信州以信美爲

名懷玉山一統志在玉山縣北一百二十里高四百餘丈盤亙三百餘里界衢饒信三郡當吳楚閩越之交爲東南望鎭相傳異光燭天一名輝山唐賈耽云其山上干天際勢連北斗又名玉斗山循山之麓升降凡十有五里至大洋坂地寬廣約數百畝而奇峯峻嶺怪石深池環列於前後左右山靈之窟宅也乾符爲唐僖宗年號六年正黃巢由廣破潭攻江陵鄂州轉掠饒池信宣歙杭十五州衆二十餘萬與序所云狂寇蟻聚往還皆徑其旁一無驚畏卽其時也

宋轉運使李先等千佛崖題名跋

宋李先等千佛崖題名李先宋史有傳云先字淵宗兒之從弟許州臨潁人起進士爲虔州觀察推官歷利梓江東淮

南轉運使題名正爲利梓轉運使時也宋景文集有答勸農
李淵宗嘉州江行見寄詩史炤宋時有三中煇潁昌人嘉祐
中提舉常平乃文彥博嘗從受學文潞公集有奉寄中煇大
卿史詩金石萃編嘉祐中提舉常平史炤奏上堰法獲降敕
書刻於蜀石堰上養新錄熙（寍）四年前知襄州史炤言開修
古（渟）河一百六里灌田六千六百餘頃續通鑑長編光祿卿
史炤知邢州上謂執政曰炤在襄州於水利甚宣力宜優與
以勸衆皆此史炤一字見可眉山人卽撰通鑑釋文三十卷
者其仕履不甚著釋文題銜云右宣義郎監成都糧料院馮
時行釋文序云嘉祐治平間眉山三卿爲搢紳所宗東坡兄
弟以鄉先生事之見可卽清卿之曾孫也馮作序在紹興三

十年而云年幾七十好學之志不衰是其人當生於元祐末年而終於孝宗時後此史炤約數十年一咸(淳)中官利州路都統制則更後瞿氏書目以見可爲利路都統則與釋文序不合三巴耆古志以中輝爲眉山人則又因見可而誤杜師益書錄解題有雷澤杜師益著杜公談錄一卷錄其父務滋之言也元繼能千之馮惲公謹傅亶子諒無攷

宋壽昌縣君胡氏墓志跋

宋壽昌縣君胡氏墓志志正書額篆書光緒丙申出於尋家拖北濱江里許田中葢志完好無缺同時耕人得硯一椀一水注一墨一均爲人攫去互相傳說以爲得窖幾成獄訟志亦屢埋屢掊又爲人剖志之半以去尋屬族弟晉初致之家

爲搨其文字跡圓勁文亦有法惜䃂存下半撰人年月均不
存但聞人言元祐年而已略可攷者縣君胡氏歸於周鉛山
君其姑歸於鉛山君之父校理君以姑姪爲姑婦其賢相似
子成己祖己言己求己愼己皆舉進士攷宋職官志云祕閣
有校理以京朝官充之通掌閣事掌繕寫祕閣所藏元祐初
復置直集賢院校理敘封云庶子少卿監司業郎中京府少
尹赤縣令少詹事諭德將軍下刺史都督下都護家令率更
令僕母封縣太君妻封縣君周君盍官鉛山令妻應封縣君
與志正合宋地理志鉛山屬江南東路信州壽昌屬兩浙東
路建德府均中子五人不見縣志其舉進士而未第者與吾
邑金石最少又得宋志一種足爲志乘光儻覓得志石上半

能爲延平之合其可攷者當不止此

宋恩禪師塔銘跋

宋洪山報恩禪師塔銘范域撰韓韶正書在湖北隨州桉碑云恩禪師衛州黎陽人今宋史地理志黎陽屬河北路濬州考黎陽宋端拱初建通利軍天聖初改安利軍熙寍三年改黎陽屬衛州元祐初復爲通利軍政和五年升爲濬州縣屬焉恩禪師生時縣正屬衛州也提舉京西南路常平等事宋會要熙寍二年設逐路提舉常平廣惠倉兼管句農田水利差役初設止有京東路京西路元祐元年罷紹聖元年復置改京西北路京西南路正與碑合

宋淳禪師塔銘跋

宋大洪山(淳)禪師塔銘韓韶撰韓皓書韓昭篆額在湖北隨州桉(淳)禪師劍州梓潼人今宋史地理志梓潼屬隆慶府系孝宗時升本劍州也韓韶韓昭一管句成都府國(寍)觀一提點西京嵩山崇福宮攷宋會要宮觀使有使副使判官都監提舉提點管句等職熙(寍)二年十二月詔宮觀差遣不限員數差知州資序人以上須精神不至昏昧堪任釐務者充以三十箇月滿替三年又詔杭州洞霄宮永康軍丈人觀亳州明道宮華州雲臺觀建州武夷觀台州崇道觀成都府玉局觀建昌軍仙都觀江州太平觀洪州玉隆觀太原府興安王廟今復並依崇福宮置管句或提舉官國(寍)卽玉局觀也恩禪師碑立於政和三年書人承議郎致仕武騎尉[redacted]部郎此

碑撰文之韓部殆致仕而奉祠者

宋曹輔墓志跋

宋曹輔墓志楊時撰陳淵正書李經篆蓋吾友蒯履卿檢討得於廠肆志當出福建然各家未著錄想久佚矣椄龜山先生文集卷三十七有是文取明萬曆刻本與碑相校有脫去者如第七行上曰今日所慮正在金虜公曰有賢相則金虜無足慮也集本脫上曰至無足慮也廿二字第十四行而不知移禍於異日異日之禍將使天地易位脫異日之禍四字第十八行三鎮之求復尋前約脫之字第廿二行不知決水灌之脫之字第廿三行恪堅持之不出亦脫之字當據碑補有行者第六行除南外宗室財用南上衍主管二字第十八

行左右二輔臣議不協二上衍一字第廿二行公稱謝卽奏
臬輕儇不可任謝下衍中字第三十二行臨奠夫人張氏再
辭免再上衍一字當據碑刪有誤者第三行編管郴州與宋
史本傳同郴作彬誤延康殿學士學作主誤第四行字載德
與宋史本傳同載作戴誤第五行除一司勑令所刪定官司
作月誤第十三行大金意欲得十六字徽號徽誤故字第廿
一行臣亶疊上誤疊疊第廿七行虜再邀鑾輿出郊再誤欲
字梜是時宋帝第二次入敵營遂非狩再字是也第三十三
行初娶鄧氏鄧作鄭當據碑改正第廿七行車駕翌日出青
城青城集作郊第三十五行振飢振作賑則兩通也
曹輔宋史有傳所載歷官與碑相合史言輔諫微行并草疏

召其子紳付以家事罽王黼怒編管郴州史甚詳而碑以渾
括出之至召對各事諫北珠一疏議和戰一疏極爲蹇諤固
始終不改其節者可以補傳之缺史敘官云以通仕郎中問
學兼茂科歷祕書省正字上書謫郴州召爲監察御史守殿
中御史除左諫議大夫御史中丞拜延康殿學士簽書樞密
院事未幾免簽書碑云中進士第調福州寍德縣尉升壽州
安豐縣主簿改通仕郎試中詞學兼茂科特轉文林郎除一
司勑令所删定官改宣教郎乞補外通判安肅軍轉奉議郎
除南外宗室財用除祕書省正字轉承奉郎編管郴州移袁
州召爲御史遷諫議大夫給事中除御史中丞延康殿學士
簽書樞密院事比傳爲詳北盟會編大理少卿聶守獻言請

決蔡河汴河水合灌摩駝岡摩駝岡者前金人下寨處地勢卑下既爲水所灌注金人乃盡占高阜之地據志輔欲先出兵占高阜之地虜當駐兵低處而後灌之唐恪不肯出兵河水既決虜無損傷而城圍因水愈密矣彙編又引朝野僉言二酋遣使乞令人召康王回上遣簽書密院曹輔由京東詣河北迎康王于曹輔衣襟上以礬書爲詔數日取曹州守臣軍令狀回稱不知康王所在與志合輔貫南劍州沙縣攷宋地理志南劍州劍浦郡軍事太平興國四年加南字沙縣爲其所屬福州大都督府(鹽)德爲其所屬均屬福建路壽州政和二年升爲壽春府安豐爲其所屬紹興十二年升安豐爲軍輔爲主簿時安豐未升軍壽春未改府也屬淮南西路安

肅軍景德元年改屬河北西路郴州桂陽郡軍事屬荊湖南
路興仁府本曹州建中靖國元年改賜軍額曰興仁崇寍元
年升爲府大觀二年升督府政和元年復爲輔濟州濟南郡
均屬京西路南京大中祥符七年建應天府爲南京志葢未
見陳淵李經無攷李經官建康府教授而景定志未載

宋建炎復江陰軍牒跋

宋建炎二年江陰復軍牒淳祐七年知軍陳鑄刻在縣署二
門壁內江陰改軍高宗紀不載攷宋史地理志江陰軍同下
州熙寍四年廢爲縣隸常州建炎初以江陰縣復置軍今觀
此牒知復軍額在二年十一月矣結銜守右丞朱守左丞顏
守右僕射不署姓考宰輔表建炎二年守右丞朱勝非守左

丞顏岐正議大夫守右僕射則汪伯彥也官尊故不署姓皆
與碑合雄節崇節兩指揮皆駐江陰禁廂兵東西二寨申港
石牌皆見宋兵志狀言方賊作過指宣和間方臘作亂又言
西賊驚劫常州至鎮江府攷高宗紀建炎元年九月賊趙萬
入常州執守臣何袤又陷鎮江府守臣趙子崧棄城渡江十
月王淵張俊誘萬等誅之卽指此事是月兀朮入建康韓世
忠自鎮江引兵之江陰軍想見烽火接天殘黎結壘防託牢
固方免侵犯錫之軍額以保巖疆亦經國者之要務也江陰
志亦載從父老胡崇之請復爲軍而不錄此碑金石各家亦
未著錄己丑冬猶子志名搜得之手拓以歸江陰古碑日少
得此如獲一眞珠船矣因遣工打十數本分餉海內同志

宋紹興復江陰軍牒跋

宋紹興三十一年江陰復軍牒在建炎牒碑陰余拓建炎牒打碑人沙君士瓚爲言碑陰亦有文字因薙榛莽發瓦石出而視之則紹興牒也紹興復軍高宗紀亦不載宋地理志江陰軍建炎初復置紹興二十七年廢三十一年復置李心傳繫年要錄云紹興二十七年廢江陰軍爲縣隸常州仍屯兵三百八十人以知縣兼軍使紹興三十一年十一月新知嚴州楊師中知江陰軍塡復置闕江陰比廢爲縣至是復之與碑合結銜參知政事楊尚書右僕射同中書門下平章事皆不署姓攷宰輔表紹興三十一年三月壬午楊椿自兵部尚書兼權翰林學士除參知政事庚寅陳康伯自右僕射授左

光祿大夫還左僕射同平章事朱倬自參知政事授左通奉大夫還右僕射同平章事皆與碑合顏紹攷江陰志云紹興三十年來任林安宅無攷江陰瀕臨大江與鎮江一帶聲援相接建炎之初未罹兵燹長江天塹最爲扼要之地復縣爲軍屯兵聚糧捍衛商旅捕捉盜賊民人日見富庶錢物亦易椿辦自此以後遂不復廢自宋迄今凡留意江防者皆爲重鎮焉

宋預禪師塔銘跋

宋大洪山慧照禪師塔銘榮嶷撰吳說正書在湖北隨州道楷禪師見靖康二年碑銘慶預卽其弟子也文云預居隨之大洪山羣盜環山如林預恬不爲意日據繩牀頤指間暇外

飭其徒之强毅者固守圉以折豺虎之衝內帥其徒之靜專者謹禪誦以覬國威之立與山歸然不拔所活何止萬人攷輿地紀勝云大洪山慈忍靈尊者道場在州西南隅以峰巒奇絶舊爲奇峰寺後改爲靈峰寺今爲崇寧保壽禪院山崛起一方巉然雲間四面斗險絶頂峰巒崖石中有大湖寺人經行數常見雲氣在下靖康避寇之人立寨栅自保賊竟不能破以斗絶不可躋攀也繫年要錄紹興元年襄鄧鎮撫桑仲以其將李道知隨州時隨州闕守通判王彥威與州縣官皆寓洪山寺主僧慶預守洪山以扼賊道至隨遣彥威以歸遂掌州事慶預京山人也雲麓漫鈔云建炎紹興初隨陷於賊而山中能自保有帶甲僧千數事定皆命以官汪藻外制

有大洪山僧守珍補承信郎詰汝營壁隝輯鄉閭繫年錄以為恐與慶預事相關以碑證之事蹟略具雪峰在侯官紀勝云雪峰寺在侯官縣西百餘里地勢高多寒雪故名唐咸通中眞覺禪師居之宗風甚盛太平興國三年賜名崇聖院

宋遂禪師塔銘跋

宋大洪淨嚴和尚塔銘馮檝撰吳說行書在湖北隨州校文云郡東雙泉禪院虛席隨守袁公灼命師出世考傳燈錄襄州雲蓋山雙泉[redacted]院日西雙泉以隨州雙泉院為東雙泉淨嚴出世即東雙泉院也陳規與地紀勝官吏陳規宣和間知安陸縣行知府事自中原失守諸重鎮多失惟規與羣盜屢戰皆不能犯由是德安獨存安陸民德公為廟祀之賜號賢

成廟

宋陸游鍾山題名跋

宋陸務觀題名椄放翁入蜀記乾道六年七月八日至鍾山道林眞覺大師墖焚香墖在太平興國寺上寶公所葬也墖後有定林庵弓乙酉秋嘗雨中獨來游酉字壁間後人移刻崖石讀之感歎葢巳五六年矣卽此題也錢辛楣放翁年譜乾道元年乙酉七月改任通判隆興軍府事自京口過金陵雨中獨游鍾山葢卽據入蜀記椄放翁隆興元年除通判鎮江軍府事甲申二月到鎮江任閏月壬午游焦山有題名乙酉由鎮江改隆興軍府通判是年四十一歲趙甌北放翁年譜系之二年誤笠澤用魯望先王事放翁雲門壽聖院記亦

署吳郡陸某不稱山陰定林寺有二景定建康志上定林寺舊在蔣山應潮井後宋元嘉十六年禪僧竺法秀造在下定林寺之西乾道間僧善鑑請其額於方山重建下定林寺在蔣山寶公塔西北宋元嘉元年置後廢今爲定林庵王安石讀書處放翁所游是定林庵卽下定林寺也　是刻金氏鰲曾見之久已湮沒打碑人山東茍佑攜拓本來閱之喜甚時大雨如注東望鍾山在煙雲出沒間猶想見鏡湖詞客蠟屐獨行時豪興也

宋楊輔等口棲崖題記跋

宋楊輔等題記行書在襄陽南三里山之王蟒洞未見著錄楊輔史有傳字嗣勳遂寧人乾道二年進士甲科官至建康

府兼江淮制置使謚莊惠史言以顯謨閣待制知江陵府移襄陽而不詳何年嗣勳嘉泰元年上泉寺題名云余守江陵之四年徙襄陽是其知江陵在慶元四年徙襄陽在嘉泰元年也蒲叔獻南部人舉進士爲成都曹百姓歌曰運使姓蒲民力可蘇召爲宗正卿韓侂胄用事遂請去時論偉之見萬姓統譜侂胄用事在開禧間叔獻爲湖北轉運使當在成都之前

宋李曾伯紀功銘跋

宋李曾伯紀功銘正書在襄陽宋史理宗本紀淳祐十一年十一月丙申京湖奏聞復襄樊功都統高達以下將士三萬二千七百人各官一轉犒緡錢三百五十萬收復在四月奏

聞賞功在十一月史據奏聞書之也考曾伯王登史俱有傳
曾伯字長孺覃懷人後居嘉興淳祐初歷兩淮制置使權兵
部尚書六年放歸田里九年起知靜江府廣西經略安撫司
使兼轉運使進徽猷閣學士京湖安撫制置使知江陵府兼
湖廣總領兼京湖屯田使進龍圖閣學士疏言襄陽新復之
地城池雖修浚田野未加闢室廬雖草創市井未阜請蠲租
三年詔從之此銘刻於寶祐二年自稱京湖制置使是其知
江陵府尚在寶祐二年後也登字景宋德安人出制置使孟
珙幕府淳祐四年舉進士調興山主簿制置使李曾伯經理
襄陽登在行以積功升後至軍器少監京西提點刑獄開慶
元年提兵援蜀卒宏簡錄云登在行以功升將作監丞較宋

史爲詳高達屢見於本紀(淳)祐十一年四月高達帶行遥郡刺史權知襄陽府管內安撫節制馬軍寶祐元年三月錄襄城功高達帶行環衛官遥郡團練使銘刻於寶祐二年稱都統不言權知襄陽府殆以遥授之職故也首云(淳)祐十一年後云越三年寶祐二年也

遼廣濟寺佛殿記跋

遼敕賜廣濟寺碑前銀青崇祿大夫檢校司徒使持節儒州諸軍事儒州刺史兼御史大夫上柱國廣平縣開國男食邑三百石宋璋撰攝大定府文學龐可昇書碑陰左側皆邑人題名右側爲重熙五年重修寺題(記)碑記僧(弘)演率門人道廣維那王文襲等修寺宇敕賜寺額等事儒州遼地理志隸

西京道今直隸宣化府延慶州治大定府隸中京道今喀喇沁右翼南一百里廣平立縣始於唐而省於遼地志不言何時省入幽都今此碑刻於太平五年而有廣平縣開國男知省縣在太平後矣若宋志之廣平則宛平之訛不足據

金正大提控所印攷

金正大二年提控所印以今工部營造尺度之方二寸篆文凡四字曰提控之印右云正大二年十月日言左云大名行部造上云副提控印柱紐上刻一上字皆正書與各書所載金朝官印均合楱正大爲哀宗第二改元大金集禮云三師三公親王尚書令並金印王及諸郡王三師宰執一品官並用銀鑄金鍍二品印銅鑄金鍍三品以下皆止用銅鑄此印

銅鑄無金鍍蓋三品以下官之印攷金之提控皆虛銜無專官百官志有提控銜者甚多印文正用提控莫能定其何官上云副提控印則此印實提控之副使所用有提控銜之副使類多六品以下官然則此印乃六品以下官所用者其云大名行部造者按金地理志大名府路貞祐二年置行尚書省此印蓋卽行省所鑄哀宗紀正大二年七月蘇椿自大名來奔十月猶有是鑄是椿雖出奔大名尚未陷也張苣堂金石契有都統出字之印正大五年恆山公府造與此正同金自貞祐以後朝廷授職既無定額而臣下置官設印一時權宜有不自知其僭妄者金百官志云泰和八年閏四月勑殿前都檢點司鑄印依總管府例以金木水火土爲號此印柱

上土字猶守泰和之舊與他印以千文編號者不同前人釋土爲上者誤金印傳於今者吳蘇閣詩載正隆六年句當公事印汴少府監造前駐藏大臣錫厚菴藏貞祐三年省差官字之印金索載元光二字副統約字之印養新錄載興定元年提控所榮字印金索又載正大四年成字都統所印四印均行官禮部造金索又載提控所維字印合恆山公府所造都統印與此而七可互相取證矣

元龍興寺膽巴碑跋

元龍興寺膽巴碑撰於延祐三年碑云皇帝卽位之元年有詔金剛上師膽巴賜謚大覺普慈廣照無上帝師勑臣孟頫爲文幷書刻石大都□□寺五年眞定路龍興寺僧迭瓦八

奏乞刻石寺中復詔孟頫爲文棱元釋老傳膽巴歿於成宗
大德七年皇慶間追號大覺普惠（碑作慈）廣照無上帝師此云
皇帝卽位之元年卽仁宗皇慶元年也五年卽延祐三年也
皇慶二年改元延祐五年蓋統計之碑又云祠祭摩訶伽剌
持戒甚嚴晝夜不懈屢彰神異與傳所云懷孟大旱禱之立
雨呪食投龍湫奇花異果上湧諸事相合摩訶伽剌神傳作
摩訶葛剌神碑中帝師巴思八傳作八思巴潛研堂跋歷舉
文宗紀輟耕錄作巴思八焚毀僞道藏經碑作八合思巴至
元法寶勘同總錄序作拔合思八世祖紀作八合思八王戸
部薌卿復舉仁宗紀作帕合斯巴元典章作八思馬荃孫撿
元史阿魯渾薩理傳作八哈斯巴阿尼哥傳作八合斯巴

殿本元史又譯作帕克思巴譯音無定字也大都之碑未立眞定之石早亡而松雪眞蹟尚存天壤其爲貴重當駕宋元拓本而上矣

藝風堂文集卷六

江陰繆荃孫

韻補跋

景宋鈔本吳才老韻補五卷每半葉十行小字每行二十四葉旁注大幾字小幾字首葉有謝子芳刊餘無疑鈔胥遺奪也景寫尙精無各家收藏圖記荃孫取連筠簃刻本校之刻本張氏穆緣起云刻入叢書時何子貞借各家刻本寫本及大興劉侍御藏汲古閣景宋鈔本譌謬踳似不足據乃取才老引用之書精意校對云云此本譌脫更甚大約刻本模糊鈔胥以意爲之誠有如張氏所云者然徐蕆序中考古銘箴誦謌謠謠諺之類刻本謠字不重柭下謠字當是繇字觀書目舉左邱明傳易林可證景作謠非刻本删之亦非又三年

藏歸吳而才老死久矣刻本落藏歸吳三字書目史記注秦刻石辭下刻本落龜策傳自序皆韻七字又落漢書一條注後漢班固所作漢文章自序皆韻在史記行下想原本如是傳鈔奪去耳（注引漢書甚多）道藏歌詩注當是晉魏人作刻本改魏晉按此言晉魏或兼元魏言之不必定屬黃初也又十八尤馗字注引王粲詩女士滿莊馗與文選合刻本改士女二十五添與廣韻合刻本作沾按廣韻注或作沾似不必改定沾字九御途字注荀卿成相篇已无尤人我獨自美豈獨無故刻本刪下獨字按楊倞注或曰下無獨字盧氏文弨校云無獨字則與全篇句法合是唐本本有獨字才老所見亦然不必從而刪之也刻本閒有訛字均爲拈出引書與今本異者

苟可兩通悉錄於眉端又注引素問韓子琴操書目未出恐
尚有譌奪也
入語蚌字注國策今日不雨明日不雨必有死蚌讀蚌叶
雨桉輔行記引作今日不雨明日不雨必有蚌脯脯雨本
韻宋時已作死蚌而才老又誤引也
聖武親征錄跋
右皇元聖武親征錄無卷數光澤何先生顧船取舊鈔本校
以金元二史元祕史及金元人傳記文集攷形訂聲經年緯
月刪其重複更其舛亂補其奪字刪其衍文張丈石州推其
廓清之功比於武事誠非虛語然亦尚有未盡者如是時別
里古台那顏掌上乞列思事親搖上馬何云搖字疑誤荃孫

桉搖疑是控字大太子朮赤二太子察合台三太子窩台太宗也荃孫桉太宗也三字是注誤入正文詔史天倪南征取平州木華黎遣大進道攻廣寧府降之張文校云本紀作賜進道荃孫桉大進道爲史進道之訛賜進道則音近而誤進道秉直之弟天倪之從父從木華黎攻廣寧府均見進道神道碑七月上遣唐慶使金保降荃孫桉保降是催降之誤觀下文遣人入城催降可見乙亥金右副元帥七斤以通州降木華黎攻北京金元帥寅花麾等以城降金御史中丞李英帥師援中都戰於霸州敗之三事皆與下文複荃孫桉下文卽云金主以檢點慶壽元帥李英運糧分道還救中都齎糧人三斗英自負以勵衆慶壽至涿州旋風寨李英至霸州青

戈皆爲我軍所獲與金李英傳元本紀合又云時金通州元帥七斤率衆降惟帳復張鑊柄衆哥也思元帥據守信安何校云未詳荃孫桉帳復是張甫之譌張鑊柄是張進之譌衆哥也思是衆家奴之譌金九公傳張甫張進衆家奴據守信安不下正在是時下又云金元帥那答忽監軍斜烈以北京來降何校云北京疑有誤荃孫桉寅花麾元太祖紀作寅古答論虎卽那答忽也願船不知三句爲衍文而强爲之說所以愈疑愈誤也

會稽三賦跋

會稽三賦三卷宋王十朋撰史鑄注道光丁酉杜春生景宋本重梓取以校湖海樓陳氏本祇得譌字數處陳本爲汪蘇

潭吏部校亦甚精核惟風俗賦菱歌注云舊注菱歌調易急桉文選本是采菱調易急景宋本留墨臺半行陳本刊去桉語氣未畢下疑有辨證之語未刻者宜仍舊觀不當削之也愚齋注此賦引用書近多不存如龕山引許慎淮南原道注云塗山在九江當塗縣亶亥引愼地形訓注云大亶豎亥善行人皆禹臣也二條槩桑引太康地記云諸暨境土諸山出第一槩桑文采如博棊方正駢次有如畫作可爲屐編上品者一兩至數十萬一條爲孫畢輯本所遺賀知章龍瑞圖經三條亦出道藏李宗諤重修本之外餘周易略例顧伯邶詩傳類證蜀王本紀吳錄周處風土記賀循會稽記孔(曄)會稽記孔靈符會稽記夏侯增先地志盧驤西征記會稽典錄裏

陽耆舊記廣州記武陵記輿地志南越志地理圖十道志晉
安海物異名記圖經越州圖經濠梁圖經名山志復齋謾錄隋唐
嘉話崔希裕纂古遯齋閒覽殷芸小說談助遁甲開山圖僧
史續仙傳石氏宗譜洪興祖補注楚辭皇宋百家詩選會稽
覽古集蔡寬夫詩話各種卽晁陳書目亦多缺略碎璧零璣
皆堪寶貴鑄自序云事涉於隱者則從詳備目熟乎見者則
從闕略實足爲注書之法不僅取材之富也

秦邊紀略跋

此書五冊不分卷不著撰人名氏　四庫存目作四卷以首
卷河州條注內有康熙十四年二十二年等事定爲康熙時
人所作荃孫校宣實齋撰劉湘煃傳云(寍)都梁懷葛著秦邊

紀略有書無圖湘煃偶得圖以校其書纖悉脗合疑卽梁圖而與顧氏方輿紀要頗相齟齬湘煃合訂爲秦邊紀略異同攷六卷始知此書爲梁著又按劉繼莊廣陽雜記云梁質人留心邊事已久遼人王定山燕贊爲河西靖逆侯張勇中軍與質人相與甚深因之偏歷河西地故得悉其山川險要部落游牧曁其强弱多寡離合之情著爲一書曰西陲今略徐星伯西域水道記引之歷六年之久寒暑無閒其書始成書凡五冊冊各百餘紙繼莊爲刪定存四百餘葉改定今名與此書適合存目又載懷葛堂文集十四卷梁份撰份字質人南豐人嘗學於寧都魏禧章實齋以爲寧都梁懷葛近吳竹莊方伯坤修刊於懷寧以爲乾隆時人王文泉孝廉文灝刊於定州以爲

蠡縣李培撰皆誤是本前有石匏二字小長印朱文復有張開福印四字方印白文石匏開福字浙江海鹽明經芑堂先生之子曾就延榆綏道劉燕庭觀察之聘出入秦邊此書盝行篋中物將以攷核西鄙地理者

蜀典跋

武威張氏 澍 蜀典分十一類援據浩博是其所長其中如堪輿類蜀境一條引陸機傳蜀土與秦同域一條引博物志俱行文之辭不足爲典要蜀城一條引王右軍帖不知右軍書爲唐人僞造更不足據蜀井一條云廣陵蜀岡上有蜀井言水與西蜀相通此與荆溪之蜀山同例當入揚州方志不宜載之於蜀宦蹟類开度一條書錄解題文獻通考均作井度

廣韻井字下云又姓姜子牙之後春秋時有井伯亚字通作丌者字誤正字通本俗書不足稱也著作類犍為舍人爾雅注輯如左隱十二傳正義引圉邊垂也釋文渝變也引作濡詩載芟正義引繹繹穀皆生之貌論語述而正義引無舟而渡水曰徒涉御覽引摽大者如鵝子聲合黃鐘小者如雞子聲合大簇夾鐘荆楚歲時記引杏花如茶可耕白沙史記司馬相如傳注引楓為樹厚葉弱莖大風則鳴故曰楓詩螽斯正義引蜙蝑今所謂舂黍也皆失輯蜀才易輯如集解訟卦剛來而得中也引此本遯卦桉二進居三三降居二是剛來而得中也隨彖下引此本否卦剛自上來居易彖自初而生上則內動而外說是動而說隨也相隨而大亨无咎得於詩

也得時則天下隨之矣故隨之時義大矣哉釋文引幷累其
瓶辯吉凶者存乎辭注辯別也知崇體卑象也者像也均失
輯譙周法訓御覽四百六引譙子齊交篇文雖引而脫篇目
輓歌條複出初學記十七引好學以崇志故得廣業力行而
卑體故能崇德是以君子居謙而宏道然後德能象天地意
林卷六引公人好人之公私人好人之私念己之短好人之
長近仁也有財不濟交非有財也有位不舉能非有位也相
憎者能生無辜之毀相愛者能飾無益之譽君子好聞過而
無過小人惡聞過而有過五條均失輯蜀石經毛詩一卷外
今尚存舊搨左氏傳第二十三一卷穀梁儀禮各十數行又
張氏所未見姓氏類用氏風俗通云云元和姓纂引之在今

本風俗通之外即毛詩孟庸庸與闔通左傳作闔職史記作庸職是也名士錄又有用羽之張氏言亦未明晰开度見宦蹟類又見姓氏類卷十二冄氏十三葉一見四十葉一見均爲複出引用古書半皆亡佚不著所采之處亦屬不合然張氏素稱博學此書搜采繁富亦談蜀者之所不廢也

大唐郊祀錄跋

大唐郊祀錄十卷唐王涇撰　四庫未收藏書家各有傳鈔本譌奪最甚此從烏程汪謝城日楨校正本過錄譌者訂奪者補千年就祕之帙煥然一新雖未能毫髮無憾亦可觀大概矣眉間錄長興臧眉卿壽恭南匯張嘯山文虎校語金山錢氏指海十八集即刻汪本而以臧本校之今取對勘仍有

出入爰錄副藏雲自在堪附錄一卷汪君所輯捃采甚富荃
孫又檢唐會要十八載元和十四年二月太常丞王涇上疏
請去太廟朔望上食又中書舍人武儒衡議曰今王涇所引
太廟與陵寢同日時設祭以爲越禮又王涇狀以太廟設祭
別加常饌以爲褻味此三條附錄失引汪君未核唐會要故
也補撰樂章有大閩國太常博士張連汪君據以爲王閩時
所竄亂之證而惜張連姓名他無可考遂不知補撰在閩何
時今校太廟迎神第二奏樂章注云元闕臣陳致雍補致雍
南唐太常博士見陸游書后妃傳馬令書潘佑傳吳任臣十
國春秋有致雍傳云陳致雍莆田人博洽善文辭憲章典故
仕閩景宗爲太常卿入南唐以逼禮及第景宗閩王延羲廟

號致雍與張連同官其補撰樂章似當在永隆時然考五代會要唐天成三年封福建節度使王鈞爲閩王更名鏻五代史唐長興三年自稱帝國號大閩改元龍啟然猶稱藩於朝廷謚曰惠宗子昶嗣晉封閩王謚曰康宗審知少子曦嗣晉封閩國王謚曰景宗是曦卽位之時已屬晉天福四年拜受晉封已際兩代决無反祠唐帝之理意者惠宗之初大號初膺制禮作樂外示藩屬於中朝內以儀型夫臣下連與致雍同官治禮樂章之補當在是時而致雍至景宗之朝猶爲太常卿耳致雍事又見江南餘載今尚存曲臺奏議十卷

遂初堂書目跋

遂初堂書目一卷宋尤袤撰袤字延之無錫人紹興十八年

進士官至禮部尚書謚文簡事蹟具宋史本傳延之富於書籍遂初堂所藏陳振孫推爲近世之冠此目無撰人無卷數毛幵序魏了翁陸友仁二跋與　四庫本同一書兼載數本開近人目錄兼載各本一派復見之書提要舉大曆浙東聯句一入別集一入總集今攷其中如焦氏易林一入周易一入術數汲冢周書一入尚書一入春秋天下大定錄一入雜史一入僞史皇祐平蠻記一入本朝故事一入地理慶曆軍錄一入本朝故事一入兵書隋李文博中興書一入儒家一入雜家瀬鄉記一入地理一入道家熙寧番官陳院編敕一入職官一入刑法文場盛事一入故事一入小說石藥爾雅一入醫書一入道家于公異記集令狐楚表奏事一入別集

一入宣奏文苑英華一入類書一入總集花閒集一入總集
一入樂曲郊祀錄儀注類兩見崔顥集伊川先生集別集類
兩見王文公送伴錄王介甫送伴錄一舉其字一舉其謚一
入雜史一入本朝故事共十八條今皆注明重出而原文不
删李紳追昔游編見別集類又有李公垂集不知是一是二
均在可疑宋人目錄留於今者只晁氏讀書志與此目尚是
流傳舊本殊可貴也延之嘗取孫綽遂初賦以自號光宗書
扁賜之故以遂初名堂云

得月樓書目跋

右得月樓書目一卷得月樓爲明李鶚翀如一藏書之所如
一爲李詡戒庵之孫藏書最富與文文起錢受之相友善世

所謂赤岸李氏者也其孫成之跋戒庵漫筆云乙丙易代之際土賊四起書倉煨燼獨其目幸存於家李將侯刻之聊志先大夫彙集之苦心云蔡澍江陰志列傳云如一倣宋晁氏目錄發凡起例自爲詮次是如一本有書目而今亦不傳此目止百九十餘種雖云摘錄然世間已佚之書如李廉春秋諸傳會通廿四卷陳伯宣史記注八十七卷劉攽東漢刊誤一卷汪應辰唐書列傳辨證二十卷呂祖謙新唐書略三十五卷李德裕大和辨謗略三卷歐陽靖聖宋掇遺一卷蔣之奇魏公逸史二十卷倪思正齋台諫論二卷中興集議名臣言行錄三十卷呂東萊觀史類編五卷胡恢南唐書十卷劉恕十國紀年四十二卷宋敏求河南志二十卷周淙臨安志

十五卷趙抃成都古今記三十卷楊侃職林二十卷張著翰林盛事一卷白太素續通典二百卷万俟禼紹興貢舉攷法五十卷丁謂景德會計錄六卷顧烜錢譜十卷陶岳貨錢錄一卷董逌續錢譜十卷陳繹山堂遺集十卷續八卷文苑摘粹十卷共二十七種王文簡居易錄云陸雲士令江陰云有胡恢南唐書今見此目方知陸所云者卽李氏所藏而書久佚荃孫从汪郎亭前輩所假得爲黃蕘圃舊藏與述古堂傳是樓朱元本目各爲一帙喜爲錄存幷錄副贈金君湋生湋生卽梓入粟香室叢書特苦其編次無法又復出十國紀年文苑纂要辨證兩種辛卯自京旋里又從赤岸故家覓得鈔本一帙較爲完善復爲梓行江陰藏書家前明推朱君子儋

李君如一今子儋僅有存餘堂詩話及以要妾易宋本漢書一事又不如如一尚有此目存也

朝鮮金石目攷覽跋

嘉道閒朝鮮士人之談金石者曰趙寅永雲石曰金正喜秋史諸城劉燕庭方伯均與之善因得其國之拓本最多釋其文字攷其原委爲海東金石苑八卷又撮其目爲海東金石存攷一卷其無存者列爲待訪目至精至確此金石目攷覽二卷爲朝鮮金秉善所撰碑較多於燕庭所得然存佚不分惟存者攷其額若干字足以取信非稗販而爲之者今取燕庭兩書校之梁貞明白日棲雲塔碑脫碑側晉天福忠湛塔碑脫碑陰元普濟尊者浮屠碑脫元宣光六年年號（元順帝子廟號）

昭宗宋脫圓覺禪師碑元脫(弘)覺禪師碑大藏移安碑慶平寺石幢攷證脫王融崔惟清韓文俊李之茂李(弘)孝李奎報梁載權漢功諸條非特金君未見鮑子年亦未見也荃孫又藏葉東卿高麗碑全文內有宋大覺國師墓室及碑銘安立事蹟記圓光徧炤(弘)法禪師碑元元貞普覺大師塔碑皇慶權文清公墓志明碑尙夥不足記金石隨時隱見如此書者其搜訪亦不爲無功云

汪應辰石林燕語辨跋

宋葉夢得撰石林燕語十卷所紀朝典國故官制科目當時已重其書閒有記憶失眞處同時有汪應辰作辨宇文紹奕作攷異以糾之而各自爲書燕語世傳商氏稗海本脫譌踳

駮不堪卒讀仁和胡君珽鈔得　文瀾閣附攷異本又得何學士焯沈廣文欽韓合校正德楊氏本再參以　四庫攷證舊聞證誤凡前賢論說之足資攷核者悉爲甄錄以活字板印行可謂燕語最善之本惟攷異經館臣錄附原書而甚譜汪辨僅存其目二百二條於大典悟字韻中辨則寥寥數條無從掇拾書錄解題亦稱未見儒學警悟開引數條大典亦未全采是汪辨於宋末傳本卽希而儒學警悟於明初亦非易覯也荃孫初得胡氏集辨本又得明楊氏本頗思爲之刊行旋聞廠賈自山西歸有明鈔儒學警悟全部急往詢之已爲宗室伯希祭酒所得幸伯希假我錄副綿紙藍格古香盎然方知儒學警悟爲太學俞鼎孫同上舍元經編汪應辰石

林燕語辨十卷程大昌演繁露六卷馬永眞嬾眞子六卷陳善捫蝨新話二十卷四種共四十二卷署曰初編每卷題儒學警悟第一第二宋人叢刻與百川學海同時爲彙刻書目所不載亦可謂驚人祕笈矣然演繁露三書尚有他刻而汪辨則已成孤本鈔白頗有訛脫爰取楊胡二本校定正文補脫字有兩通者不妨存異商本楊本各不同此書字句往往與楊本同辨語共二百條照原書分卷（葉據大典作二百二條衍下二字）攷異得五十六條而與辨同者四十六條縱所據略同而字句仍不少異何耶至說郛引二條舊聞證誤五條容齋五筆一條葉君廷琯引一條而無書名各條均見此書似亦無所佚脫葉胡二君校燕語時深惜此書久佚孰知全書十卷尚在

天壤閒耳

捫蝨新話跋

捫蝨新話十五卷宋陳善撰　四庫列之存目昭文毛氏曾刊入津逮祕書梫讀書敏求記云捫蝨吾家所藏有二一是宋鈔本不分卷帙末有羅源陳善子兼跋云丙寅歲余由海道將抵行在所遇颶風船壞盡失平日所業文字既而於知友閒得所著捫蝨新話因加刊削得一百則時紹興已巳正月二十一日也此本墨敝紙渝古香醃䤄或者疑爲子兼稿草一是影摹宋刻本標題云朝溪先生捫蝨新話釐爲十五卷不列子兼名氏并脫跋語二者未知孰爲定本姑兩存之以備參攷可耳此舊鈔本云新刊朝溪先生捫蝨新話無跋

語亦無名字與敏求記所云影摹宋刻本合每條各著前話後話下注數目豈本作前話後話爲好事者摘以歸類故題云新話與惟訛字較多是鈔而未校者荃孫舊藏從明人刻本景寫者并成四卷刪除門類實爲無理竄亂然較舊鈔本只脱一條訛字亦少

黄蕘圃所見鈔本卽述古舊藏只一百則不分類無子目與十五卷本一百九十三則大不相同恐是前話後話之一種

意林跋

意林今止五卷高似孫子略中載有全目較今本多蔣濟萬機論以下三十七家洪邁容齋續筆卷二臚列意林內不傳

之書三十二家今本無者十七家乾隆中海鹽周氏廣業輯意林逸文六條又據續筆所稱各家輯之爲意林附編迨文選樓得宋本多第六卷嘉興李氏遇孫鈔之海鹽蔣氏刊入斠補隅錄海內始得見意林完本今意林卷二二家原有目無文卷六四十一家有目無文十三家子略原目所列洪氏所稱照曠閣據說郛所補周氏所采大都在是惟以子略目核之新序今在第三卷宋本復出譙子五教子略在法論下注並引禮記語今奪周髀次相鶴經之下夢書次氾勝之書下相貝經作貝書次夢書下九章算術次萬畢術下博物志次算術下筆墨法居末均不同子略原目以時代爲序略分家數似是意林原文惟奪道德經荀子杜夷幽求子干寶干

子華譚新論孫綽孫子六家係傳寫之訛然續筆有干子而無幽求子新論孫子核之崇文總目均屬不傳之書豈容齋所見本卽佚此三種與牟子見子略目次正部下亦見續筆本草經小注云華陀弟子吳普六卷見子略目次神農本草經下今奪相鶴經黃長睿東觀餘論云原書久佚惟馬總意林及李善文選注鈔出相貝經楊升庵亦云原書已佚此特意林所引今二家有目無文施元之注蘇東坡次韻孔毅父久旱詩引意林袁準正書一條天中記陂類引意林一條今本亦無之大約宋時已無全帙然諸書閒有輯本頗有得數十百條獨遺此一二條者亦可見宋本之足貴已

乖崖先生文集跋

宋張忠定公集向無刻本獨山莫大令祥芝得吳中張青芝之
仿宋本手鈔乖崖先生文集如式重雕復假孫淵如先生舊
藏明人影宋寫葉十六行十六字本校補洵足嘉惠藝林
表彰前喆究荃孫復取舊藏馬寫中鈔本校之無甚大異惟
新刻益州重修公署記竹樹花卉所至畢臻下四百餘字依
十六行本移入昇州重修轉運司公署記中互為刪補而讀
其文有不可解者馬本益州重修公署記竹樹花卉所至畢
臻下撥自章南康驕悍之餘孟先主僭悖之後其安其適習
以成風若今之所營實賦以合道輕浮潛厚凶忮侵仁循吏
所能允克皆發苟采訪之吏亟以狀聞而疇庸之恩遺當不
霈參三事之庶政晌大君之鶡獻休泰之辰恢闡羞盛乃中

外之同詞也下再接周翰柴愚云云昇州重修轉運司公署
記記中不得擅爲異法也誠以命令稟於天子其昭著能事
厥惟善良苟郡縣不德奸豪任情蠹弊因仍刑罰不正民有
不得平者征斂違度巡護不謹毒有流於下者咸得致詰下
接以聞或高才沈於下寮治聲被於四遠鄉黨之孝悌巖谷
之貞純悉係明揚用稱中旨加之辯惑煥然易從如此則上
無曠官下無冤人馴良適意凶邪喪朋欲民不謳歌於路時
不須雍熙者未之有也記末與夫循默養名怙下接權自大
者不同日而議也考昇州爲今之江寧府與記中云江南轉
運司合韋南康二語羼入不倫二十六行本以聞上空一格
自大句去一權字添裁正與三字是後人以意妄改上云與

夫循默養名怙習以成風下云與自大者不同日而議不但語句相複而意亦未全也兩記互易則文意均足當依馬本改正

摛文堂集跋

摛文堂集十五卷宋慕容彥逢撰彥逢字叔遇宜興人元祐三年進士復中詞科崇寧元年除祕書省校書郎歷官刑部尙書卒諡文友宋史無傳仕履僅見集後附錄墓志宋藝文志有此書而晁陳書目不載想已久佚桉此集宋時亦罕見故宋文鑑不收未必鄙其人而擯之今館臣從大典搜輯編成十五卷幾及全書之半亦足以傳叔遇惟制誥類中有降授奉議郎趙鬲可差知徐州制桉宋史元豐五年知淮陽軍奉議郎趙鬲知徐州前於叔

遇當制約二十年又有楊愿除中書舍人誥宋史紹興十二年九月始遺楊愿賀金使正旦距叔遇之卒亦二十年大約以他人文羼入此編纂之誤也內端明殿學士朝散大夫曾孝寬可差知鄆州降授奉議郎趙禼可差知徐州兩制合爲一題又故左藏庫使趙從義可贈皇城使惠州刺史充本州團練使制贈是身沒之榮充是任官之命合爲一題語氣不貫觀制語首云設館以待四方之臣置使董事頗似四方館使制又不相合其爲誤合無疑又回謝貢士樂偲樂傳啟後脫一題宗室故懷州防禦使河內侯墓志銘中間有脫文此傳錄之誤也叔遇謚文友謚議曰德美才修曰文能善兄弟曰友其孫綸鏤版時目以文友公摛文堂集其爲文友無疑

廣本　提要誤作文定而宜與新志因之當据此以訂其誤
至文辭雅麗讀者當自得之

鴻慶居士集跋

鴻慶居士集四十二卷宋孫覿撰覿字仲益晉陵人大觀三年進士繼舉宏詞第一歷官翰林學士提舉鴻慶宮故其文稱鴻慶居士集生於元祐辛酉卒於乾道己丑年八十九仲益在當時爲衆人所譏屢起屢蹶宋史不爲立傳岳珂桯史趙與旹賓退錄均痛詆之　四庫雖收其書　提要亦極貶斥其人賢否久已論定無庸置辨惟仲益生值國故更事徽欽高孝四朝爲文章容與詳贍淹賅衆體於昔盧陵南豐眉山諸老相繼徂謝仲益踵其後最號作家今流傳有二本一

卽此本慶元中其子介宗所編周益公序　四庫以此著錄
一孫倘書大全集七十卷首冠宋字儀顧堂題跋定爲宋以
後人編而是集所無者書四首啟三十九首詩八十五首表
二十一首狀三首外制兩首記二首序三首賀啟三首帖七
百六十二首跋語二首頌一首題跋二十四首墓志三首挽
詞四首青詞一首疏九首篇數溢出三分之一然周序已言
先有閩蜀兩刻中閒雜以翟忠惠文然難於决擇今別爲補
遺附刻於後而此本賀張參政啟卷十七卷二十兩收編次
亦未盡善自宋至今輾轉傳鈔訛脫不可勝舉前在京師假
得臨清徐梧生戶部影宋寫本係借書園舊藏行款均自宋
本出而訛脫亦甚卷三十二缺一葉借錢塘丁氏本補足卷

三十四缺一葉從大全集補足明嘉靖刻本止十四卷反改周序四十二卷爲十四則明人陋習不足據也

孫尚書大全集跋

宋南蘭陵孫尚書大全集七十卷不知何人所輯卷一至卷四書卷五至十一啟卷十二至二十詩卷二十一二十二表卷二十三二十四狀卷二十五至二十七外制卷二十八劄子卷二十九至三十二記卷三十三三十四序卷三十五三十六賀啟卷三十七至五十帖卷五十一行狀卷五十二銘贊卷五十三文語頌傳卷五十四題跋卷五十五墓表卷五十六至六十七墓銘卷六十八挽詞卷六十九青詞卷七十祭文疏文較鴻慶居士集本多出書四首啟三十九首詩八

十五首表二十一首狀三首外制二首記二首序三首賀啟三首帖七百六十二首跋語二首頌一首題跋二十四首墓志三首挽詞四首青詞一首疏九首共九百六十八首第所收既博牴牾亦所不免如卷三與耿伯順書與卷四十一與耿侍郎帖同卷五十五碩人孫氏墓表與卷六十五碩人孫氏墓志銘同一有銘一無銘卷四十四與婺守李德升尚書帖與卷四十八與楊元光宮教帖同只後幅多四語耳卷二十三申雪第二狀有錄無文上丞相第二劄子後幅錯入求時宰解郡乞祠劄子卷二十四回平江府蔣待制狀應編入十卷卷四十三與廣西少漕趙隱帖其一未完周益公序鴻慶集言中離以翟忠惠文更無從辨別矣明文淵閣書目始

著於錄　四庫止收鴻慶居士集四十二卷然內簡尺牘編注　提要云覿所撰自三十七卷至五十卷皆書帖卽據大全集卷第若鴻慶集只四十二卷也又云第七卷與常守徐計議第五帖注引覿集常州資聖禪院興造記在集本三十一卷亦指大全集本鴻慶集此記在二十二卷則館臣之誤也

內簡尺牘跋

內簡尺牘十卷宋孫覿撰梫仲益生平文字其子介宗所編者爲鴻慶居士集四十二卷後人又編爲孫尚書大全集七十卷此尺牘十卷四百十八篇門人李祖堯編次而自爲之注鴻慶集未載尺牘大全集載尺牘八百三十四篇與此同

者僅有二十六篇同時掇拾各有短長正宜互存以成全璧不特文筆清雋爲宋中葉大家而當時朋舊亦藉可考見梗槪矣此書有宋刻本分十卷標題曰李學士新注孫尙書內簡尺牘方牌子云蔡氏家塾校正銜名首行左朝奉郞充龍圖閣待制孫覿仲益撰次行門人李祖堯編注無序目有元天曆庚午刻本分十六卷宋慶元三祀梅山蔡建侯行甫序有成化辛丑仲益十一世孫蜀撫仁刻本標題云孫尙書內簡尺牘錢溥序有嘉靖丁巳建陽守顧名德刻本自爲跋有萬曆庚辰淮陽學政李時成刻本姚江葉逢春序三刻皆十卷　國朝乾隆丁卯無錫蔡龍孫蔡焯病舊注簡漏廣搜羣籍爲之增訂補苴罅漏頗有功於是書今刊附鴻慶集之後

仲益之文字幾幾全備矣蔡序今本所無從元刻本錄出以冠其首

丹陽集跋

丹陽集二十四卷宋葛勝仲撰勝仲字魯卿江陰人紹聖四年進士官至華文閣待制知湖州謚文康事蹟具宋史文苑傳其文集八十卷外集二十卷久佚館臣從永樂大典輯出編詩文爲二十四卷絳雲樓書目有丹陽集三十卷雖與史傳不合然自是舊本未知尚在天壤間否江陰葛氏世籍廣陵唐天祐中避孫楊連兵之禍渡江南徙宋代門祚鼎盛五世登科第三世掌詞命宋史有傳三人附見十人最爲江陰望族魯卿再守湖州有全城功遂卜居吳興汎金溪上集中有汎金溪宅上梁文其子立方韻語陽

秋序云歸休吳興汎金溪上是舊家江陰徙居吳興可見者如此葛氏以葛洪著望稱丹陽魯卿自署丹陽迺宋人之舊習集亦署曰丹陽集是晉時之丹陽郡非宋時之丹陽縣也自陳振孫書錄解題誤以爲丹陽人而宋史因之遂以魯卿爲舊居丹陽徙居吳興似與江陰無涉者因歷考丹陽歸愚兩集韻語陽秋均無徙居丹陽之文京口耆舊傳嘉定至順兩鎮江志亦不載葛氏父子鎮江志如陳升之蘇頌曾布之寓居者均載之豈有獨遺葛氏父子之理韻語陽秋云余曾祖通議楊寘榜登科未四十致政享年八十七居江陰軍青陽之上湖自號草堂逸老又云先人文康公罷官南陽適當兵擾復還舊業奉伯父工部居焉別建二老堂於宅南眷望由里諸山皆在目考由里山離江陰

城九里距青陽亦在指顧孫鴻慶爲作序文有曰覿與公同州里亦可爲魯卿居江陰之證若爲丹陽人則屬鎮江府不得謂同州里丹陽集二十一有里中無居寓丹陽縣詩五六聯云退食井腴如就國原注某見封丹陽郡遙尋祖系似還鄉原注葛穉川丹陽人觀此更可見非丹陽人矣至近代之志又据宋史鈔入不足據也此集藏書家罕見昔年厰肆曾出孔葒谷鈔本爲汪郎亭前輩購去今從丶文瀾閣錄副取以刊行訛錯滿紙校讐不易丹陽詞一卷　四庫別收汲古毛氏刻入六十種詞今取集中詩餘一卷互校有汲古無而本集有者三首汲古有而本集無者十八首字句亦有短長乃重爲校定而以汲古所有之詞附刊於末鴻慶集中有序

文一首　閣本未錄今仍冠於集首以符其舊七言古詩有次韻鄭維心游西佘山詩係七言律兩首爲改附七言律詩之後

友林乙稿跋

友林乙稿四明史彌（寧）撰彌（寧）字安卿一字清叔史忠惠王浩弟源之子錢辛楣先生見史氏譜知彌（寧）以宗女澤仕至武功大夫太子右春坊閤門宣贊舍人除忠州團練使知泰州兼淮安提舉趙希弁讀書附志安卿嘉定中以國子舍生之望涖春坊事帶閤門宣贊舍人知邵陽此集前有域序失其姓桉域字中卿見文獻通攷集中有謝鄭中卿惠蝤蛑詩卽此人宋詩紀事域字中卿號松窗三山人（淳）熙十一年進

士慶元中曾隨張貴謨使金著燕谷剽聞二卷官幹辦行在
諸軍糧料院并收玉蘂花一詩山丹一詩出全芳備祖黃楊
岩一詩出延平府志近見寶慶府志又得法相岩詩法相具
諸相蠻方無定方突兀虎豹立嵌空蛟龍藏入地轉輪遠透
天圓寶光何人鑿混沌棄擲官道傍嘉定癸酉至日松窗鄭
域中卿并知其爲武岡軍判官則與序所云太師文惠魏王
帥閩以庠序諸生最沐稱賞後四十年墮影湘南乃得親炙
春坊領閤公之幕下相合是彌盜知邵陽時而域爲武岡州
判官正所屬也姬侍類偶有中卿序詞綜收念奴嬌一闋惟
希弁云友林詩稿二卷有黃昇說曾豐序此祇乙稿無黃曾
兩序疑尚有甲稿今失其傳黃蕘圃百宋一廛藏有宋槧劫

後客滬猶及見之此吳中翻刻儼然中郎虎賁詩止百七十首如雲鬘著色四時畫石瀨有聲千古詩一毛不拔管城子冷眼相看石丈人置之浩翁集中幾無以辨有彝尊私印竹垞玉樹山房當湖小重山館胡鑑江珍藏諸印

北郭集跋

吾鄉如心許先生得詩名於元明閒曰北郭集　四庫著錄而書亦罕見昔年從杭州丁脩甫孝廉鈔得表兄金淮生同轉錄副以去幷從秀野草堂元詩選錄出廿二首別爲補遺一卷於縣志采蘇伯衡序又采孫作序刻入粟香室叢書海內始有傳本己亥新正至滬得同里趙敬夫先生曦明手鈔本跋云北郭集原本四百四十五首國變無傳迺於張允敬

江陰文獻錄得二百五十六首又於許氏家譜得一百五十首去其重複分體編錄得五古廿九首七古廿八首五律七十二首七律一百廿四首五言長律三首七言長律四首五絕六首六絕四首七絕二十三首共二百九十三首分爲六卷而卷中古近體仍是雜編是敬夫雖定目錄尚未照目另寫此書乃稿本也與　四庫本相校序次盡同而多五十首是　四庫照此輯本收入元詩選亦不出乎此均未見原書也卷首有張端金文徵林右三序均作於洪武朝

明王百穀詩文手稿跋

右明王百穀詩文二冊邵陽魏默深所藏今歸吾友蒯禮卿檢討詩文雜次塗抹鉤勒字跡亦疏雋有致蓋手稿也後有

仁和龔定庵先生跋因首冊之首題云南有堂集壬寅元日起次冊之尾題云除夕正值亡兒之戚止定爲壬寅一歲之詩椄百穀刻本詩文各署集名曰晉陵集二卷金昌集四卷燕市集二卷青雀集二卷定越志二卷竹箭編二卷梅花什一卷明月編二卷雨航紀一卷清茗集二卷越吟二卷荆溪疏二卷延令纂二卷采眞篇二卷法因集四卷丹青志一卷虎苑二卷吳社編一卷生壙志一卷苦言一卷謀野集八卷共四十六卷獨無南有堂集因借錄副通校一過方知後冊乃辛丑冬日所作其子歿於辛丑之冬前冊乃壬寅春日所作故第一首元日詩云舐犢空憐病裹身穀日詩又云失雛憐老鶴舐犢悼亡麟東郭人空老西河痛莫伸又有亡兒五

七禮佛拜懺文並非一年之事賈人得零稿數冊強合爲一以充完善定庵先生亦未細閱也考次冊第二首恭讀立皇太子詔志喜校明史辛丑爲萬曆二十九年立皇長子常洛爲太子在十月已卯是次冊應改爲首冊從辛丑十月起首冊末數葉有祭陳大司馬文云維萬曆壬寅歲五月丙午朔是首冊應改爲次冊至壬寅五月止前後八月得詩一百八十四首文三十二篇不可謂之不富第不得總名南有堂集耳而辛丑所作又不知他集有之否百穀集廠肆常見未購歸鄉人金潍生有之當取以相校也

百穀江陰人僑寓吳中負盛名江陰志傳嘉靖末游京師客相國袁煒第煒試諸庶吉士紫牡丹詩不稱意屬稺登

爲之大稱賞將薦之朝未果煒卒穉登哭其墓集中光祿少卿行甫吳公誄云世皇帝恭默求神仙海宇盜謚丞相修平津故事召致賓客都門客最盛乃設史局校書得以青衿給筆札如漢蘭臺石室矣余以文榮相薦公以江陵薦先後並直史館文榮薨左相擯余弗獲拜一爵野獲編云袁元峰少傅最善百穀山人以爲異材欲援之入誥敕房如談相張文憲故事可至卿貳會袁卒不果志傳又云申時行以元老里居特相推重王世貞與同郡友善顧不甚推之穉登亦不爲之下及世貞歿其子坐事繫獄穉登傾身救援人以是益重其風義集中有申少師適圃雜詠詩簡申少師詩和申少師除夕元日二詩又有重過瑯瑯長公宅問王房仲病詩有云弇公眞天人名高道何尊

白骨尚未寒魚肉其後昆昨日青宮開四海皆蒙恩云胡
佳公子獨不免覆盆未釋城旦舂猶然鉤且髡皆與志傳
合其爲人亦可見矣光緒丙申邑後學繆荃孫識於金陵
之鍾山講舍

方東樹儀衛堂集跋

儀衛堂集十二卷外集一卷年譜一卷桐城方東樹植之撰
外集駢文年譜其三從弟宗誠刊集時所編次植之學問淵
博文筆銳穎惟好與漢學家爲難其所撰漢學商兌一書幾
於極口痛詆以自張其保衛宋學之功是集大旨亦不外是
不知漢學閒有穿鑿非讀破萬卷不能下隻字宋學則明心
見性出自禪宗迂論妄談禍人家國史冊所載百喙奚辭況

今之士大夫早年讀四子書攻時文以覬覦富貴父師之教在是子弟之志在是曰心曰性曰理曰道爛熟胸中奔赴筆底已數十年於茲晚年取閱語錄一二種覺平日所見聞者不甚相遠其襲取也甚易其託業也甚高遂儼然託體考亭分苗洙泗嘵嘵聒聒自命聖賢非惟漢學之罪人亦宋學之罪人矣集中切問齋文鈔書後以

國朝大師戴東原惠定宇諸先生與明焦楊並論植之非全不知黑白者不過不與焦楊並論不能快其私說耳書錢辛楣養新錄後謂錢氏以南宋之亡歸獄鄭清之由於廟堂之上習聞迂闊之談而不知理勢植之則謂收復正論也不可謂之迂闊而其爲鄭青山解也則謂清之爲相慷慨以天下

自任及元人收復三京許歸河南之約千載一時之機會喜不及待故不暇積食蓄兵急往收之不知積弱之宋與新造之元舉兵相抗國家存亡在此一舉倉卒而進潰敗而歸安得謂之不迂闊安得謂之不冒昧又謂南宋之亡由於用道學不盡使眞有志於恢復如越句踐燕昭王舉任賢才如魏文侯魏孝武將收復可必何致速亡使諸將秉承定算堅忍不退且以三京本吾故地大義折之盟信要之元新得中原事勢未集未必不退而聽命如仍不聽則用趙奢閼與之說力戰致死以勇爲勝師直爲壯必可勝之如此而又不勝則用田單卽墨之謀因我民之怒退而修備激起人心志在必於收復則中原可終爲我有也試觀眞德秀爲相魏了翁爲

將盡用道學諸人爲侍從爲守令能當伯顏阿朮之鋒乎能力戰致死如趙脅關與之戰乎能激起人心如田單卽墨之謀乎以此責錢氏可謂不善擇言者又謂蒙古之興由召用姚寶王許表章程朱之學以致至元之治元用道學而興宋何獨用道學而亡不知元之興由於忽必烈木華棃之善戰乎由於姚寶王許之善教乎宋之亡亡於兵力不敵耳未聞簞食壺漿以迎元師也未聞干羽兩階以格元廷也史之稱姚寶王許仍是標榜習氣並非實錄能據以駁錢氏乎集中論時事各書亦大都類此至於語語惡詈幾同市井卽宋學家亦屬下乘南皮師云植之本屬漢學後自揣不能勝諸家故反用之以獵取名譽爲溫飽計亶其然乎

朱希眞樵歌跋

樵歌三卷宋朱敦儒撰敦儒字希眞洛陽人紹興乙卯以薦起賜進士出身爲祕書省正字兼兵部郎官遷兩浙東路提點刑獄上疏乞歸居嘉禾工詩及樂府婉麗清暢秦檜當國獎用騷人墨客以文太平復除鴻臚少卿檜死敦儒亦廢見宋史文苑傳四朝聞見錄希眞有詞名以隱德著思陵必欲見之累詔始至上面授以鴻臚卿希眞下殿拜訖請致仕上改容而許之二老堂詩話希眞詩詞獨步一世居嘉禾秦丞相欲令希眞教秦伯陽作詩遂除鴻臚蜀人武横作詩云少室山人久挂冠不知何事上長安如今縱插梅花醉未必王侯著眼看希眞舊有鷓鴣天詞見集中故以此譏之能改齋漫

録希真流落嶺外九日作沙塞子詞（見集中）不減唐人語竹坡
詩話須歲朝廷多事郡縣不須（曆）希真避地廣中作小盡行
澄懷録陸放翁云希真居嘉禾與朋儕詣之笛聲自煙波間
起頃之櫂小舟而至則與俱歸室中懸琴筑阮咸之類簷間
有珍禽俱目所未覩籃缶貯果實脯醢客至挑取以奉客靜
志居詩話城南放鶴洲南渡初禮部郎中朱敦儒營之以爲
墅洲名其所題雖不見地志觀樵歌一編多在吾鄉所作此
說近是花菴詞選希真東都名士天資曠逸有神仙風致西
江月二首（見集中）可以警世之役役於非望之福者貴耳録希
真月詞有插天楊柳何人推出一輪明自是豪放賦梅詞月
橫枝銷瘦一如無但空裏疏花數點語意奇絕如不食煙火

者希眞著有巖蝅詩人集一卷又有獵較集均不傳樵歌三卷阮文達經進書目依汲古閣舊鈔本進呈而書亦罕見吾友臨桂王佑遐給事彙刻宋元人詞鈔得知聖道齋所藏汲古閣未刻詞內樵歌拾遺三十四首先梓以行今年正月新安友人以吳枚庵鈔本見詒如獲瓌寶三卷計二百五十五首首尾完善亦無序跋不知源出何所第與拾遺相校均在其中同爲汲古鈔本何以别出拾遺殊不可解惟貴耳錄所舉二詞俱在想無甚遺佚矣

宋刻鄂州本花閒集跋

花閒集十卷宋十行行廿字本現藏山東聊城楊氏海源閣糸南宋刻以冊子紙印行其紙背官銜略可辨識者曰儒林

郎觀察支使措置酒務施。成忠郎監在城酒務賈　成[redacted]
郎本州指使差監拜斛場吳　江夏縣丞兼拜斛場溫[redacted]
[redacted]郎本州指使差監大江渡潘　進[redacted]似義字尉差監豬羊欄
董　進似建字義副尉本州指使監公使庫范　鄂州司戶參軍
戴　成義郎添差本州排岸差監本津關發收稅劉　信義
郎本州准備差使監公使庫朱除江夏縣丞鄂州司戶參軍
二官餘皆添差官監酒務者二兼拜斛場者二監公使庫者
二監大江渡者一監豬羊欄者一監本津關發收稅者一凡
十人觀察支使從八品宋職官志云幕職官縣丞從八品宋
志云諸路州軍繁劇今戶二萬以上增置司戶參軍從九品
文獻通考云諸州置司戶參軍掌戶籍賦稅倉庫交納儒林

郎等階宋志云儒林郎爲觀察掌書記支使防團判官等文
職階今結銜與志合成忠郎進義尉進義副尉皆武職階成
義郎信義郎均不見於職官志志又云監當官掌茶鹽酒稅
場務征輸及冶鑄之事諸州軍隨事置官建炎初詔監當官
闕許轉運使具名奏辟一次以二年爲任實有六考方許闕
升煩劇去處許添差一員合選差文臣處更不差武臣淳熙
二年詔二萬貫以下庫分選有才幹存留一員指揮諸班官
直親從親事官保義郎以下差充建炎四年詔每州以五員
爲額今監酒務監斛場監大江渡監豬羊欄監公使庫監本
津關發收稅皆在添差官之列然已不止五員矣鄂州酒務
中興繫年錄云紹興十二年右司鮑琚總領鄂州大軍錢糧

先是琚奏岳飛軍中利源鄂州并公使激賞備邊回易十四庫歲收息錢一百六十萬五千餘緡詔以鄂州七酒庫隸田師中爲軍需餘令總所椿收是鄂州酒務爲最旺之所公使庫朝野雜記云公使庫諸道監帥司及州軍邊縣與戎帥皆有之然正賜不多而著令許收遺利以此州郡得以自恣開抵當賣熟藥無所不爲其實以助公使耳餘皆無考冊紙皆鄂州公文此板其刻於鄂州乎

存餘堂詩話跋

右存餘堂詩話一卷朱承爵撰承爵字子儋江陰人明國子監生工文詞精鑒別所蓄鼎彝名畫法書及宋元梓本皆不下千品號西舜城居士又號盤石山樵晚更號左菴著有鯉

退稿灼薪劇談■等書今俱未見此詩話編入藏說小萃論古有識無所偏倚在明人詩話中最爲上乘天祿琳琅載朱刻文選有朱印子儋存餘堂印二印羣經音辨有朱子儋印行素堂圖書記左庵集瑞齋盤石山樵西舜城居士各印記鐵琴銅劍樓書目離騷集傳末葉有舜城朱承爵校讐訖一行卷首有舜城居士子儋二印式古堂書畫攷張來儀懷友書畫合卷後有一行云嘉靖壬午存餘堂重裝下鈐朱子儋左庵二印所藏之富略見一斑又天祿琳琅載黃太史精華錄後有承爵跋云任子淵精華錄選寻嘗得其目錄蓋宋元祐閒刻版而亡其文愚輯其辭而完刻之云云館臣以板式紙質誤定元人其刻之精可知讀書敏求記云阮嗣宗詠懷

詩行世本惟五言八十首朱子儋取家藏舊本刻於存餘堂多四言十二首讀者勿漫視之是其所刻書向爲埶林推重不獨以愛妾換朱槧漢書一事膾炙人口也明江陰藏書兩家得月樓李氏往縣東赤岸子儋住縣西舜城兩家之書均已星散得月樓尙存一節本目錄子儋并目不存尤爲興慨云

菁華山館詩文遺稿跋

光緒己卯冬讀江南闈墨見第三名爲溧陽吾宗堅士五經文神味淵永經術湛深迥異於同時名輩次年堅士赴春官始得相晤方知先德武烈公與雲士世父同官浙省先君游浙亦訂昆弟交而堅士襟懷灑落與余尤相莫逆癸未丙戌

君赴春試必數數晤並識其哲鼻恆庵丁亥三月杪君到京以知府謁選五月五日君猝中熱疾一昔而殞余聞信往視君目已瞑與弟祐孫同哭之偕君友姚舍人製芰楊編修華伯斂君於旅店而電促恆庵於天津翌日恆庵至扶君柩而還才人厄運古今同悼今年恆庵寄君青華山館詩文數冊云將付梓人屬爲編次刪去重複者去其游戲者得詩[redacted]篇文[redacted]篇釐爲[redacted]卷以海上卮言附於後君夙負經濟才所言皆欲見爲設施又從外舅金眉生廉訪游心胸益開拓問學益深遂使天假之年所至胡止於此昔讀武烈公遺集詩宗浣花義山文氣靜穆出入南豐眉山之閒吾宗自效顰集從野堂後未有能並立者君詩文俊拔而骨幹未堅則年

限之也卮言一冊於中外事宜尤能窺見其大不張皇西學不墨守成規無矜異之論無迂謬之談非勦襲敷衍以炫人耳目者比惜君年未四十官未貟除旅食京華一棺戢影老母在堂遺孤尚幼功名學問兩無成就千秋表見止此而已不亦悲乎余定君集兼識數語以覆恆庵回首當年音容如覩挑鐙灑墨不自知涕之何從也光緒辛卯七月江陰繆荃孫識於德州道中

崔孺人文集書後

歲癸酉荃孫自鄰水至合州日行萬山中㠊嶙岝㟧奇險俶詭忽得一境平疇數十里修竹美蔭流泉有聲小橋通人中有茅舍野卉著籬落閒紅白點綴遂留宿焉是夜月輪初滿

皎如明鏡四山沉入夢倚枕假寐忽聞鳥鳴乍高乍下流
運往復其聲窈然以深消然以感令人悲不自勝詰朝問之
士人曰此杜鵑也月夜則鳴鳴則嘔血滴所積之枝示余果
血痕斑斑點滴未已也傷哉天地蕭颯之氣偶有偏中愁苦
哀怨遂百倍於尋常屈靈均之離騷劉更生之封事李令伯
之陳情表千秋下讀是文不知是淚是血是筆是墨但覺潰
然有感於中而不能終日今讀催儒人之文集愁苦哀怨有
非他人所能捷者而血淚筆墨亦合而為一其窈然以深消
然以感十年前之境界恍忽如目前也亦可悲已

書碧血錄後

嗚呼讀史至明熹宗朝童昏失德閹寺植權未嘗不廢書三

歎也然而史臣載筆懼以瑣屑職其書故老傳聞或以虛誣
沒其實乃有身親囹圄目擊恣睢碧血千行丹心一寸如燕
客所錄有足述焉熹廟初元國家多故鄭妃之權方替李侍
之氣復張楊左二公首夷大難翼鳳輦以行忠能捧日戢牝
晨之欲誠可格天同時諸君子獄獄於朝錚錚者鐵簪辛毗
之白筆伏史丹之青蒲忠正盈廷翕然望治甚可觀也無何
政入宮卿位尊媪相本無孫程截衣之誓而有左悺回天之
力并少單超嚙臂之盟而懷士艮挾君之智茄花委鬼早應
夫童謠毛卵鉤鬚得肆其流毒分甘陵之部刊章名捕籍元
祐之黨勒碑示禁遂使緹騎朝發圜扉夕滿獄成北寺士盡
南冠楊花餞子重繙羅織之經喬木世臣悉就復龔之考呼

天而巫咸不下蹈海而精衛難填地擢黃芝天經白氣加范
滂以三木具李斯以五刑火煎鈇斧生殘戴就之尸靈護鎌
囊死辨杲卿之髮嗚呼慘矣若夫收者在門檻車就道生還
無路死別有期或歷敘其生平或遙訣夫親故戒子數語歌
泣夫鬼神正氣一歌磅礴夫天地雲棲泚墨不宿諾於緇流
止水濯纓緬遺芳於正則三百年之培養士氣長留十萬衆
之號呼民心若此當死而死求仁得仁迫夫太阿立斷綽楔
增褒祭關西之墓漢鼎難扶復司馬之官宋社終屋則斯編
也亦之推冤魂之志光祿鑒誡之錄也已夫謁者四星上應
象緯奄人一職統之太宰不過司奔走備掖庭耳奈何手握
王言口銜天憲黠鼠憑社醜狐跳梁必嬖寵如桓公而勃貂

方能專齊柄必慘覈如胡亥而趙高因以執秦權墮祖宗之良法釀盜賊之陰謀政體既乖國本亦撥小平津之走漢之禍亟矣而唐復仍之白馬驛之誅唐之禍烈矣而明復蹈之覆轍屢誤厝火不驚履霜堅冰當防其漸毋使後之視今猶今之視昔也

旌表節孝族嫂王孺人守節立嗣記

嫂王孺人陽湖王君守靜女年二十有一歸族兄繆光佐三年光佐歿生子不育僅遺一女嗣夫兄子保抱乳育半歲又殤近支凋零久未定嗣光緒壬辰同族議以族弟福銓之第二子爲嗣名永裕年七齡於是祀祖宗會戚黨注譜牒無浮言無梗議嗣遂定而孺人年已六十六守節亦四十餘年矣

孺人之姑金貞孝女生以守貞歿以殉母今所傳松筠閣貞
孝錄久爲閨闈師範者也貞孝撫光佐爲嗣光佐歿又無所
出兩世嫠孀零丁孤苦極人生最難堪之境貞孝歿後孺人
拮据喪葬盡禮盡哀嘗曰吾姑年已衰老生前奉母之孝已
爲人所難能惟承祧無人實不足以咎姑心而盡婦職耳心
實傷之今則繼嗣已定既有以慰孺人于暮年亦有以報貞
孝于地下所以冀一綫之延者將於是乎在同族有厚望焉
先是光緒七年在京同鄉官黄思永等以孺人節孝事實結
呈　禮部題請
旌表入祠建坊越十年而嗣子亦定孺人之心庶少安已主
議者族長繆同書外姻金武祥鄉董繆紹唐陳守正光緒壬

辰正月荃孫記

游浣花草堂記

初日流影積陰忽晴茗溪傅君沉招同人游於浣花草堂少陵先生卜居處也出西郭門三里而近寒威未斂春光已蘇溝水一渠積冰出稜蘚徑十折枯樹蔭遂循故堞越新隴造乎草堂而休焉斯堂也小橋通人老屋留客龕祀詩史宅鄰梵王冷梅數株偃蹇籬落苞香乍胎側幹横勁密上積露疏中闕雲已萌陽和迴出塵表方塘半畝游鱗萬頭謦欬偶發悉皆驚竄沿溪以上廣有竹樹峰迴路轉闌抱亭仄水氣四合傑閤欲流雲陰忽低頹陽倒射耳目所及神思適焉暍蔭漸移歡讌繼作酌以大斗侑以狂談攜果入饌汲川煮茶

醇酹沃心乃濡頭髮松枝入手可代麈尾或坐或立發爲長歌零丁獨標鬣午並起側豔駢響覘嶮觚怪四座不言短僮酣睡一篇劇賞枯衲破笑危岫送暝攜手言旋涼風颯颯吹我襟袖王司州云人情清滌日月開朗子猷云乘興而來興盡而返斯之謂矣嗟乎百歲之樂無逾少壯交友之歡幾於骨肉矧乎關河憔悴家室飄搖轂轉寸腸雨集百憤積毀億喙將以鑠金駛馭兩輪疇能返轡不有佳集曷申雅懷幸二三子同此臭味更千百載誰省名姓飛蓬隨風轉眼陳跡昔人達識感慨系之振筆序游志不忘也同游十四人詩若干首時辰年丑月末日

王雪丞東山牧話圖記

丁卯春初與王子雪丞晤於成都詞鋒飆起情文乳洽推襟連襼三載於茲暇日出東山牧話圖見眎蓋與弟綬泉讀書塔山近事也展鵝溪之舊絹證鴻雪之新痕圖之作也僕有感焉君以通侻之才輸囷其氣三升醇酒接公明之談五色筆花散江淹之藻而且眉山聽雨夜共子由西陵遇風詩獻康樂瓊瑶互采笙磬同音行將騰躍椒塗振厲霄漢而何必寄情草野結想巖闢也乎然而煙霞是僻非鐘鼎所可易也塤篪之樂惟蘿薜爲尤眞也當夫懸藤徑古因樹屋低山情陶陶秋色寸寸讀書之暇閒出登眺日之夕矣牛羊下來或寢或訛點綴茵草流雲欲白壞塔欲飛墮葉吟黃迴飆四注剔幽臺憩危磴帷天席地往與來情幽鳥親人翩然來下牧

豎瞋客啞爾笑避此一時也樂何如之加以懷古蒼涼登高躑躅帶駟馬之名橋鏡沈扉之舊浦草元亭廢斷甓棲煙濯錦江空流波咽夢茫茫對此黯黯添愁蕭風蕩其魂魄古懷生於襟衷同此豪宕斛律勑勒之歌儷其翰墨沈約郊居之賦又豈可付之冥忘視同泡電乎僕也老屋數椽荒江之側素月娟瀨時聞櫂謳斜陽豬村間畬樵唱尋友于之眞樂銷佳日以清談此境此情宛然心目而運當蛾賊劫墮龍沙星飯十年飆輪萬里今欲買田陽羨載酒蓉湖朋舊之好聊續往游飢飽之情不牽念慮流光易駛虛願莫慰落落四海負負寸心讀晝申辭慨焉歎息

節孝張孺人頌

孺人姓李氏浙江鄞縣人贈武略騎尉李振國之女也年十七歸同里張介庵先生部儀褋采令聞淑慝年甫笄丱卽操量鼓時舅姑已歿憾不逮事歲時祭祀必誠必敬割肉之正以薦几筵卻蒿之耶以誠子弟點心之方咨於鄭修之嫂曼首之法得之盧諶之家固已四德是表九媧允洽矣自介庵先生臥疾至於屬纊孺人藥裹親緘鏡匳不啟仰天泣血頓地搏膺聆彌留之言若刀錐之刺耳撫伶俜之裔恍荀檗之待枯薹自乙卯之秋迄丙寅之夏十餘年中幽憂危苦屢經疾疢復構亂離冰寒檗苦萃此一餐朝韲夕鹽懸於十指日慘慘兮在牖風蕭蕭兮向晨九幽之黲黷不麗陽烏四戹之推移欲刪春日迫至康伯學易迴非在抱之時曹轂成童能

通續史之義而孺人已不及待矣孺人卒於同治五年五月後二年郡縣上其事

旌表如例又九年肖庵成進士改庶吉士

覃恩勑贈孺人嗚呼

天語褒嘉藉慰匪石之節祭筵豐腆終傷陟岵之心荃孫與肖庵先後出長沙王一梧師之門夙訂心知飫聞懿訓謹援

中壘之義爰序其事而申以頌曰

進娥翦髮正流圖形猗歟仙李奕葉扇聲綢躬淑慎秉志貞直毋具師資婦兼子職孰云卒哭何間初終孰云學賈遂墜儒風綽楔門高柏舟詩苦載誦清芬式我士女

祭周小棠通政文

嗚呼哀哉茫茫天道杳冥難知天既生公命止於斯官不疑
丞壽不期頤忽焉摧折萬口同悲公生宜興蜚聲最早
中祕紬書儀曹覩草一事百思窮朝徹曉干莫鋒鍔璵璠
寶峩峩總署彈壓寰瀛惟文文忠中外同傾引公爲助笙磬
諧聲狺狺狂吠鬗鬗紛爭批亢擣虛殫慮竭誠一字之下堅
於長城過卑眾詬過亢眾驚邛崍九折化爲夷庚是非鋒起
蜩螗沸羹日久事定自有公評入載京尹綏靖甸服心爲明
鏡無微不燭方駕次公無愧孝肅（魏敏果顏京尹堂額曰我愧包公）地發殺
機龍蛇起陸赤子莘莘魚頭而哭急請
國帑爰設糜粥若或迫之拊循鞠育祲消逗祥骨枯生肉幽
谷麗陽寒門噓燠造物失權子孫種福循聲偉績日聞於

天司馬司農鼞畀仔肩負此聲華謂卽騰騫彼獨何心指摘拘牽市虎空惑樊蠅自便

聖慈浩蕩終予矜全納言仍擢少宰兼權公盋感激涕泗漣漣客秋九月寒疾顛連胡不遄歸息影江壖恩重命輕生後義先饑溺之恍思竭拳拳一息尙存百憂共煎巫陽下招奄歸重泉嗚呼哀哉瞻言交友無間存歿愛士若饑不嫌鶻突彙征拔茅坐睗蔭樾受

命衡文心細如髮毛義喬元蜀秀競發校蓺

大廷復得蒯越釆玉崑岡求珊溟渤譽不容口感眞刺骨雲馭已遠流風澌歇八百孤寒何門請謁嗚呼哀哉予初識公歲在戊辰一言契合交若飲醇勿以弁陋說項逢人洎修府

志重備咨詢孚氣甚鋭執簡斷斷公每優容微志獲申成卷百卌校籤嶙峋殺青未竟山頹嶽淪音容終閟手翰猶新華屋山邱慟哭車塵清酒既奠生芻既陳詹詹小言聊志其眞尚饗

孫竹筠先生象贊

夫庶草蘿蘼而貞松挺空谷之標頑石磊阿而禮玉藴干霄之彩其氣盛者其天全其性剛者其質慤用能任艱鉅破危疑于莫之鋒剸物而輒碎羽簳之勁洞堅而不撓雖見疑於庸眾實奉教於大雅前哲遺型邈焉尚已君姓孫氏名元楷字用脩江蘇無錫人幼籍豐華長毗清約天稟亮毅鄉里敬憚子橫直節流聲於觥觥充宗篤學彌彰其嶽嶽雖復相孫

陽之馬說歐治之劍目無餘子看斫地兮狂歌自負異才逞
鏑雲之逸足然而仂書百櫝組織霄璣射策十年沈淪太璞
旋以博士薦爲校官邑有楊家圩爲明周文襄公所開歷年
既久潰決者屢君深其受水之泓清其出水之路先去水害
始籌水利萬聲邪許鍤雲渠雨之時百堵縱横葭渚菱波之
外遂能奪彼氾濫安我耕鑿咸豐癸丑振策入都河決豐工
徐海昏墊浮家者多於逐波之鶩狎水者密於慕羶之蟻君
睹影心悽聞聲念結耳衣腰槖易餅餌以給窮黎仁粟義漿
貸升斗而甦涸轍治裝而出徒步而歸義聲聞於天下至行
傳於閭里旋選溧水教諭值金陵初陷蘇常告警邑令留之
舉辦團練君嚼齒雷鳴奮髯風怒以負山之尺土當卷地之

狂飆以烏合之鄉兵拒鴟張之毒燄乃黑山張燕雖多助逆之羣而白棒王罴竟作當道之臥借女褒而轉粟營免量沙率里士以荷戈人皆嚼鐵既而妖鳥夜鳴軍容朝壘桑梓淪陷井里蕭條復將北府之兵思救南中之難枝梧强敵轉徙戎行敘功得光祿寺署正銜復以知縣分發浙江補用麼禍遽淪江戍無警髑髏浴血模糊大地之魂荊棘刺天飄墮誰家之宅眞同鬼境罕有人跡君乃掩齒骼疏溝洫製紡具給籽種建宗祠以敦族設義莊以拯貧獨於喪亂之餘具施濟之量其才愈遠其德愈宏已旅途告瘁恆幹遽謝識與不識同聲嗟悼君立志過高任事過勇動輒駭俗退有後言益自

道咸以來士大夫以模棱爲曉事以諧媚爲知機以推諉爲

謙沖以囁嚅爲儒雅隨聲附和成則巧攘其功遇事逡巡敗
則倖逃其罪遞相祖述播爲風尚君則明鏡屢照無幾微之
弗燭霜刃立斷無二三之顧慮獨擅宏達之學兼裕骨鯁之
氣足令腐生掩耳小儒咋舌此則衡霄之翮非樊鷃所能知
逸塵之駿豈跛鼈所敢諧者矣令子叔盃中翰榮郁繼聲遷
談濟美出睎遺象徵及鄙文夫樂陵曼倩孝若興異代之悲
州來季子邠卿引古賢爲友況荃孫里閈相接音徽未沫詔
銘景行敢匿謏詞爰作贊曰
世風頹靡君獨奮往命輕鴻毛義重熊掌何氣卓犖而貌仁
慈風徽邈然百世之師
戴澍人太守東游十六圖贊

名泉七二濼水之源荷衣粉膩葦帶雲翻好風徐來微波不喧李杜已矣古亭猶存大明湖

蒼翠壓城現瑞北麓䧿華迎眉鴻流繞足山半望見黃河入門一笑

古佛巖腹開皇鑱字凍蘚皴縧千佛山

高閣淩雲層城壓水几席之外海天萬里蜃市馮虛樓臺彈指秦皇漢武求僊如此蓬萊閣

神龍蜿蜒破壁而飛古洞天半呀然雙扉一傴再僂鼎銘依稀回首錦屏滉瀁朝暉龍洞

岱宗廟祀肇自炎漢雲氣迴翔神光璀璨秩視三公典禮攸備柏翠松蒼陰森天半岱廟

霧閣雲窗瑤池尺咫帝王升封咸憩此水鴛鴦名碑介福降

祉六帝一后儉德堪紀王母池

矯矯秦松化龍飛去孫枝彌谷偃蹇支拄沐浴露漿離披煙絮寒濤滿空天風暗助對松山

是日岱頂呼吸通天手摘星辰身御雲煙大碑不文氣象萬千諸峰羅列兒孫滿前岱頂

泰險環道亙古積雪危若蜀棧窈如包穴石乳涓涓不絕嗚咽蓮瓣倒垂萬仞削鐵後石屋

巖何以靈朗公說法松暖日寒石闊天狹孤鶴折翎癡龍卸甲此心瑩然靜參白業靈巖

背洙面泗遺宅舊基如日中天斯文在茲堂上車服壁中金絲麟紱虹玉詎驚神奇孔子廟

元氣不死發爲菁英楷本四垂蓍草百莖森森嘉植博物難名得碑林外我羨何生孔林

太白仙去酒香浮浮菡萏百頃薜荔一樓棲煙點鷺斜日明鷗詩情愈暢古懽轉幽太白樓

大小二勞神仙所窟平擁百城秀擢萬笏孳絮團雲釆珠捉月安期羨門來往飆忽勞山

山斗入海直趨遼東秦橋不成鞭石成紅椒島林立足拒艨艟易占設險地利誰同成山

祟山千丈高臺三成築祠禮日浴海有聲景觀風渺斯篆苔生殘磚頹瓦強以秦名瑯琊臺

佛圖關贊

重慶古渝州也西毗羅殿東俯夔巫危堞翼張重榴鱗脊嘉
陵流其北岷江繞其南惟池西山梁僅通步騎醜石犖确古
木陰翳而屹然雲表實握其衝者則有佛圖一關焉神龍東
來斗覆其首巉嶱崆峴碧嶙屹巇千蹊萬壑爭茲一綫孿陰
斂陽擘此四扇蟠緣猨奮螺旋盤行十步九折始達其巔長
松吼濤生於足底飛鳥接翅墮於目睫泥丸可塞捷徑罕通
誠神皐之奧區天府之關鍵也藺酋盜兵蕭牆訌起綠髮喧
穴赤眉翻城礟雷晴飛刀雨夜逼石硅將軍躍馬來援帚箸
並舉旌旗載麾斯關既拔樊龍授首犁庭掃穴曾不踰時
聖清御宇鏡澂砥平武庫弢兵旗亭臥鼓而近年以來滇匪
陷榮永竄涪播渝城尺咫晏然無恙所以折凶狡之鋒而作

士民之氣者一以斯關爲可恃僕以盛夏策馬來游朝雨初收溼雲猶漬椅桐蔭天濃綠灑袂箖箊礙日微紅飾衣巴涂左右恍披安世之圖城郭縱橫如聚馬援之米爰思設險之意倍深懷古之情乃爲贊曰

雙江束城微通山脊門虛欲雲天低補石一夫次且千人辟易成敗古今覗此成迹

濠堂銘爲鄭蘇堪作

蔣山卸麓淮水分渠楊吳舊濠高密新居地疑城野跡狎樵漁申屠樹屋諸葛草廬小築三弓疏櫺五尺隔岸桃紅橫碕柳碧巢燕話晴沙鷗盟夕隨意琴書成行襲屐纖雲卷幔新月舒鉤茶香沁夢酒乳盈眸訪碑橅象觀所臨天發神讖碑談天揖鄒

覊圖闕叙詩意夷猶東島采風西槎卻聘吏隱如仙書工近
聖心遠自閒境虛稱靜筆乘茗談不忘名姓

快園秋色賦

畊耤中表觀察湖北鹽法武昌五年於茲矣署後餘地借山
成園蒯布政蔗農搬之迺因舊基遂結新構無華靡之飾有
登眺之樂荃孫以甲午秋日寓茲園浹旬岑樓挹涼廣廈祛
暑畫廊繚曲空水澄鮮據江山之勝蔚爲大觀處城市之中
別饒野趣課晴喜雨民物榮乎寸抱朋風友月憂愉繫乎一
室秋容怡人快何如哉昔齊安夢得之亭鏡湖放翁之閣以
今方古名實相稱道州何詩孫圖之義寧陳右銘武進屠靜
三再記之而荃孫爲之賦其辭曰

揚州官閣永嘉射堂政劑水火時調雨暘闢坡陀之隙地開
翰墨之名場聯鑣裹屐接席壺觴新雨如沐輕飔已涼攬一
襟之秋爽絢滿目之秋光有山蜿蜒層厓皴緑分高觀之一
支繞衙齋兮半曲官相曾此棲遲蒯侯於焉卜築悵舊跡之
漸湮慨清游之誰續接勝地兮南樓拓名園於北麓爰刪灌
莽迺闢閒庭高低酌檻疏密添櫺撑雲支丁邀月補亭壘磴
懸綫危樓建瓴淩虛兮縹渺入望兮杳冥納牖則野延萬綠
窺簷則天抱四青曲徑通橋前灣鑿沼水氣烘晴霞光絢曉
叢翠搴蒲嫣紅刈蓼潑刺跳魚褷褷浴鳥洗硯兮鏡揩流杯
兮帶繞契濠濮兮座中傲滄洲兮塵表門皷竹醉石碎苔縫
桐肥集鳳柏瘦拏龍青垂薜荔紅韡芙蓉蕉展心兮露滴柳

舒眼兮雲慵盆秋韻古瓶夕香濃飾日影兮瑣碎暈花光兮
複重鶺噪芳辰蜂喧正午蜨聚嬉春燕歸識主叶宮徵兮鶯
簧問官私兮蛙鼓狎點水之蜻蜓調誦經之鸚鵡選勝紅茵
搴芳碧𨻶擒麗藻而盍簪霏清言而揮麈今夕何夕寥天欲
霜黃花三徑紅葉半牀寒空過雁深院啼螿輕陰罨乎篁岫
涼思襲夫蘿裳浦裏青荷之鏡山巔金粟之香雲展過重陽
之節風衣登千仞之岡遠則雉堞排雲鯨波漱岸帶蜀襟吳
面江肘漢羽翕街衢鱗次里閈雀舫艤於城隈鮫宮峙乎天
半瞰鵠磯則羨費禕之得僊眄鸚洲則慨禰生之赴難羌古
往兮今來幾星移而物換麗矣圖畫之奇壯哉几席之玩時
若鄒枚接軫孔李開筵帖臨青李幕敞紅蓮敲棊詡癖拜石

呼顚茗水鷴華之卷米家虹月之船仿永和之故事談天寶之當年酌金谷儁游之酒賦玉山紀勝之篇是則寄興林邱縈情雲壑逢暇日以自娛幸芳暉之有託一詠一觴半村半郭水木清華鳶魚飛躍顧妙境而怡然驗庶徵之時若又何羨向禽五嶽之游劉阮重來之約

先母瞿恭人事略

嗚呼自吾母之歿至今三十四年矣吾十二歲而遂喪吾母時吾母以七月望日病始而瘧繼而利終而下血病遂殆吾父從軍金陵大營八月十二日吾母暈絕予號泣狂呼逾時而甦甦後神志轉清十八日吾父從營次歸吾母自知不起處分後事至周且密至二十六日卯刻長逝彌留時予起趨

牀前吾母口不能言轉瞬視余良久淚承睫須臾遂瞑是時
哀慘之狀三十年來何敢一日忘也予四五歲吾母授以千
文及唐宋人小詩六歲就塾塾中童子二十餘咿唔雜沓罕
能成誦歸吾母必令重讀音有訛句有誤正之惟謹予時甚
以爲苦而反樂趨塾窗北設竹榻予坐一小倚子陳書榻上
吾母坐於榻手鍼黹而督予讀日以爲常歲己酉外王父綬
伯公自濟寧歸舅妗董太恭人租宅鳳官巷口吾母挈予入
城省視外王父常令予誦所讀書慰吾母曰是子口齒清記
性好將來或能紹書香也吾母亦顧予而有喜色歲甲寅外
王父殉難金陵外王母馮恭人走常州舅妗還至吾邑西鄉
吾母挈予往祭外王父慟絕者數四與舅妗述家事必涕下

褥裳迄今長大追憶吾母之聲音笑貌雖尚髣髴一二而不可得其詳矣吾父常謂予曰外王父先以郎中分水部繼保知府候銓初境寬裕後漸窘迫外王母楊恭人歿遺子女六人汝母居長最幼者五舅氏甫數歲賴汝母煦嫗鞠育終得成立復支持家計外王父酒食衣履籌畫至纖至悉迨外王父續娶馮恭人汝母歸余十餘年矣歲丙申外王父客游命汝母挈全家附糧艘南還途間覯疫三四兩舅三日間繼逝是時無僕從無資斧驚憂困迫殆非人境汝母夢寐中因有驚悸之疾每談是事淚未嘗不涔涔下洎來余家大母年高時時臥疾汝母侍疾維謹助理家政待人以和大母歿家境日艱余時出游家中事井井有條汝時尚幼未必能盡知也

吾父又謂予曰外曾王父金陵新居高閈宏敞有竹木泉石之勝與孫氏五松園相埒汝母來余家屋僅容膝每遇炎暑如坐甑中無幾微怨於顏色此亦人所難能者嗚呼吾母之歿至今三十四年矣歲月日以遠音容日以渺所憶所聞者止此而已罔極之恩畢生莫報略志梗概以詔後人光緒十四年正月男荃孫泣血敬述

亡婦莊孺人事略

孺人姓莊氏名思琇元和人父裕崧甘肅鹽茶廳同知署平涼府知府城陷殉難
贈太僕寺卿銜母蔡恭人弟三人姊一人妹一人以同治丁卯十月年二十成婚於成都庚午生一女辛巳隨予至京師

甲申五月十三日以疾卒得年三十有七哀哉孺人性情淑婉最爲外舅所鍾愛外舅以畫名家孺人亦工爲花鳥小品外舅殉難鹽茶蔡恭人挈子女閒道走四川時賊烽四起滿地荆棘孺人年甫及笄卽能佐蔡恭人處分行李蔡恭人歿從外舅裕鈞迎之官舍其事叔父叔母也與父母同洎來予家兩親愛子息無苛禮定省之暇不廢鍼黹予終鮮兄弟然門以內伯母寡嫂孤弟猶子幾十人孺人仰事俯育無有失禮予官翰林專人迎養孺人侍兩親浮江東還下瞿塘度鄂渚過建業小住蘇州明春仍由運河入都行路八千里爲期二百日閒關險阻而後得達予性不耐瑣屑事京秩清苦食指繁多孺人經營摒擋常不使兩親知予喜購金石書籍雖

典衣貸債從無交謫復以母家遠別覿面無期心力由此日耗矣孺人好潔除几席尋每陳書滿室而出俟入室則一一整齊院有桃李丁香葡萄海棠隙地復種瓜壺支蔓引藤一室盡綠窗明几淨相對怡然有小閣可望山下瞰菰蒲蕭瑟榜曰涵秋朱椒堂先生筆也孺人最愛之暇輒登眺其上每當雨過月來煙生雪霽相與焚香啜茗煮酒圍鑪極盡倡隨之樂壬午尋大病癸未孺人亦大病病皆幾死同人咸勸移居孺人輒阻之曰君以此室爲不吉耶人生不能無病病而獲已何吉如之言猶在耳孰知竟歿於此室耶尋結褵十七稔四應禮部試又幕游川東西往往一二年始歸歸數月復出屈指相聚之辰不及十載侍奉之事悉以委之常誦陸祁

生大令生小明珠掌上看頻年翻借婦承歡之句謂若爲孑詠也者惟辛巳至今未曾一刻離孰知不及三年卽永訣耶自生女後十四年未孕常勸孑納妾孑應之曰百年偕老亦瞬息耳忍以他人閒乎如以似續爲言俟君年及四十乃可去冬有娠孺人益自喜禮佛茹素以祈得男孰知不及免身而遽以他疾逝耶與姊思瑄友愛尤篤姊歿以暴疾哭之幾殞孺人臨歿之日忽展姊氏所繪畫冊對之嗚咽俄而疾作其速也亦相類嗚呼豈非命耶孑罹茲慘酷然恐貽兩親憂不敢不强自排遣爰次其事跡冀當世名人錫之銘誄俾幽泉薄質藉此以傳則鄙人之哀或可少解矣江陰繆荃孫和淚書

魏風堂文集卷六

江陰繆荃孫

多羅惠郡王奕詳大祭文

朕維禮重展親恩遇必全夫終始情深求舊典宜備夫哀榮撫旌翣而銜悲宣綍綸而賜卹爾親王銜多羅惠郡王奕詳華分瑤牒派衍璇源河閒則大雅不羣東平則爲善最樂

我

文宗顯皇帝

穆宗毅皇帝嘉其忠藎畀以榮施家法克承分玉紹龍光之寵國恩迭沛翦桐廣麟定之仁瞻文學於三天趨蹌中禁總武英之百事校理祕文疊膺圭組之華倍切冰淵之懍迨朕纘承大寶篤念宗支內領環衛之崇班望隆磐石外統旗營

之勁旅威播旌麾方期茀祿之永康詎意沈疴之莫挽鼎鐘
如昨念功業其猶新劍履空存愴音容之已渺再頒奠醊難
遣悲懷於戲秀掩金枝尚思秉度求亶之雅芳流翠俎彌愴
肆筵授几之時格爾幽靈承茲嘉貺

贈太傅恪靖侯大學士左宗棠祭文

朕惟位兼將相抒鞠躬盡瘁之忱氣作星辰稱崇德報功之
典式頒奠醊用答殊勳爾原任大學士左宗棠起家孝廉授
任軍旅湖湘閩浙先底定夫東南關隴洮涼漸肅清夫西北
特畀台衡之任仍操旄鉞之權掃穴犂庭告成功於絕域酬
庸錫爵膺懋賞於通侯命入直於樞垣俾統籌夫全局迴翔
江左仍贊黃扉炳燿中台寵邀紫綍頃以閩疆之不靖俾提

虎旅以專征鵝鸛朝驅鯨鯢夕避旌旗懾敵草木知名會罷
戰而銷兵許引年而歸里何期大星遽落薄海同驚披覽遺
章良深震悼爰頒初祭難遣悲懷嗚呼生爲社稷之臣歿壯
山河之色瞻詢謀於黃髮慨想風雲緬憂國之丹心彌綸天
地靈其來格享此苾芬

贈太傅恪靖侯大學士左宗棠祭文

朕惟一德一心偉績無分於中外懋官懋賞殊恩何閒於初
終撫薄海之永清猶思壯烈驚將星之長隕倍切軫懷爾贈
太傅二等恪靖侯大學士左宗棠志篤忠貞身嫻韜略由孝
廉而筮仕受軍旅以專征由兩浙而七閩自關中而塞外陣
如山而莫撼功馨竹以難書遂得驅策風雲肅清寰宇陰陽

調燮邀心簡而位列三台帶礪延長錫躬圭而勳酬五等蠶
織仿東南之利龍沙開西北之天邊圉以安民風胥靖望闕
廷而入覲襄樞密以宣猷以閫外之鄂褒作禁中之頗牧以
天下自任不愧股肱心膂之臣爲社稷而生正資舟楫鹽梅
之寄迺回翔於江介仍入直夫禁垣顧閶嶠之震驚賴虎臣
之坐鎮樓船既下海水不波會罷戰而弢弓許養疴以歸里
何期身未離乎軍旅景已迫於桑榆遺疏上聞曷勝悽愴沛
恩綸以延賞崇祀典以酬庸眷念生平錫之上謚於戲聲淒
鼓角馬援竟歿於壺頭氣作山河趙鼎先騎夫箕尾偉烈長
垂青史殊恩宜沛黃壚渥爾寵榮尚其歆格

贈太傅恪靖侯大學士左宗棠碑文

朕惟不朽有三以立德立功爲最列爵惟五揚允文允武之
休思元老以壯猷勳垂圭璧睠舊人而圖政銘勒鐘彝增青
簡之光輝勒丹珉而愼重爾贈太傅二等恪靖侯原任大學
士左宗棠秉性廉正涖事忠誠望重熊湘學耽蛾術舉孝廉
而騰譽入幕府而宣勞南陽則管樂自期東方則孫吳早讀
始遷州牧旋擢卿官
文宗顯皇帝拔之蓬蓽之中授以師干之任剿豫章之强寇
秩進太常總信安之援軍勳隆開府進規兩浙扼金華而直
抵杭湖移駐八閩控霞嶺而敉平延建酬庸而頒上爵懋賞
而晉宮銜衣染鵝黃增華韋布冠飄孔翠耀彩簪纓旣而餤
起花門節移蔥嶺河湟萬里倚休璟以安邊原夏十州付宇

文之坐鎮揮戈逐北則畿甸塵清返旆征西則伊涼電掃迺
畀台衡之重任梅鼎長調仍提桴鼓以專征瓜沙底定銘勒
崑崙之石文字不磨海澄星宿之波甲兵盡洗興蠶桑而民
生裕防虎落而邊圉清爵晉通侯慶延長於帶礪猷襄中禁
捧出入之絲綸掌武而協戎機柳營日暖治河而陳方略竹
箭波平泊總制夫兩江兼通商之五口謂長城之可恃庶薄
海之永安何舊疾之未痊屢乞身而思退念其勞勩許以歸
休瞰時事之多艱復趨蹌而入覲慷慨請行之念中外皆知
老成謀國之心始終如一引高年而無庸入直預密謀而倍
切咨詢屬閩海之重驚命虎臣而禦侮旌旗變色鼓角生威
海波不揚欃雲四散方值銷兵之候復申解組之音冀調攝

於耆年長承恩眷盼休祥於上壽藉作國華乃溫詔方頒而遺疏遽入聰懷疇昔震悼良深贈太傅之崇階貽後人之世爵諭重臣而致祭給國帑以治喪疊沛丹綸藉光黃壤膺三朝之簡畀永念藎臣薦百世之馨香無慚廟食封名恪靖用奬勳猷謚曰文襄允符行誼於戲愴此日鄂褒遽逝空留功績於旂常祝他年申甫復生重作天家之柱石欽承巽命峙爾豐碑

成都將軍魁玉祭文

朕惟聲聞鼙鼓則思禦侮之臣績懋干城則賁飾終之典爾原任成都將軍魁玉夙嫺武略屢涖戎旃天漢東西岷江南北張弓挾矢親兵事者四十年斬將搴旗建奇功者數百戰

俾膺專閫用答殊勳大樹名高長城望重迨懸車而乞退許
歸里以就閒方期永享遐齡何意竟聞長往嗚呼雲車風馬
九原之魂魄如生玉壘金陵兩地之謳歌猶昨老成云謝悼
惜尤深爾其有知尚克歆享

成都將軍魁玉碑文

朕惟國家奬卹臣鄰哀榮終始旂常紀績俎豆酬庸有能執
鼓提戈獲建非常之功業斯必銘金刻石藉彰不朽之聲名
禮亦宜之恩至渥也爾原任成都將軍魁玉持躬武毅秉質
愨誠由任子以典軍名揚驍騎懔惟寅而稱職望重虎臣戎
韜夙協機宜軍政先邀薦剡時值潢池之警適當江漢之交
俾分閫於西涼仍留防於南國麾朱旗而列隊則萬馬銜枚

奉丹詔而宣恩則三軍挾纊始隨征於漢北繼轉戰於江南
玉節頻移金創重疊雖有時垂翅雷霆之譴責頻仍而乘勢
攻心雨露之恩施永沐洎朱方之坐鎮正赭寇之方張昕夕
呼庚春秋擐甲一身是膽衆志成城白下乍合乎長圍丹陽
遂奏夫新捷藉成犄角之勢共宣使臂之勞談笑安邊雍容
坐鎮裴行儉才兼文武俾攝兩江郭子儀望洽華夷更司五
口河山大定草木知名迺瞻蜀郡之嚴疆再命龍驤之上將
陸讋水慄銀河洗兵甲之光士飽馬騰銅柱勒丹青之字曩
以微痾在告遂爾優閒何期徂謝忽聞深予悼惜既殊功之
迭建亦卹典之有加狀厥勤勞謚之果肅於戲書勳麟閣長
依日月之輝奏績螭琨足壯風雲之色貽之來禩勿替嘉聲

吉林將軍富明阿碑文

朕惟干城宿望武臣胥心腹之資鐘鼎殊勳統帥實爪牙之寄故偉烈長留乎信史斯隆恩宜沛於重泉丹旐銜哀翠珉紀實爾原任吉林將軍富明阿懷才果毅秉志忠貞從軍敘得級之勞策仕副屯田之任始充突騎繼典戎行旋總師干出防豫省扼江南之要隘恢皖北之名城草木知名旌旗生色彎弧而調八陣運用在心擐甲而冠三軍創夷徧體雖臣艱克念暫許歸休而時事方殷特加徵召督禁垣之旅領江介之防雲中則魏尚重來江左則謝安復出令嚴刁斗中天之明月高懸隊肅弓刀如練之寒濤未歇知韓滉爲江淮保障故甫遷荆渚而旋改吳中知行儉具文武才猷故命攝漕

司而仍兼戎事賞延于世功最曰多遄征而特許肩輿詢疾
而頻頒手詔迺吉林潛藏夫魄類俾上將重泣夫戎旃乘暇
日而繕城隍有備無患耀軍容而脩矛戟不怒而威賴茲安
內攘外之才贊成長治久安之業迨懸車而乞退仍頒糈以
酬庸何期遺奏之忽來頓覺老成之凋謝大小三百戰敵愾
同仇前後五十年公忠體國核其品誼洵爲任事之臣謚以
威勤不愧易名之典於戲柱留華表螭文爭日月之輝冢象
祁連馬鬣壯風雲之氣永垂不朽昭示來茲

湖南提督周盛傳祭文

朕惟星弧靁鼓特彰禦侮之材桂醑椒漿爰著飾終之典式
頒奠醊用答前勞爾原任湖南提督周盛傳學裕韜鈐性成

勇敢荷戈拒寇始自衛其身家捧檄募軍遂別開夫壁壘吳
門拔幟大敵頻摧皖水援袍重圍立解青齊兗豫率勁旅以
馳驅黃鄖鄜延奮壯猷於步伐恩綸頻沐勇號榮膺創薊北
之營屯授湘南之節鉞練兵足食效趙充國之良規治水明
農法虞道園之成議方深倚畀遽告淪殂於戲百戰曾經著
聲名於草木四方誰守寄慨想夫風雲爾其有知尚克歆享

湖南提督周盛傳碑文

朕惟躬擐甲胄武臣以禦侮爲能氣作山河國典以教忠爲
重緬懷偉烈特表新阡爾原任湖南提督周盛傳角藝超羣
顏行就伍練團而禦青犢募勇而擊黃麏功在三吳身經百
戰旌旗變色鴨城之勁敵先摧鼓角生威雉河之重圍立解

上下江欃槍並掃東西捻氛祲全消轉旆而漢上肅清傳檄而關中厎定遂乃翠翎耀武黃褶增榮勳勇錫以嘉名巖疆建夫專閫俾提舊旅上衞神京旋秅節於湘南仍畱屯於薊北春風樓櫓百重峙此金湯秋水溝渠萬衆飽夫玉粒近以鯨波之不靖命宣虎士以嚴防持滿披堅士有難犯之色投石超距人懷必死之心雖軍未交綏而氣吞强敵謂長城之可恃庶甸服之永安何期揮戈已憚其勞陟屺復傷其志撫栝棬而增慟千里星奔抛弓矢而云徂三軍雨泣憫虎臣之凋謝賁龍綍以襃嘉揆厥生平謚之武壯於戲聞鼓鼙而思將帥素旐式憑撫鐘鼎而念勳猷丹忱共鑒勒諸貞石昭示來茲

福建陸路提督唐定奎碑文

朕維柳營日暖南天推保障之功蒿里風酸北闕備哀榮之典緬懷駿烈式煥鴻文爾原任福建陸路提督唐定奎學習奇胲功成練膽鄉鄰急難仗劍而前兄弟從戎同袍共賦始拔壽春之壘旋投滬瀆之營茂苑東西太湖南北大小數百戰縱橫六七年爰自偏裨洊至專閫鶡黃織錦頻增袞繡之華孔翠彯纓特耀兜鍪之彩遂建牙於成德更移節於冶城迺因臺郡之揚烽俾統全軍而渡水黃龍青雀海童懾瑱鐸之聲赤豹文螭山鬼避星旄之色洎因海警命扼江防駐鶡鼻之山列魚麗之陣寨雷艦火定手畫於軍中越角吳根運心規於掌上班聲殷地秋高而陣肆貙劉巨浸稽天飆怒而

防嚴鯑渚何圖疾疢遽壞干城頒卹典以褒揚易嘉名曰果
介於戲五更鼓角望猶重乎龍驤一夢瓊瑰兆驟符乎貍脹
形史聿彰偉績特沛殊恩黃壚爰勒貞珉不忘武烈

記名布政使劉連捷碑文

朕維襄鍾紀伐悝鼎銘勳河山成刊定之猷金石勒耀熙之
績前型弗替懋典斯存爾頭品頂戴記名布政使劉連捷湘
南毓秀楚北摧鋒始戰江黃繼規舒皖合楚尾吳頭之境奏
衽金席革之勞命屢錫夫師中威頻宣於閫外浮罌渡水韓
信闕與之師煮鎧爲糧耿恭疏勒之守陣嚴蛇鳥令肅貔貅
黃巾之逆壘旋平白下之堅城頓復遂乃蔭隆都尉秩晉承
宣頒庸服以章身錫拔都之美號旋駐軍於恆代更移節於

潤常卧渭北之王羆麾幢卻敵歌江東之韋虎巾扇籌邊一夕星沈三軍雨泣薦馨香而示眷謚剛介以易名於戲松檟成行百丈祁連之冢樵蘇永禁千秋峴首之碑載錫鐫詞長垂鏤範

湖北遇缺題奏道周康祿祭文

朕惟疆埸效命臣子之大經俎豆酬榮國家之鉅典爾二品頂戴湖北遇缺題奏道周康祿學習六韜身經百戰爰從末秩薦擢道員立功於鄂北桂西揚武於川東隴右尋麾赤幟勘定黔疆屬飢卒之夜譁致危城之朝潰志成裹革傷竟伏弢軫念英風謚爲壯節於戲氣作山河忽墮垂成之業功在社稷特施破格之恩惟爾有靈尚其歆受

湖北遇缺題奏道周康祿碑文

朕惟藎臣遂志藉決脰以明誠國典褒忠必原心而稱事匪磨貞石曷妥忠魂爾二品頂戴湖北遇缺題奏道周康祿忠勤夙著韜略素嫻兄弟從戎早賦同袍之什疆場戮力頻邀拔幟之功始發軔於粵西繼揚威於鄂北入蜀而禽狂寇度隴而拔堅城由是薦牘頻膺崇階疊晉覩李橺之勇決與李弼而何殊聽吳玠之聲名得吳璘而愈重榮班豸繡春風揚黼黻之華恩錫翠翎曉日耀珊瑚之采屬以黔中之不靖命麾旌以先驅慶全省之肅清駐新城而鎮撫彤弓旅矢方褒飲至之勳瘴雨蠻煙遽覩埋輪之變錫謚無慚於壯節贈銜克稱其聲威於戲銜溫序之鬚既後先之競烈繪陽都之

象復存歿之兼榮永峙蠣珉毋忘駿烈

藏藝郛同年采百集序

盛哉選格鍊響獨擅千秋吹影鏤塵上希四始夫惟大雅敢云小道亦有泉明擬古東晳補亡張孟陽之四愁江醴陵之雜體視前人之成鵠心摹手追定別格於雕龍句奇語重固足樹騷壇之幟馳藝苑之名若乃擷先民之成句寫我輩之閒情古調獨彈餘馨自遠織七襄之錦吏部誰如集五侯之鯖君卿最擅人喁竟成天籟新樂被以舊絃別具匠心洵推獨步者已集句之作始晉繼唐傅咸清麗逸文存於類聚韋蟾曠逸韻事續夫楚詞迨及宋人遂多此體有未入集者王荆公是也有別成卷者孔武仲是也有專輯一家者文信國

是也代祀緜邈風流愈暢匪云則古寔亦宜今藝郛同年天馬在手孤羆隱叢古懷抗雲書眼如月處選部之任以曹事見稱有裴叔則之清通無畢茂世之脫略而且通六經之奥心醉簡觚摹三體之書手皸煙墨閒以餘力發爲浩歌妍魄煉華煩腸沃酎呼明月而欲出跌宕仙心問青天而不譍嫛娓騷屑靡蕪共語縑帛悉以寫詩玫瑰獨笑僕從知其得句清思壯采儕輩同欽一日出眎集句詩二卷集句駢文三篇蓋吟詠之餘所戲爲也當夫妙手拈來銜口而出刻冰作骨鏤玉爲塵以六代之古音作三唐之律體標謨觴之錦贉飣餖何嫌展壁府之油拳搼搘不已詞條炳蔚依然儷白妃黃音節和諧仍是含宮咀徵況復艷情含雨逸思停雲集中詩皆艷體

夢窄春寬燈溫酒冷借隴西之鬼語氣鬱青霞抒樊南之綺懷調高白雪輯玉元圃無非夜光徵材鄧林自成傑構是則李龔翦綃之集同此清新唐堂香屑之編無其眹麗也荃孫蠅鑽自苦獺祭何曾寶無記事之珠熟愧瀉瓶之水爾雅未注早遺恨於蟛蜞樂府空吟艱成誦於蛺蝶元晏三都之序僕病未能文通五色之豪君眞無愧（用原序語）

消寒詩序

賭酒圍鑪之候風饕雪虐之天雁聲墮地助其岑寥鴉影偎煙同此窣簌衰葉枯條士衡感時之賦雲飛冰結簡文元圃之詩歲聿云莫寒氣入室耳目所寓心骨悲矣則有張三昧燕飲一經程喝月月行問天天對爇金猊之炭隔坐送鉤撥

火鳳之絃張燈試曲觥籌交錯春生錦步帳中薌澤微聞人坐繡屏風裏此一境也聲含樂歲白板扉前天賜奇溫黃緜襖出戶習吹豳之禮人懷獻曝之忱冬學鬧夫兒童篝車慰其父老入此室處鷩蟋蟀之鳴躋彼公堂啟羔羊之饗瓢兒菜熟菰米飯香此一境也蠨蛸塞外蜒蚰塹邊邊風吹刀塞雲沈鏃匽脫莫聲堅冰在鬚刁斗夜鳴凍月寫影撅蘆管之一聲去鄉關兮萬里挾纊無溫據鞍不壯息兵氣於何日長著鋏衣望夫君兮未來空緘錦字此一境也更有歲月云邁關河未歸驚飆起而哀笳鳴征堠長而木葉脫客饕冷炙馬嚙殘芻酒思如潮離愁若海相親童僕莫可與言轉念友朋疇能謀面賫麥交隴訝故園之已春菰蘆結牀棲羈夢而亦

冷此又一境也夫四時遞運閉塞而成冬百歲婆娑銷憂者惟酒吾輩心均竹柏贊洽韋弦言通驛騎常集琴尊交傾肺奧不設峯距室尠亭臺之勝地乏山水之幽方珪圓璧賡漉浮之査折膠墮指景逍遥之館設或戢形蓽室屏跡蘧廬書城枯坐則意氣不豪茶鼎苦吟則詩情亦淡何以陶兹素景契此幽襟且夫夜長晝短古人申秉燭之游異苔同岑小雅繹同聲之義而況縞紵相答易失舊歡燕雁代飛難回往日或歸旋之首途或嫁衣之忙我昌黎之留東野有願為雲休文之去安成一別如雨與其相思於日後孰若聚歡於當前於是吳君又農合南國詞人作西園雅集素心結契投永好之瓊綠醞浮英等辟寒之玉譚則塵毛落飯笑則頭髮沒酒

雖休源赤倉之米何點白葵之羹而莖英既耽莪菽不厭舞詠之樂金犀奚加復搜古典各賦新詩言如鏤塵思若吹影殿文壇之後勁續草堂之前游千聲萬色鬱爲古腴七鳳五麟藹涵景氣儀堯階之球石夔拊永諧樂周雅之笙簧鹿羣偕食一觴一詠幾忘雪霜之逼人以敖以嬉仍傚尖叉之鬬韻僕巧遜鏤冰歌翻團雪得過且過敢自擬於鳳凰予取予求譬相依之蛩駏抽繭絲而附貂尾飡仰芳流濡虎僕而誌鴻泥此爲嚆矢

送顧子鵬之荆溪訓導任序

上元顧君子鵬振奇磊落人也丙申荃孫來主鍾山始識君君工詩古文辭讀書略觀大意家甚貧而口不言天趣盎然

其立身行已皎然自拔於流俗古人所謂意思深長者其君之謂與先是戊子年吉林將軍聘修通志書進
御保以教職用今年四月選荆溪復設訓導君以是官最爲世所輕有不屑爲之意荃孫謂之曰學官非他官比也官之職則曰教而士之稱則曰師循名而責實非他官比也君亦知學官之所自乎昔後魏天安初立鄉學置博士助教郡縣建學設官始此宋安定先生授教於蘇湖閒以經義治事兩齋得人最衆朝廷建州縣學取以爲法書院始於唐李寬在元和中宋初石鼓嶽麓白鹿洞應天府爲四大書院明以來天下設之
國朝嘉慶閒儀徵太傅刱精舍於西湖以詁經在粵復刱學

海堂近來鄂有經心蜀有尊經粵有廣雅湘有校經堂江蘇有南菁有學古堂制度一倣詁經爲之學校敝而後有書院書院又成具文而後有精舍今奉

明詔省州縣均建學堂分上中下三等仍如精舍之制亦即郡縣學之舊制也居是官者宋時令中書采訪有經術行誼者教授又選京朝官有學行者堂除其官可謂鄭重後歸銓選以舉人歲貢挨充已失本義近復以輸金多者得之宜乎爲人所輕也雖然亦視其人之所自待何如耳沈孔珍官湯溪以正誼折縣令而縣令信服錢警石官海甯三十年士子奉之如父兄如二先生之學行亦何愧乎古人荆溪大好山水士民樸而愿以君爲之師立身行己皎然自拔乎流俗感

孚以意氣啟迪以問學孰有不信從者庶幾復古人建學設官之遺意將於君焉望之矣

留雲借月龕填詞圖題詞

吾州乾嘉之閒才人輩出茗柯導其先路止庵揚其清芬趨盛軌於唐音訂中聲於宋調意內言外淡長之雅故文微義著春秋之通例淫哇既屏厥體遂尊正宗之稱薄海無閒百年以來遺緒欲墜劉子語石生長毘陵循先賢之矩矱祓新製於絃管江山助我敢辭汗漫之游文字累人大有怨誹之語一日出留雲借月龕填詞圖屬爲題句斯境也舊雨新姓涼飆四起淨碧如洗嬌紅未蔫呼之欲出雲眞可留喝使倒行月何難借既無心兮出岫亦對影而舉杯變蒼狗於彈指

幻境自生招銀蟾而墮懷涼痕欲活清景未失閒情轉深昏黃庭院倚花影而吹笙新綠簾櫳炷鑪香而按譜固已旗亭賭唱井水能歌繼軌張周無殊前喆荃孫蠅鑽貽誚蚓唱徒勞讀君之詞想君之所居安得晤君於疏簾清簟之旁坐我於酒榼棋枰之側捉枝代麈埽葉煮茶相與發浩歌騰新唱深情一往此樂千秋嗟乎君原詞客不少春江回首之思我亦恨人那無煙柳斷腸之句勉爲喤引兼綴小詞

徵琹聽雲僊館詩文集啟

昔敬禮定子建之文劉沔輯東坡之作摩挲弓軸懼蝕於風霜鎔鑄性情無閒於新故古風足尚良友且然而況爇一瓣之香皈依梵殿立三尺之雪久侍程門者乎秋史先生識冠

百代言成一家命居磨蝎之宮爪印飛鴻之渚屈原放逐乃賦離騷馬遷幽憤退論書策故其爲文也濬唊趙之經心振淵雲之儷藻發韓柳之精思軼徐庾之俳體冥心象外而落筆已超千古局跡區中而羅胸能括九有而況半生道長萬里飢驅嶽瀆助其精靈煙虹資以光氣哀樂之異宜古今之感喟莫不於是發之今者寶墨猶溼哲人長萎山邱華屋慟哭夫羊曇金薤琳瑯未編夫李漢搜茂陵之草藁半付蟫收昌谷之錦囊迴非全豹過此以往而草元奇字盡覆鄰童之瓿仲舒詞賦不入昭明之選非先生之不幸亦吾黨之重羞也茲輯成儷文六卷詩二卷詞一卷擬壽之棃棗藏之名山至於枚皋禱祀之辭半山制舉之體賓王作奏落紙千言

齡石畲函吐文萬牒均已俟諸異日析爲外篇惟是卷帙[redacted]
旣富資用寶繁雖綴白之有心愳殺青之無自蘄襄盛舉爰
布我儕嗚呼埶丹漆以西行音塵宛在侍絃歌於北面譬欵
猶新庶幾撰香溪之集步行近仿夫高稱彙毘陵之編風義
遠紹士蕭

范季遠仕隱後圖記

武昌范月槎先生朗抱霞暉逸情雲上昌黎正學爲國子之
先生長慶清才授南州之司馬嘗作仕隱圖以見志同時名
流題詠殆徧固已耽吟蘿薜澹視簪纓矣令子季遠觀察箠
仕江南又將十稔復作仕隱後圖屬題荃孫竊以爲榮以印
綬付以城社有功於國遺愛在民是之謂仕跌宕湖山校讐

文史無心於世自全其天是之謂隱之二者出處旣殊蹤跡亦異比而同之何哉昔嘗讀晉王康琚詩云小隱隱衡麓大隱隱朝市至哉其言乎夫康琚所云者大抵族殊白望帷幄之職未預官非黃散鈞衡之柄莫屬浮沈玉署偃蹇金門已耳豈如今者魚魚逐隊鹿鹿登場禰衡之刺常懷毛義之檄未捧名不挂於朝籍粟不食夫太倉陳書慷慨上不見答於台司攬轡澄清中不見信於僚友指揮曹司則或唯而或否誥誡士庶亦將信而將疑沈龍泉於濁水誰是風胡困驥足於鹽車罕逢伯樂所以詩吟槃澗情寄耕桑煙霞四壁宗少文卧游之圖書畫一船米襄陽好古之癖莊周齊物世外逍遙郭璞游仙神今寥廓則不謂之仕不可不謂之隱亦不可

也然而天閃狠星海吹鯷浪時方多難世正需才一旦登君
於薦牘畀君以重任羽儀王國折衝樽俎爲
中朝衆望所歸頌先德詒謀之善將以隱始而以仕終正荃
孫之所深冀也使仕未信我長抱魯連東海之心充隱何妨
君不忘稚圭北山之誚

順德李夫子六豑壽序

皇帝御宇之十有九年奎璧騰芒儀璘啟曜備中和之元氣
應名世之昌期是歲順天學政
南書房行走禮部右侍郎
順德夫子年六十矣襟裾文學紳笏大夫莫不鞠䐊騰觚繡
鑾致語門下士繆荃孫等執爵而進曰自古曼壽斟元之世

必生延禧建福之臣亭陰噓陽黼黻紀仰照離於宗匠極
光榮於國耇而況經神學海貫串九流義府儒宗皋牢百氏
荷
天之寵鳳翩播其輝華戴斗之稱龍門高其聲譽如夫子者
眞可謂彰德事之更著聲聞之壽者矣仰惟夫子榮廣捷敏
鄭君通深負樕樕甌汲之才厲旭歷鋭銀之志嘗謂秦坑既
灰孔壁斯振萌糵於西京之始恢張於東漢之季唐宗南派
而家法淆矣宋尚理境而寔學荒矣夫子通變假借言之有
物典章制度集夫大成遠則紹賈服荀蔡之傳近則守汪阮
孔張之緒是夫子之經學庚言未已乙部尤精夫子以爲四
史以降視若弁髦三唐而還棄同糠粃者非通儒也溯契塔

特建國之初及朱里眞臺兵之始騰格里之雅天降神人亦集乃之路地窮兵力下逮勝朝尤多野史或以語防觸諱遂閉箱笥或以傳乏通人終薤塵壒闤幽抉滯補闕訂訛年經月緯松紋之紙常繙雪纂露鈔狐盧之本亦出是夫子之史學

國朝四庫所集七閣所儲儷羽陵天祿之珍駕文德華林而上夫子名山剔寶海舶搜奇螺損千丸羊禿萬穎劉略阮錄訂其存佚之代晁志陳書證其完缺之數丹函壓地彩帙熙天匯典籍之鉅觀極編摩之能事將以上之

中祕播於藝林續宛委之別藏啟琅嬛之異境是夫子目錄之學而且臆臚同異廣拾叢殘坐擁縑緗行提鉛槧條篇撮

旨略依歆向之前規象形諧聲旁通任尹之雜技往往數行有缺吳越傳鈔一字未安寖饋失度後生末學陶鑄良多是夫子校勘之學大銀之國崛起北方王宋之所未詳陳辟之所不道祕史晚出頗具梗概世次緜邈稽孛端察見之前事蹟翔寔勝脫卜赤顏之記夫子廣搜中文旁采西學一譯再譯合音對音天興爲合不罕之紀年愛曼爲乃蠻歹之異字辟靈歌水卽唐書之仙娥阿勒台山此地志之杭愛兀籠格赤證亦心二字爲分書𣶒雕阿闌知庫鐵一山非兩地尋源等於蛛絲馬跡校錯類於風葉几塵爲祕史注十六卷元時畺域西北最遠地理坿志挂漏良多大典存圖方位亦失夫子補夫舊牘證以今名建都於紅城耀武於白霫虎圖卽闊

烝之別體龍居亦臚朐之同音別失八里之地本北庭之故封旺兀察都之宮乃興和之舊境據蔑里思之嚴疆已鄰裏海建阿母河之行省寔控鐵門一地有三字四字之殊一名有蕃語華語之別莫不整齊異說騎驛各書綺畫繡壤恍披站尺而周行左圖右書如坐舌人而問訊為元史地名考十卷西游錄注二卷富貴城西珍珠河北和林故壤三水所環苾伽可汗之居尚餘遺址怯蹇叉寒之澤特起新宮金蓮瓊島閶闔象夫天垣蘆淀草堝松石韻於沙岸自昔紀載頗為渺茫近則茫茫瀚海屹立特勤之鉅碑磊磊殘垣尚賸李唐之壞甓銅駝臥雪石馬嘶風以及至順去思之文總管收糧之碣碧苔剝蝕野火未燒翠壘陸離遺文可讀夫子證以突

厥之傳耶律之詩當此濟爾瑪台之源在今賽因諾顔之部此則張何考索不知城郭之猶存程魏鋪張不如碑刻之足據爲和林金石錄一卷在昔金匱之篇載於班志青囊之法受之郭公亥首巳首分八卦而辨陰陽甲木乙木定三元以分休咎惟筠松之傳述爲振孫所錄存夫子發其大綱通夫奥義論山川之向背形勢各成測沙水之性情理氣自足固儒宗之緒餘亦非術者所企及也爲疑龍撼龍經注各一卷是皆通天人之奥合古今之轍泯華寔之辨鑑得失之林禮堂籲策萬流仰爲山淵芸閣篇章六際歸其繯橐偉哉絕業莫與京已今夫官職與聲名並重詞章與經術殊途才如賈董位不躋於蕭張文似班揚學或慚於服鄭夫子盛名兼擅

碩福兩隆爲當代之哲匠極文人之殊遇甫登上第旋偱
內廷東觀紬書南齋珥筆陸贄未離翰苑備極恩榮高郢進
拜秩宗允孚譽望職司禮闈編石渠之論議儀掌容臺習
熙朝之典故而且輶軒半天下衣鉢傳五葉典試乘吳越巴
蜀之軺督學莅畿輔豫章之省方聞之士咸入網羅大雅不
羣投如鍼芥雷煥歸而劍氣斂伯樂過而冀野空心說誠服
偏寰區矣昔夫子在學士之任以養親而歸高堂九齡載賡
華黍之篇養志十年克盡萊衣之樂闢園種竹築室栽花佩
擻相莊芝蘭特秀況復迴翔講席獎掖後賢出則衣被無垠
處則箸述不倦楷法追鄭文才惠分隸亦韓勑史晨異域寶
若球琳尺楮視同金璧兼及姑布子卿之術復習黃帝內經

之書漆園所謂博大眞人仲任所謂鴻儒金玉夫子當之洵無媿色而微窺意旨常若有不釋然於懷者則以非族逼處耶教橫流誘我編氓侵我屬國撓我政體奪我利權況境宇之毘連顧扞掫之弗備雖薩寶符之官已見通典而末摩尼之教終屬異端夫子懷通權達變之才抱長駕遠馭之略營平上策常懷遏敵之心驃騎忘家誓有滅胡之志防巧取則分畺畫界齧後圖則測海梯山先爲自强之謀庶免議和之辱往者西獒吠日東鰈跳波夫子奉朝命備邊陲轉饟糈衞鄉里天狼十丈風鶴四驚值桂撫之熸師棄雄關而委敵乃埽蹶張之士卒重起大樹之將軍白羽揮風朱旗爗日遂乃擲鋧應手犀角之渠仆地投炬灌尾

雉膏之光燭天克敵復仇武功弟一於是金城息鼓玉敦尋
盟人弟見奔走禦侮將帥之力居多而不知發蹤指示帷幄
之功獨偉非夫子久籌戰略身悉敵情深權彼我强弱之形
兼策戰士利鈍之實何以能成師一出程效若此也荃孫等
久依函丈備荷陶鈞忝隨編錄之班幸預校讐之末識稽古
論思之旨道在則尊窺經文緯武之心德成者上登堂祝嘏
吮筆摛詞義不取諛言皆徵實此日金屏九疊聊佐錦筵介
壽之觴他年銀管千枝更記

紫閣調元之績

祭湯母呂恭人文

左班懿範鍾郝遺型素帷戢影彤管流馨春寒梧棬餌失松

苓式昭舊德以妥先靈猗與恭人閭里矜式結璘誕華離瑜
毓德望族河東清游冀北宛宛其容怡怡者色星占弟四月
映無雙敲詩秋徑吮墨晨窗麗詞椒菊雅詠蘭茝萬籤玉笈
七寶銀釭學供酒漿早薄紈綺夜杼織鴛晨廚烹鯉孝養一
心勤劬十指誠懔大家頌堪中壘中山作嬪淑譽益新嘉耦
曰妃相敬如賓禮隆筐栗詩詠澗蘋室隨伯姊程守先民榻
上琴書桉中彝鼎鬭韻擘箋繙書賭茗音叶笙簧語消畦町
鳥喚畫眉鑪煎蒙頂英英夫子橐筆六州繞朝贈策王粲登
樓千里百里山郵水郵詩吟徐淑書報高柔羞吹屏扊甘奉
箕帚上侍白頭下撫黃口釧脫金纏杯斟玉扣宴集嘉賓米
炊巧婦夫子筮仕作宦武康秋江桂檝夜雨笱蔣一燈刀尺

百室酒漿謈罶慈惠政佐循良洎任縉雲崎嶇荒谷旱悍勞
薪敢辭轉轂瞻念松楸就荒杞菊治我餱糧復我邦族永嘉
山水再作清游魚軒古驛鷁舫芳洲織催蛩砌旦戒雞籌榮
居華膴化洽歌謳南澗栽桑西堂種柳游山謝公種秫淵叟
視夜求衣勸農戴斗共方寸心如左右手纔歌樂歲旋迫驕
陽龜田塵赤蛤稻波黃鬼飛旱魃咒誦木郎其雨其雨誠格
穹蒼爰念慈幃重返鄉邑天上祲明局中劫急風鶴驚呼石
鯨暗吸巢燕難安屋烏奚集提攜細弱閱歷艱難蓉湖波暖
岱嶽雲寒十步九顧半菽一餐幾經顛沛終慶團欒相我夫
子言返初服翦韭炊粱牽蘿補屋舉案諧鴻挽車卽鹿兵火
餘生林泉清福有田十頃有菜一畦雪中鋤藥霜下烹葵平

安種竹腷膊聽棋陸通小隱阮肇仙姿有子有子邦之司彥秋窗桂香春園杏宴日下荀鳴雲司禰薦繞膝孫曾玉雪豔美忽歌鵠寡咸悲鵬來黔寒衾正杞哭城頹荒荒白日肅肅黃埃杏花示識封翁臨沒時謂太恭人曰勿悲明年杏花時來迓汝也太恭人果以二月卒蒿里銜哀酒失延齡方難駐景碧落偕行青軿共騁屋迴呼皋筵虛祝哽龍璈咽聲鶴駕淒影嗚呼哀哉昔年上壽美稱兕觥今茲眞冷風寒雁棨唵迴日薄樹靜風驚璇漏激箭瑤樞掩精嗚呼哀哉道韞清才劉綱仙侶逝水銜悲乘雲遐舉芳躅在茲徽音具舉神其歆諸椒漿桂醑嗚呼哀哉

藝風堂文集外篇